EINFACH LEBEN 2

Katholische Religionslehre

Herausgeber:
Dr. Wolfgang Rieß
Reinhard Schlereth

Erarbeitet von:
Beatrice Dörner
Birgitta Hoyer-Hensel
Richard Pahl

Ernst Klett Verlag
Stuttgart • Leipzig

Zugelassen als Lehrbuch für den katholischen Religionsunterricht an der Realschule in Baden-Württemberg von den Diözesanbischöfen von Freiburg, Rottenburg-Stuttgart und Mainz (nur für den Bistumsanteil im Bundesland Baden-Württemberg) sowie an der Realschule plus, der Integrierten Gesamtschule in Rheinland-Pfalz und an der Gemeinschaftsschule, an der Erweiterten Realschule und an der Gesamtschule im Saarland durch die Diözesanbischöfe von Köln, Limburg, Mainz, Speyer und Trier.

1. Auflage 1 10 9 8 7 6 | 20 19 18 17 16

Programmbereich Klett-Auer

Herausgeber: Dr. Wolfgang Rieß, Höchberg; Reinhard Schlereth, Rimpar
Autorinnen/Autoren: Beatrice Dörner, Leonberg; Birgitta Hoyer-Hensel, Böblingen; Richard Pahl, Leonberg; Dr. Wolfgang Rieß, Höchberg; Reinhard Schlereth, Rimpar

Redaktion: Barbara Nüllmann, Elisabeth Rudolph
Herstellung: Antje Heusing

Gestaltung: kaltner verlagsmedien GmbH, Bobingen
Umschlaggestaltung: kaltner verlagsmedien GmbH, Bobingen
Illustrationen: Hendrik Kranenberg, Drolshagen
Satz: kaltner verlagsmedien GmbH, Bobingen
Druck: Druckhaus Götz GmbH, Ludwigsburg

Printed in Germany
ISBN: 978-3-12-006205-9

9 783120 062059

Inhalt

1. Prophetinnen und Propheten

2. Aufbruch in die Selbstständigkeit

3. Die Juden – unsere älteren Geschwister im Glauben

1. Prophetinnen und Propheten

- **Damals – heute**
- **Frauen – Männer**
- **Vergangenheit – Gegenwart – Zukunft**

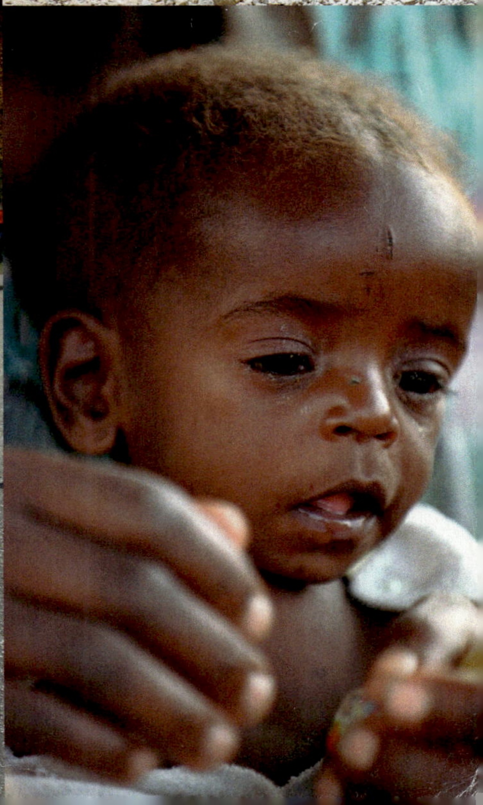

1. Beschreibe die in der Foto-Collage abgebildeten Situationen und versuche sie zu deuten.
2. Wähle eine der im Foto dargestellten Situationen aus und erstelle dazu einen Zeitungsbericht (vgl. Methode „Zeitungsartikel/Zeitungsinterview/Reportage“ S. 174).
3. Gestalte eine Text-/Fotocollage zu Ereignissen, in denen Menschen Unrecht erleiden, durch andere ausgebeutet werden oder moralisches Fehlverhalten zeigen.

Von Gott gerufen

Prophet

Karl Hofer: Der Rufer, 1924.

Das Wort Prophet kommt aus dem Griechischen und bedeutet „Rufer", „Verkünder", „Berufener". Das hebräische Wort dafür heißt „Nabi".
Damit wurden in der Zeit des Alten Testaments Frauen und Männer bezeichnet, die als von Gott Berufene dem Volk Israel oder den Mächtigen im Land den Willen JHWHs verkündeten.
Die Liste der Prophetinnen und Propheten in der Bibel ist lang. Sie beginnt im Alten Testament mit Mose und Mirjam, geht über Debora, Samuel und Elija hin zu Jesaja und Jeremia, die als „Schriftpropheten" bezeichnet werden, da von ihnen eigene Schriften bzw. ihnen zugeschriebene Worte überliefert sind.
Die Liste endet mit den so genannten „kleinen Propheten" im Zwölfprophetenbuch, wo z. B. Hosea, Amos oder Micha vertreten sind. Als kleine Propheten werden die zwölf Propheten bezeichnet, deren Bücher nicht so umfangreich sind wie die der anderen Propheten. Diese Bücher wurden im Zwölfprophetenbuch zusammengestellt.
Die Prophetinnen und Propheten sollten einen besonderen Auftrag Gottes ausführen. Amos z. B. war vorher ein einfacher Bauer gewesen. Jeremia hatte als Priester am Jerusalemer Tempel gewirkt.
Nach den Orten, an denen sie gewirkt haben oder aufgrund ihrer sozialen Herkunft können die Prophetinnen und Propheten des Alten Testaments auch eingeteilt werden in

- Tempelpropheten (Wirken am Tempel),
- Hofpropheten (Wirken am Königshof),
- Prophetenschüler,
- Propheten, die von Gott aus ihrem normalen Berufsleben herausgerissen wurden und in der Öffentlichkeit im Namen Gottes Unrecht in Israel anprangerten.

Auch im Neuen Testament werden Menschen genannt, die prophetisch sprechen und handeln: Zacharias, Maria, Elisabeth, Hanna und Simeon sowie Johannes der Täufer.
Immer wieder werden Menschen von schweren Schicksalsschlägen getroffen. Kriege, Vertreibung, Ausbeutung und Ungerechtigkeit gab es zu allen Zeiten. Auch dem Volk Israel ging es nicht anders. In schwierigen Situationen war der Glaube an Gott oft der einzige Halt.
Von Gott wurden einzelne Menschen zu Propheten berufen, die dem Volk Mut zusprachen und neue Wege aufwiesen. Sie lebten ganz aus ihrer Verbindung und Beziehung zu Gott. Als Seher, Rufer und Sprachrohr Gottes verkündeten sie dem Volk den Willen JHWHs. Propheten sahen das Unrecht, das die meisten nicht sehen wollten oder konnten. Sie riefen auf zur Umkehr oder zu einem Neuanfang und sprachen im Namen Gottes Verurteilungen oder Ermutigungen aus.

1. Führe eine Bildbetrachtung zu Hofers Bild „Der Rufer" durch (vgl. Methode „Bildbetrachtung" S. 170).
2. Kannst du dir vorstellen, dass auch in der heutigen Zeit Prophetinnen und Propheten leben? In welchen Situationen wären deiner Meinung nach heute prophetische Menschen notwendig? Diskutiere mit deinen Mitschülern darüber (vgl. Methode „Pro- und Kontra-Streitgespräch" S. 176).
3. Gestalte eine Collage, in der du verschiedene dieser Situationen darstellst. Verwende für deine Collage neben aktuellen Fotos und Überschriften aus Zeitungen und Zeitschriften auch ein Bild eines typischen Gottessymbols.

Von Gott gerufen

Jeremia

Michelangelo: Jeremias, 1511.

Der Prophet Jeremia entstammte einer Priesterfamilie aus Anatot, unweit von Jerusalem. Er wurde im Jahre 628 v. Chr. zum Propheten berufen. Jeremia wandte sich gegen die religiösen und sittlichen Missstände seiner Zeit. Die meisten Könige, unter denen er wirkte, erwiesen sich als unwürdig. Er kämpfte leidenschaftlich gegen das Aufkommen heidnischer – also nichtjüdischer – Sitten. Dabei erlebte er Misserfolge und Verfolgung durch die Mächtigen. Auch für seine Ankündigung, dass Jerusalem und der Tempel zerstört werden würden, schlug ihm von den Mächtigen und dem Volk Feindseligkeit und Hass entgegen. Jesus zitiert später im Neuen Testament diese Ankündigung. Trotzdem enthalten seine Botschaften tröstende und hoffnungsvolle Worte. Man zwang ihn nach Ägypten zu fliehen, wo er schließlich starb.

Jesaja

Michelangelo: Der Prophet Jesaja, 1509.

Der Prophet Jesaja stammte aus Jerusalem und wirkte dort etwa von 740–701 v. Chr. Jesaja erlebte seine Berufung durch eine Vision, in der ihm Schuld und Sünden vergeben wurden und er Gott fragen hörte: „Wen soll ich senden, und wer wird für uns gehen?“ Daraufhin meldete sich Jesaja freiwillig für diesen Dienst. Das alltägliche Leben war damals von Gewalt und Angst bestimmt. Kriege waren an der Tagesordnung. Die assyrische Bedrohung endete schließlich mit der Eroberung Samarias und dem Untergang des Nordreiches (722 v. Chr.).

1. Lies die Berufungsgeschichte des Jesaja in Jes 6,1–8. Kläre unbekannte Begriffe darin. Stelle dir vor, du wärst ein Bibelillustrator und hättest den Auftrag, diesen Abschnitt zu illustrieren. Male ein ausdrucksstarkes Bild zu dieser Szene (vgl. Methode „Malen und gestalten“ S. 171).
2. Angenommen Jeremia würde heute leben … Sammle Missstände unserer Zeit, gegen die Jeremia kämpfen würde. Begründe.
3. Prüfe, ob du selbst einen Beitrag gegen Missstände der heutigen Zeit leisten kannst.

Die Berufung Jeremias

Nicht alle Propheten nahmen den Ruf Gottes und die damit verbundene Berufung bereitwillig an. Jeremia zum Beispiel, der von Gott zum Propheten bestimmt war, wehrte sich heftig gegen seine Berufung.

Ulrich Leive: Berufung des Jeremias, 2008.

1. Vergleiche die Berufungsgeschichten von Jeremia und Ezechiel. Wie reagieren Ezechiel und Jeremia auf ihre Berufung?
2. Versuche, in der Berufungsgeschichte Jeremias einen bestimmten Ablauf zu erkennen und skizziere diesen stichpunktartig in deinem Heft.
3. Kläre folgende Fragen:
   - Gibt es in der Bibel weitere Berufungsgeschichten von Propheten? Schlage dazu unter Jes 6,1–13; Ez 1,1 und Am 7,15 nach.
   - Kannst du in den Berufungsgeschichten einen bestimmten Aufbau erkennen? Begründe. Vergleiche die Überlieferung der Berufungen bei den genannten Propheten. Schreibe auf, wie bei ihnen die Berufung verlaufen ist und worin die Aufgabe eines Propheten besteht.
   - Kannst du in anderen Berufungsgeschichten der Bibel einen ähnlichen Verlauf feststellen? Begründe.
   - Lies dazu nach im Alten Testament, z. B. unter Ex 3,1–14 (Berufung des Mose) und im Neuen Testament unter Lk 1,26–38 (Berufung Marias als Mutter Jesu).
4. Du kennst sicher die Redewendung: „sich zu etwas berufen fühlen“. Kläre, in welchem Zusammenhang sie verwendet wird.
5. Das Wort „Beruf“ stammt von „Berufung“ ab. Erläutere den Zusammenhang.
6. Führe ein Interview mit deinen Eltern oder anderen Personen, die einen Beruf ausüben, darüber, inwiefern sie ihren Beruf als Berufung verstehen (vgl. Methode „Zeitungsinterview“ S. 174).

Das Wort des Herrn erging an mich: Noch ehe ich dich im Mutterleib formte, habe ich dich ausersehen, noch ehe du aus dem Mutterschoß hervorkamst, habe ich dich geheiligt, zum Propheten für die Völker habe ich dich bestimmt. Da sagte ich: Ach, mein Gott und Herr, ich kann doch nicht reden, ich bin ja noch so jung. Aber der Herr erwiderte mir: Sag nicht: Ich bin noch so jung. Wohin ich dich auch sende, dahin sollst du gehen, und was ich dir auftrage, das sollst du verkünden. Fürchte dich nicht vor ihnen; denn ich bin mit dir, um dich zu retten – Spruch des Herrn. Dann streckte der Herr seine Hand aus, berührte meinen Mund und sagte zu mir: Hiermit lege ich meine Worte in deinen Mund. Sieh her! Am heutigen Tag setze ich dich über Völker und Reiche; du sollst ausreißen und niederreißen, vernichten und einreißen, aufbauen und einpflanzen.

Jer 1,4–10

Von Gott gerufen

Deuterojesaja

Fra Bartolomeo: Der Prophet Jesaja, um 1516.

Der zweite Teil des Buches Jesaja (Jes 40–55) geht vermutlich nicht auf den Propheten Jesaja, sondern auf einen anderen Propheten zurück. Man nennt ihn Deuterojesaja (Zweiter Jesaja). Seine Botschaft richtet sich an die Juden im babylonischen Exil. Er kündigt das unmittelbar bevorstehende rettende Eingreifen Gottes an: Der Perserkönig Kyros wird zum Werkzeug Gottes, indem er das Volk aus der Gefangenschaft entlässt. Darüber hinaus richtet der Prophet seinen Blick in die ferne Zukunft und kündigt in seinen Gottesknechtliedern das Kommen eines Messias an.

Ezechiel

Michelangelo: Hesekiel, um 1510.

Der Prophet Ezechiel war mit König Jojachin 597 v. Chr. in die babylonische Gefangenschaft geführt worden. Von seiner Berufung fünf Jahre später gibt es eine eindrucksvolle Beschreibung. In der Gefangenschaft trat er vor den Israeliten auf und verkündigte ihnen die Botschaft Gottes. Durch seine Reden blieben die Verbannten eng mit dem Teil des Volkes verbunden, der in der alten Heimat bleiben durfte. Ezechiel verkündete Buße und Gericht. Nach dem Fall Jerusalems 586 v. Chr. wurde er zum Tröster und Prediger des Heils und zum Wortführer der Erneuerung für die kommende Zeit.

1. Betrachte die Abbildungen der Propheten. Nimm ihre Körperhaltung ein, lies die Worte der jeweiligen Propheten laut vor und schreibe dann auf, welche Botschaft des Propheten die Künstler im Bild ausgedrückt haben (vgl. Methode „Bildbetrachtung“ S. 10).

2. Auf den folgenden Seiten wirst du noch mehr über die Propheten erfahren. Um dich auf diese außergewöhnlichen Menschen einzustimmen, schlage in der Bibel folgende Stellen nach. Wähle dann zu jedem Propheten eine Stelle aus, die dich besonders anspricht und notiere sie.
Prophet Amos: Am 5,14; 5,15; 5,24
Prophet Jesaja: Jes 3,10–11; 9,1.5–6
Prophet Jeremia: Jer 13,15; 17,14; 18,18–19
Prophet Ezechiel: Ez 33,11; 34,23; 34,31
Prophet Deuterojesaja: Jes 40,10–11; 40,31; 42,6; 43,1

Gott beruft Ezechiel

Propheten lebten ganz aus ihrer Verbindung und Beziehung zu Gott. Sie verstanden sich als Sprachrohr Gottes, dessen Willen sie dem Volk verkündeten. Deshalb ist die Art und Weise, wie sie zu Propheten berufen wurden, von besonderer Bedeutung.
Vom Propheten Ezechiel gibt es eine eindrucksvolle Beschreibung seiner Berufung:

Als ich diese Erscheinung sah, fiel ich nieder auf mein Gesicht. Und ich hörte, wie jemand redete. Er sagte zu mir: Stell dich auf deine Füße, Menschensohn; ich will mit dir reden.
Als er das zu mir sagte, kam der Geist in mich und stellte mich auf meine Füße. Und ich hörte den, der mit mir redete.
Er sagte zu mir: Mensch, ich sende dich zu den abtrünnigen Söhnen Israels, die sich gegen mich aufgelehnt haben. Sie und ihre Väter sind immer wieder von mir abgefallen, bis zum heutigen Tag. Es sind Söhne mit trotzigem Gesicht und hartem Herzen. Zu ihnen sende ich dich.
Du sollst zu ihnen sagen: So spricht Gott, der Herr. Ob sie dann hören oder nicht – denn sie sind ein widerspenstiges Volk –, sie werden erkennen müssen, dass mitten unter ihnen ein Prophet war.
Du aber, Menschensohn, fürchte dich nicht vor ihnen, hab keine Angst vor ihren Worten! Wenn dich auch Dornen umgeben und du auf Skorpionen sitzt, hab keine Angst vor ihren Worten und erschrick nicht vor ihrem Blick; denn sie sind ein widerspenstiges Volk.

Du sollst ihnen meine Worte sagen, ob sie hören oder nicht, denn sie sind widerspenstig. Du aber, Menschensohn, höre, was ich zu dir sage! Sei nicht widerspenstig wie dieses widerspenstige Volk! Öffne deinen Mund und iss, was ich dir gebe.

Gott reicht Ezechiel die Buchrolle, Lambeth-Bibel, 1146.

Und ich sah: Eine Hand war ausgestreckt zu mir; sie hielt eine Buchrolle. Er rollte sie vor mir auf. Sie war innen und außen beschrieben und auf ihr waren Klagen, Seufzer und Weherufe geschrieben.
Er sagte zu mir: Menschensohn, iss, was du vor dir hast! Iss diese Rolle! Dann geh und rede zum Haus Israel!
Ich öffnete meinen Mund und er ließ mich die Rolle essen.
Er sagte zu mir: Menschensohn, gib deinem Bauch zu essen, fülle dein Inneres mit dieser Rolle, die ich dir gebe. Ich aß sie und sie wurde in meinem Mund süß wie Honig.

Ez 1,28b–3,3

1. Mit „Erscheinung" in der ersten Zeile des Bibelzitats ist die Erscheinung Gottes gemeint. Beschreibe die Erscheinung und lies dazu Ez 1,1–28b.
2. Verfasse einen Tagebucheintrag aus Sicht Ezechiels über seine Berufung durch Gott (vgl. Methode „Tagebucheintrag" S. 175).
3. Menschen haben über Jahrtausende die Geschichte der Propheten weiter geschrieben und weitergegeben. Warum?

Unrecht anklagen – zur Umkehr aufrufen

Der Prophet Elija

Sieger Köder: Elija am Horeb

Elija am Horeb

Ahab erzählte Isebel alles, was Elija getan, auch dass er alle Propheten mit dem Schwert getötet habe.
Sie schickte einen Boten zu Elija und ließ ihm sagen: Die Götter sollen mir dies und das antun, wenn ich morgen um diese Zeit dein Leben nicht dem Leben eines jeden von ihnen gleich mache.
Elija geriet in Angst, machte sich auf und ging weg, um sein Leben zu retten. Er kam nach Beerscheba in Juda und ließ dort seinen Diener zurück.
Er selbst ging eine Tagereise weit in die Wüste hinein. Dort setzte er sich unter einen Ginsterstrauch und wünschte sich den Tod. Er sagte: Nun ist es genug, Herr. Nimm mein Leben; denn ich bin nicht besser als meine Väter.
Dann legte er sich unter den Ginsterstrauch und schlief ein. Doch ein Engel rührte ihn an und sprach: Steh auf und iss!
Als er um sich blickte, sah er neben seinem Kopf Brot, das in glühender Asche gebacken war, und einen Krug mit Wasser. Er aß und trank und legte sich wieder hin.
Doch der Engel des Herrn kam zum zweiten Mal, rührte ihn an und sprach: Steh auf und iss! Sonst ist der Weg zu weit für dich.
Da stand er auf, aß und trank und wanderte, durch diese Speise gestärkt, vierzig Tage und vierzig Nächte bis zum Gottesberg Horeb.
Dort ging er in eine Höhle, um darin zu übernachten. Doch das Wort des Herrn erging an ihn: Was willst du hier, Elija?
Er sagte: Mit leidenschaftlichem Eifer bin ich für den Herrn, den Gott der Heere, eingetreten, weil die Israeliten deinen Bund verlassen, deine Altäre zerstört und deine Propheten mit dem Schwert getötet haben. Ich allein bin übrig geblieben und nun trachten sie auch mir nach dem Leben.
Der Herr antwortete: Komm heraus und stell dich auf den Berg vor den Herrn! Da zog der Herr vorüber: Ein starker, heftiger Sturm, der die Berge zerriss und die Felsen zerbrach, ging dem Herrn voraus. Doch der Herr war nicht im Sturm. Nach dem Sturm kam ein Erdbeben. Doch der Herr war nicht im Erdbeben. Nach dem Beben kam ein Feuer. Doch der Herr war nicht im Feuer. Nach dem Feuer kam ein sanftes, leises Säuseln.
Als Elija es hörte, hüllte er sein Gesicht in den Mantel, trat hinaus und stellte sich an den Eingang der Höhle.

1 Kön 19,1–13

1. Warum wird Elija ähnlich dargestellt wie Mose?
2. Die Dynamik Gottes wird im Sturm, im Erdbeben und im Feuer sichtbar. Beschreibe die Wirkung von Sturm, die Folgen von Erdbeben und die Eigenschaften von Feuer. Stelle diesen Gewalten gegenüber, wie Elija Gott tatsächlich erlebt hat.
3. Überlegt gemeinsam, in welchen weiteren Situationen in der Bibel von Sturm, Erdbeben und Feuer die Rede ist. Notiert die Ereignisse stichpunktartig in euren Heften.
4. Noch heute gilt Elija den Juden als großer Prophet, für den sie am Pessachfest einen Becher Wein und einen Stuhl bereithalten. Schlage dazu im Kapitel „Die Juden – unsere älteren Geschwister im Glauben“ ab S. 71 nach und recherchiere im Internet (vgl. Methode „Internetrecherche“ S. 169).

Elija deckt Unrecht schonungslos auf

Nabots Weinberg
Nach diesen Geschichten begab es sich: Nabot, ein Jesreeliter, hatte einen Weinberg in Jesreel, bei dem Palast Ahabs, des Königs von Samaria. Und Ahab redete mit Nabot und sprach: Gib mir deinen Weinberg; ich will mir einen Kohlgarten daraus machen, weil er so nahe an meinem Hause liegt. Ich will dir einen besseren Weinberg dafür geben oder, wenn dir's gefällt, will ich dir Silber dafür geben, soviel er wert ist. Aber Nabot sprach zu Ahab: Das lasse der Herr fern von mir sein, dass ich dir meiner Väter Erbe geben sollte! Da kam Ahab heim voller Unmut und zornig um des Wortes willen, das Nabot, der Jesreeliter, zu ihm gesagt hatte: Ich will dir meiner Väter Erbe nicht geben. Und er legte sich auf sein Bett und wandte sein Antlitz ab und aß nicht. Da kam seine Frau Isebel zu ihm hinein und redete mit ihm: Was ist's, dass dein Geist so voller Unmut ist und dass du nicht isst? Er sprach zu ihr: Ich habe mit Nabot, dem Jesreeliter, geredet und gesagt: Gib mir deinen Weinberg für Geld oder, wenn es dir lieber ist, will ich dir einen andern dafür geben. Er aber sprach: Ich will dir meinen Weinberg nicht geben. Da sprach seine Frau Isebel zu ihm: Du bist doch König über Israel! Steh auf und iss und sei guten Mutes! Ich werde dir den Weinberg Nabots, des Jesreeliters, verschaffen. Und sie schrieb Briefe unter Ahabs Namen und versiegelte sie mit seinem Siegel und sandte sie zu den Ältesten und Oberen, die mit Nabot in seiner Stadt wohnten. Und schrieb in den Briefen: Lasst ein Fasten ausrufen und setzt Nabot obenan im Volk und stellt ihm zwei ruchlose Männer gegenüber, die da zeugen und sprechen: Du hast Gott und den König gelästert! Und führt ihn hinaus und steinigt ihn, dass er stirbt. Und die Ältesten und Oberen, die mit ihm in seiner Stadt wohnten, taten, wie ihnen Isebel entboten hatte, wie sie in den Briefen geschrieben hatte, die sie zu ihnen sandte, und sie ließen ein Fasten ausrufen und ließen Nabot obenan im Volk sitzen. Da kamen die zwei ruchlosen Männer und stellten sich ihm gegenüber und verklagten Nabot vor dem Volk und sprachen: Nabot hat Gott und den König gelästert! Da führten sie ihn vor die Stadt hinaus und steinigten ihn, dass er starb. Und sie sandten zu Isebel und ließen ihr sagen: Nabot ist gesteinigt und tot. Als aber Isebel hörte, dass Nabot gesteinigt und tot war, sprach sie zu Ahab: Steh auf und nimm in Besitz den Weinberg Nabots, des Jesreeliters, der sich geweigert hat, ihn dir für Geld zu geben; denn Nabot lebt nicht mehr, sondern ist tot. Als Ahab hörte, dass Nabot tot war, stand er auf, um hinabzugehen zum Weinberge Nabots, des Jesreeliters, und ihn in Besitz zu nehmen. Aber das Wort des Herrn kam zu Elija, dem Tischbiter: Mach dich auf und geh hinab Ahab, dem König von Israel zu Samaria, entgegen – siehe, er ist im Weinberge Nabots, wohin er hinabgegangen ist, um ihn in Besitz zu nehmen – (...) Wer von Ahab stirbt in der Stadt, den sollen die Hunde fressen, und wer auf dem Felde stirbt, den sollen die Vögel unter dem Himmel fressen. Es war niemand, der sich so verkauft hätte, Unrecht zu tun vor dem Herrn, wie Ahab, den seine Frau Isebel verführte. Und er versündigte sich dadurch über die Maßen, dass er den Götzen nachwandelte, ganz wie die Amoriter getan hatten, die der Herr vor Israel vertrieben hatte.
Als aber Ahab diese Worte hörte, zerriss er seine Kleider und legte ein härenes Tuch um seinen Leib und fastete und schlief darin und ging bedrückt umher.

nach 1 Kön 21,1–18.24–27

1. Finde heraus, gegen welche Weisungen des Dekalogs Ahab und Isebel verstoßen.
2. Finde Elijas Einsatz für JHWH und seine Weisungen heraus und stelle weitere Beispiele für seinen Einsatz gegen Ungerechtigkeit zusammen.

Der Prophet Amos

Der Prophet Amos lebte als Feigenbauer in der kleinen Stadt Tekoa, südlich von Jerusalem, im Südreich Juda. Er wurde durch göttliche Berufung um 744 v. Chr. als Prophet ins Nordreich gesandt, wo er für kurze Zeit, höchstens ein Jahr, bis zu seiner Ausweisung am Reichsheiligtum von Bet-El als Prophet wirkte (vgl. S. 7). Amos hätte in dieser Zeit als Feigenbauer im Südreich ein beschauliches Leben führen können. Aber er nahm das Wagnis der Berufung auf sich, ging nach Israel und verkündete dort während der Regierungszeit von Jerobeam II. (782–747 v. Chr.) im Auftrag JHWHs dessen Botschaft.
Amos Hauptanklage richtete sich gegen die religiösen und sozialen Missstände. Einige wenige Großgrundbesitzer und Händler hatten sich auf Kosten der ärmeren Bevölkerungsschichten großen Reichtum erwirtschaftet. Es war in Israel zu dieser Zeit zu einem wirtschaftlichen Aufschwung gekommen. Die Reichen wurden immer reicher, aber die Armen immer ärmer. Die Verwaltung des Staates und die Rechtsprechung richteten sich ausschließlich nach den Vorstellungen der Reichen. Damit wichen sie vom Weg JHWHs ab.
Amos klagte sie an: „Ihr bringt den Unschuldigen in Not! Ihr lasst euch bestechen!" Zudem hinterfragte er in seiner Religionskritik die in Israel geübte gottesdienstliche Praxis. Er kündigte ein Strafgericht Gottes an, wurde vertrieben und kehrte zu seinem ursprünglichen Beruf zurück. Im Jahre 722 v. Chr. wurde das Nordreich von den Assyrern erobert. Dieses Ereignis wurde später als das angekündigte Strafgericht für die ausbeutenden Reichen in Israel verstanden.

Niederländischer Kupferstich, 18. Jh.: Prophet Amos

1. Betrachte das Bild von Amos und erkläre seine Haltung (vgl. Methode „Bildbetrachtung" S. 170).
2. Schlage im Buch Amos nach: Am 1,1 und Am 7,12–15. Fasse alle Informationen über Amos in einem Steckbrief zusammen.

Unrecht anklagen – zur Umkehr aufrufen

Die folgende Geschichte schildert, wie die Leute das Auftreten des Amos erlebt haben könnten: Wir schreiben das Jahr 769 v. Chr. Ein hoher Festtag wird gefeiert im Nordreich Israel. Von überall her sind die Reisenden in die Hauptstadt Samaria gekommen. Im Wirtshaus herrscht Hochbetrieb. Es gibt reichlich Gesprächsstoff, aber das wichtigste Thema sind die Ereignisse von heute Nachmittag. Die wollen natürlich besprochen werden. Und jeder will am nächsten gestanden und alles ganz genau gehört haben. Daniel, der Schmied, übertönt alle anderen: „Wenn ich es dir doch sage, er hat sich mit dem Oberpriester Amazja angelegt und mit den ganzen Leuten, die da herumstanden. Richtig fertiggemacht hat er sie.

Gebotstafeln

Die Reichen würden die Armen ausbeuten, die Richter seien bestochen worden und überhaupt das ganze Land ersticke in Ungerechtigkeit." „Na endlich mal einer, der den Mund aufmacht. Schließlich stimmt es ja, was der Fremde da behauptet. Bei uns geht wirklich alles drunter und drüber. Aber dass ausgerechnet einer von außerhalb sich einmischt, es kann ihm doch egal sein, wie es bei uns zugeht", bemerkt Jonas, der Zimmermann. „Stell dir vor, das war ja noch der Gipfel. Genau das hat nämlich einer der Zuhörer auch gesagt, was ihn das alles anginge. Und weißt du, was dieser Bursche geantwortet hat? Nicht von sich aus würde er reden, sondern im Namen JHWHs. Der hätte ihn beauftragt, sich gegen das Unrecht einzusetzen. Hast du da noch Töne?" „Das hat natürlich den Oberpriester auf den Plan gerufen", wusste Natan, der Korbflechter. „Kannst du dir ja vorstellen. Er wollte diesen seltsamen Heiligen zum Schweigen bringen, aber das war nicht so einfach. Der hatte sich nämlich ziemlich in Fahrt geredet. JHWH hätte genug von der Scheinheiligkeit unseres Volkes. Sie würden Gott Opfer bringen und gleichzeitig die Armen in den Staub treten." „Und, was hat der Oberpriester getan?", fragt einer der Männer gespannt. „Keine Ahnung, ich konnte leider nicht länger bleiben. Dringende Geschäfte – Inzwischen hat auch Mosche, der Schreiber des Königs, den Weg in das Wirtshaus gefunden. Die letzten Gesprächsfetzen hat er mitverfolgt. „Ich kann euch sagen, wie die Geschichte weiter ging. Wegen diesem Kerl musste ich auch noch Überstunden machen. Gerade eben komme ich aus dem Palast. Amazja hat beim König vorgesprochen und ihm von dem Zwischenfall heute Nachmittag berichtet. Deshalb kann ich euch Genaueres berichten. Also dieser Schreihals kommt gar nicht aus unserer Gegend, sondern aus dem Südreich. Er heißt Amos und ist eigentlich ein Feigenzüchter.
So viel hat Amazja über ihn herausbekommen. Jedenfalls hat der Oberpriester beim König erwirkt, dass der Fremde Redeverbot in Israel erhält. Wenn er schon unbedingt andere Leute belehren will, soll er das gefälligst zu Hause tun. Morgen wird ihm der königliche Befehl zugestellt."
Jonas, der Zimmermann, sitzt still hinter seinem Weinkrug. „Endlich sagt mal einer die Wahrheit und schon wird er mundtot gemacht" denkt er sich. Seit dem Auftreten des Fremden war seine Hoffnung gewachsen, dass sich an den Zuständen seiner Heimat etwas ändern wird.
Amos kann seine Botschaft nicht ungestraft vorbringen. Er wird aus dem Nordreich Israel ausgewiesen und soll in seine Heimat nach Juda zurückkehren. Doch bevor es dazu kommt, reagiert Amos auf seine Weise …

1. Was bringen die Menschen in der Schänke gegen Amos vor? Was erhoffen sie sich von ihm?
2. Versuche, anhand des dargestellten Gesprächs im Wirtshaus die Rede des Amos zu rekonstruieren. Schreibe sie auf und trage sie anschließend der Klasse vor.

Im letzten Kapitel des Buches Amos (Am 9,11–15) wird deutlich, dass ein Prophet wie Amos nicht nur Unrecht anklagen und zur Umkehr aufrufen soll, sondern dass er für eine zeitlich nicht näher bestimmte Zukunft tatsächlich auch Heil und damit bessere Zeiten vorhersagt.

Ihr grölt zum Klang der Harfe, ihr wollt Lieder erfinden wie David.
Am 6,5

Ihr trinkt den Wein aus großen Humpen, ihr salbt euch mit dem feinsten Öl und sorgt euch nicht über den Untergang Josefs.
Am 6,6

Ihr lasst euch bestechen!
Am 5,12

Sucht das Gute, nicht das Böse; dann werdet ihr leben!
Am 5,14

Ihr aber habt das Recht in Gift verwandelt und die Frucht der Gerechtigkeit in bitteren Wermut.
Am 6,12b

Ich hasse eure Feste, ich kann eure Feiern nicht riechen!
Am 5,21

Ihr bringt den Unschuldigen in Not!
Am 5,12

Ihr nehmt von den Hilflosen Pachtgeld!
Am 5,11

1. Diese Sätze sind fast 3.000 Jahre alt und trotzdem klingen sie aktuell. Schlage sie im Alten Testament im Buch Amos nach und suche in den Kapiteln 4 bis 6 nach weiteren Worten des Propheten. Notiere sie in deinem Heft.
2. Amos klagt die Reichen mit starken Worten an und kritisiert sie für das von ihnen begangene Unrecht. Benenne Unrecht, das Amos heute erkennen, aufdecken und kritisch hinterfragen würde.
3. Lies Am 7,10–17. Welches Schicksal verheißt Amos dem Nordreich Israel, dem König Jerobeam und dem Priester Amazja?
4. Gestalte mit Fotos ein Bild zu dem von Amos verheißenen Heil des Landes Israel in 9,8.11–15 (vgl. Methode „Malen und gestalten“ S. 171). Besorge dir dazu Kataloge von Israel.

Mut und Hoffnung machen
Verheißung des Heils in Jes 11,1–9

Charakteristisch für den Propheten Jesaja sind Drohworte, Warnungen und Androhungen von Gericht und Untergang. Aber das ist nur die eine Seite seiner Botschaft. Daneben verkündet er den Menschen im Namen Gottes auch Heil und Rettung. Seine Ankündigung des messianischen Reiches ist für das Neue Testament und die christliche Verkündigung von großer Bedeutung.

Edward Hicks: Das Königreich des Friedens, 1834.

Doch aus dem Baumstumpf Isais wächst ein Reis hervor, ein junger Trieb aus seinen Wurzeln bringt Frucht.
Der Geist des Herrn lässt sich nieder auf ihm: der Geist der Weisheit und der Einsicht, der Geist des Rates und der Stärke, der Geist der Erkenntnis und der Gottesfurcht.
Er erfüllt ihn mit dem Geist der Gottesfurcht. Er richtet sich nicht nach dem Augenschein und nicht nur nach dem Hörensagen entscheidet er, sondern er richtet die Hilflosen gerecht und entscheidet für die Armen des Landes, wie recht es ist. Er schlägt die Gewalttätigen mit dem Stock seines Wortes und tötet den Schuldigen mit dem Hauch seines Mundes.
Gerechtigkeit ist der Gürtel um seine Hüften, Treue der Gürtel um seinen Leib.
Dann wohnt der Wolf beim Lamm, der Panther liegt beim Böcklein.
Kalb und Löwe weiden zusammen, ein kleiner Knabe kann sie hüten.
Kuh und Bärin freunden sich an, ihre Jungen liegen beieinander. Der Löwe frisst Stroh wie das Rind.
Der Säugling spielt vor dem Schlupfloch der Natter, das Kind streckt seine Hand in die Höhle der Schlange.
Man tut nichts Böses mehr und begeht kein Verbrechen auf meinem ganzen heiligen Berg;
denn das Land ist erfüllt von der Erkenntnis des Herrn, so wie das Meer mit Wasser gefüllt ist.

Jes 11,1–9

1. Betrachte das Gemälde von Edwards Hicks und achte dabei besonders darauf, wie die Worte des Jesaja künstlerisch umgesetzt wurden. Vergleiche einzelne Szenen des Bildes mit einzelnen Versen des Jesaja (vgl. Methode „Bildbetrachtung“ S. 170).
2. Das Gemälde stellt nicht alle Verse des Propheten dar. Benenne fehlende Gedanken. Auf welche Verse könnte die Szene zwischen Indianern und Weißen auf der linken Seite anspielen?
3. Der Prophet Jesaja hat eine Vision: Er kündigt ein Reich des Friedens an. Lasst den Text auf euch wirken und tauscht euch über eure Gedanken aus.
4. Male die erste Vision des Propheten als Bild in dein Heft und denke darüber nach, auf welche Personen diese Worte und dein Bild anspielen. Schreibe die Namen an den entsprechenden Stellen in dein Bild (vgl. Methode „Malen und gestalten“ S. 171).

Weitere Verheißungen von Heil und Warnungen vor Unheil

Es gibt im Alten Testament viele Aussagen, in denen Prophetinnen und Propheten von Frieden, Heil und Erlösung in der Zukunft reden und dadurch ihren Mitmenschen Mut und Hoffnung machen. Dazu gehören die Worte Ezechiels von der Wiederherstellung des Tempels, die Verheißung Joels über die Ausgießung des Geistes Gottes oder Verse aus dem Buch Jona über das Erbarmen Gottes. Gerade im „Zwölfprophetenbuch" häufen sich – neben den Strafandrohungen – auch die Heilsankündigungen.

Jeremia, einer der großen „Schriftpropheten" (vgl. S. 7), verkündete aber zuerst nur Unheil, wie z. B. in der Geschichte, die sich folgendermaßen abgespielt haben könnte:
Eines Tages sagte Gott zu Jeremia: „Geh in die Werkstatt des Töpfers, dort will ich dir eine Botschaft geben."
Jeremia ging in das Stadtviertel, wo die Töpfer ihre Waren herstellten und verkauften. Still beobachtete er, wie der Töpfer den Lehm geschickt formte und auf der Töpferscheibe einen Topf daraus drehte.
Dann missriet das Gefäß. Der Töpfer knetete den weichen Lehm zu einem Ball und begann geduldig von vorne.
Gott sprach zu Jeremia:
„Ich kann mit meinem Volk das Gleiche tun, was der Töpfer mit seinem Lehm tut: Sein Schicksal liegt in meiner Hand. Wenn ich will, kann ich ihm Unheil antun oder es zerstören. Vorausgesetzt, dass es bereit ist, sein Leben zu ändern, so will ich ihm aber die Chance geben, noch einmal von vorne zu beginnen und etwas Gutes und Nützliches daraus zu machen."
Gott hatte noch eine Lektion für Jeremia. „Kaufe einen Tonkrug", sagte Gott zu ihm, „und trage ihn zum Müllplatz der Stadt. Nimm einige der älteren Priester und Führer des Volkes mit dir!"

1. Schreibt selbst ein Friedenslied, einen Friedenstext oder gestaltet ein Friedensposter (vgl. Methode „Plakat gestalten" S. 173).

Mut und Hoffnung machen

Paul Klee: Zerstörter Ort, 1920.

Als Jeremia am Müllplatz ankam, schleuderte er den Krug zu Boden, dass er in hundert Stücke zersprang. „Hört!", sprach er zur Menge, „Gott hat lange und geduldig darauf gewartet, dass ihr euch ihm wieder zuwendet. Er hatte nur Gutes mit euch im Sinn. Aber anstatt weich wie der Lehm zu sein, den der Töpfer formen kann, seid ihr hart und ungehorsam geworden. Wenn ihr euch Gott nicht beugt, werdet ihr wie dieser Krug zerbrechen. Ein Feind wird kommen und uns vernichten." Dann ging Jeremia den steilen Pfad zurück in die Stadt und predigte das Gleiche im Tempel. Die Priester und Führer waren sehr verärgert. Wie konnte Jeremia behaupten, das Land werde besiegt werden! Man ließ Jeremia verhaften. Er wurde geschlagen und ins Gefängnis geworfen bis zum nächsten Morgen.

Ich schaute die Erde an: Sie war wüst und wirr.
Ich schaute zum Himmel: Er war ohne sein Licht. Ich schaute die Berge an: Sie wankten und alle Hügel bebten.
Ich schaute hin: Kein Mensch war da, auch alle Vögel des Himmels waren verschwunden. Ich schaute hin: Das Gartenland war Wüste und all seine Städte waren zerstört.
Jer 4,23–26a

1. Stelle dir vor, du bist unter den Menschen auf dem Müllplatz vor den Toren Jerusalems. Was geht dir durch den Kopf? Formuliere deine Gedanken und Gefühle schriftlich.
2. Der zerbrochene Krug ist ein Sinnbild für das Königreich Juda. Vieles im Volk Israel ist zerbrochen. Lies in Jer 13,1–14; 22,1–9 und 26,1–8 nach.
3. Stelle aus der „Tempelrede" des Propheten in Jer 7,1–15 die Hauptvorwürfe zusammen, mit denen er den König und das Volk konfrontiert.
4. Lasse das Bild von Paul Klee einige Zeit auf dich wirken. Stelle dir vor, Menschen gehen durch diesen Ort. Überlege, welche Gedanken ihnen wohl in den Sinn kommen.
5. Lies in Ruhe die Sätze des Propheten Jeremia (Jer 4,23–26a). Stelle dir bei jedem Satz vor, was dort beschrieben wird. Male die Verse in einem Bild (vgl. Methode „Malen und gestalten" S. 171).

Jeremia blieb nicht bei der Verkündigung des Unheils stehen. Er tröstete sein Volk und kündigte einen neuen Bund JHWHs an:

Seht, es werden Tage kommen – Spruch des Herrn –, in denen ich mit dem Haus Israel und dem Haus Juda einen neuen Bund schließen werde, nicht wie der Bund war, den ich mit ihren Vätern geschlossen habe, als ich sie bei der Hand nahm, um sie aus Ägypten herauszuführen. Diesen meinen Bund haben sie gebrochen, obwohl ich ihr Gebieter war – Spruch des Herrn. Denn das wird der Bund sein, den ich nach diesen Tagen mit dem Haus Israel schließe – Spruch des Herrn: Ich lege mein Gesetz in sie hinein und schreibe es auf ihr Herz. Ich werde ihr Gott sein und sie werden mein Volk sein. Keiner wird mehr den andern belehren, man wird nicht zueinander sagen: Erkennt den Herrn!, sondern sie alle, Klein und Groß, werden mich erkennen – Spruch des Herrn. Denn ich verzeihe ihnen die Schuld, an ihre Sünde denke ich nicht mehr.

Jer 31,31–34

Paul Klee: Rosengarten, 1920.

1. Der Text von Jeremia wird im Hebräerbrief (8,8–12) im Neuen Testament wieder aufgenommen. Schlage nach und finde heraus, durch wen der neue Bund dort gestiftet wird.
2. Nimm dein Bild, das du zu den Unheilsversen von Jer 4,23–26a gestaltet hast, und verändere es so, dass es auch zu Jer 31,31–34 passt. Das Bild „Rosengarten“ von Paul Klee kann dir dazu Anregungen geben (vgl. Methode „Bild weitermalen“ S. 170 f.).

Prophetinnen und Propheten heute

Heilige Elisabeth

Elisabeth von Thüringen wurde im Jahr 1207 in Ungarn geboren. Sie war die Tochter des ungarischen Königs Andreas II. und der Gräfin und Königin Gertrud von Andechs. Bereits mit vier Jahren wurde sie von ihren Eltern getrennt und nach Thüringen gebracht. Dort wurde sie mit dem elfjährigen späteren Landgrafen Ludwig IV. verlobt. Ludwigs Mutter zog Elisabeth neben ihren Kindern wie eine eigene Tochter auf. Elisabeth verbrachte eine gute und fröhliche Kindheit im Haus ihrer zukünftigen Schwiegereltern. Schon sehr früh baute sie eine sehr tiefe Gottesbeziehung auf. Sie war sehr gläubig und betete viel.

Als Ludwig 21 und Elisabeth 14 Jahre alt waren, heirateten sie. Für die damalige Zeit war das nicht ungewöhnlich. Aus der Ehe gingen drei Kinder hervor. Elisabeth und Ludwig führten eine glückliche und zufriedene Ehe.

Trotz ihrer Stellung als Landesfürstin versuchte Elisabeth arm und demütig zu leben. Sie verzichtete auf Reichtum und unnötigen Luxus. Essen, das von armen Bauern als Fronleistung eingefordert wurde, nahm Elisabeth nicht zu sich. Lieber aß sie nur trockenes Brot und trank Wasser.

Als Ludwig IV. 1227 zum Kreuzzug aufbrach, war Elisabeth sehr unglücklich. Ein Jahr später starb er unterwegs an einer Seuche und machte die 20-jährige Elisabeth zur Witwe. Elisabeth reagierte auf die Todesnachricht schreiend und weinend. Da sie nun nicht mehr das Amt der Landesfürstin innehatte, gestaltete sie ihr Leben um. Sie legte das Gelübde ab, enthaltsam zu leben. Dann verschenkte sie ihre Prachtgewänder, ihren Schmuck und Witwenbesitz an Arme und Bettler. Als die Verwandten ihres Mannes das merkten, bekamen sie Angst, Elisabeth könne das Erbgut ihrer Kinder verschleudern. Schließlich wurde ihr die Verfügungsgewalt über ihr eigenes Vermögen entzogen. Elisabeth verließ die Wartburg in Eisenach, in der sie bis dahin gelebt hatte, und fand bei einem Wirt in einem Schweinestall Unterschlupf. Ihre Tante nahm sie bei sich auf, anschließend ihr Onkel. Er versuchte sie dazu zu bringen, wieder zu heiraten, doch Elisabeth sträubte sich erfolgreich dagegen. Papst Gregor IX. bestellte den Magister Konrad von Marburg zu ihrem Vormund, der sich um Elisabeths finanzielle Angelegenheiten kümmern sollte. Dieser brachte Ludwigs Bruder dazu, Elisabeth einen jährlichen Geldbetrag auszuzahlen. Mit diesem Geld errichtete sie in Marburg, ihrem Witwensitz, ein Spital. In diesem Krankenhaus kümmerte sie sich selbst um die Kranken und Aussätzigen.

Vier Jahre lebte Elisabeth so in Armut und Verzicht und in Aufopferung für Notleidende, bis sie 1231 im Alter von nur 24 Jahren starb. Nur vier Jahre später wurde Elisabeth heilig gesprochen.

Hans Holbein d. Ä.: Sebastiansaltar. Rechter Innenflügel: Die hl. Elisabeth mit drei Bettlern, 1516.

1. Schlage auf S. 7 noch einmal die typischen Merkmale von Propheten nach. Erkläre, worin Elisabeth als Prophetin handelt.
2. Elisabeth, die Tochter eines Königs, hat sich für das Wohlergehen anderer Menschen aufgeopfert. Kennst du Menschen aus deinem Umfeld oder Prominente, die sich selbstlos für andere einsetzen? Stelle sie deiner Klasse vor.

Bernhard Lichtenberg

Bernhard Lichtenberg wurde am 3. Dezember 1875 in Ohlau (Schlesien) geboren. Er entstammte einer katholischen Kaufmannsfamilie im ansonsten überwiegend evangelischen Ohlau und war der älteste von vier Brüdern. Nach dem Abitur studierte er Philosophie und Theologie und empfing 1899 die Priesterweihe. Als Kaplan und Dompfarrer wirkte er in Neiße und Berlin. Der 1938 zum Dompropst Ernannte kann als echter Widerstandskämpfer klassifiziert werden. Bereits 1933 hatte die Geheime Staatspolizei im Rahmen der Aktionen gegen vermutete Widerständler seine Wohnung durchsucht. 1935 überbrachte Lichtenberg persönlich der Kanzlei des preußischen Ministerpräsidenten Hermann Göring einen ihm zugeleiteten Bericht über die Zustände in einem Konzentrationslager. Nach der „Reichspogromnacht" 1938 betete der Dompropst allabendlich und öffentlich in der Berliner Kathedrale für die verfolgten Juden. Im Auftrag des Berliner Bischofs Konrad von Preysing übernahm er die Leitung des „Hilfswerks beim Bischöflichen Ordinariat", einer Dienststelle, die dazu bestimmt war, nichtarischen Christen sowie Juden auf der gesamten Reichsebene beizustehen. Das Hilfswerk konnte den Betroffenen in zahllosen Fällen beim Auswandern oder Untertauchen beistehen oder sie vor dem Abtransport in die Vernichtungslager retten. 1941 protestierte Lichtenberg schriftlich beim sogenannten Reichsärzteführer gegen die Maßnahmen des nationalsozialistischen Regimes zur Vernichtung „unwerten Lebens" (Euthanasie). Bei seiner Verhaftung am 23. Oktober 1941 fand man auch einen Zettel mit einer vorgesehenen öffentlichen Vermeldung Lichtenbergs, in der er gegen ein mehrseitiges, in Berlin verbreitetes anonymes Flugblatt vorgehen wollte, das die Bevölkerung zur Mithilfe bei der Judenverfolgung aufrief. Lichtenberg bezeichnete das Flugblatt als „anonymes Hetzblatt gegen die Juden". Dies und seine öffentlichen Kanzel-Fürbitten für die Juden und die in den Konzentrationslagern Inhaftierten reichten dem Sondergericht I in Berlin aus, um den Dompropst am 22. Mai 1942 zu zwei Jahren Gefängnis unter Anrechnung der Untersuchungshaft zu verurteilen.
Der seit langem herz- und nierenkranke Dompropst verbüßte die Strafe im Gefängnis Tegel, musste aber mehrmals ins Gefängnislazarett verlegt werden. Seinen Wunsch, als Seelsorger im jüdischen Ghetto von Litzmannstadt (Lodz) arbeiten zu dürfen, sobald er entlassen sei, hat er auch Bischof Preysing, der den Inhaftierten viermal besuchte, übermittelt. Unmittelbar nach seiner Entlassung aus dem Gefängnis Tegel verfügte die Gestapo erneut die Festnahme des todkranken Lichtenbergs und seine Verlegung in das KZ Dachau. Auf dem Transport dorthin starb er im städtischen Krankenhaus in Hof. Beim Besuch von Papst Johannes Paul II. in Berlin 1996 wurde er seliggesprochen.

Zitat mit Änderungen:
Biographisch-Bibliographisches Kirchenlexikon

1. Sprecht über die Ausweglosigkeit der Situation von Bernhard Lichtenberg. Beschreibt, weshalb viele Menschen diese Haltung eines Menschen so hoch achten.
2. Recherchiere, ob es weitere Katholiken gab, die sich zur Zeit des Nationalsozialismus öffentlich zu Juden bekannt haben, versucht haben, ihnen beizustehen und ihnen geholfen haben. Ein weiteres Beispiel, Alfred Delp, findest du auf S. 93.

Oscar Romero

Oscar Romero wurde in einer kleinen Gebirgsstadt in El Salvador als Sohn eines Fernmeldearbeiters geboren und wuchs in bescheidenen Verhältnissen auf. Im Alter von 13 Jahren kam er als Internatsschüler in das Seminar in San Miguel, mit 20 Jahren begann er das Theologiestudium am Priesterseminar in San Salvador, das er in Rom zum Abschluss brachte; dort wurde er 1942 zum Priester geweiht. 1943 brach er sein Doktoratsstudium in Rom ab, um als Priester in seiner Heimat zu wirken.
Er arbeitete als Pfarrer, dann als Redakteur kirchlicher Zeitschriften und als Generalsekretär der Nationalen Bischofskonferenz. 1970 wurde er zum Weihbischof, 1974 zum Titularbischof der Diözese Santiago de Maria ernannt, 1977 zum Erzbischof von San Salvador.
Die Politik El Salvadors war geprägt von Unterdrückung der Arbeiter, der Bauern und Teilen der katholischen Priesterschaft durch das Militär und die rechtsgerichteten Herrscherfamilien. Romero galt als Konservativer, der ein gutes Einvernehmen mit der Regierung garantierte. Doch die Brutalität der Militärs und die Not der Landbevölkerung bewirkten eine deutlich kritische Positionierung des neuen Erzbischofs. Schlüsselerlebnisse waren für Romero das im Februar 1977 von Militärs und Sicherheitskräften verübte Massaker an Demonstranten, die sich auf dem Platz der Freiheit in San Salvador versammelt hatten, um gegen den Betrug bei den Präsidentschaftswahlen zu protestieren und die Ermordung des Jesuitenpaters Rutilio Grande und zweier seiner Begleiter im Jahr 1977. Sein radikales Eintreten für die Armen, Entrechteten und Ausgebeuteten und sein unbeugsamer Einsatz für Gerechtigkeit machten ihn bald schon zur herausragenden Stimme der lateinamerikanischen Befreiungstheologie.
In Ansprachen und Predigten prangerte er die Verbrechen des Militärs und der Regierung an. Seine Reden wurden in vielen Ländern Lateinamerikas im Rundfunk übertragen. 1978 und 1979 wurde er für den Friedensnobelpreis vorgeschlagen. Als er 1980 den Ehrendoktor-

titel der Universität Löwen in Belgien verliehen bekam, sagte er in seiner Ansprache: „Es gibt viele Menschen und Christen in El Salvador, die bereit sind, ihr Leben zu geben, damit die Armen Leben haben. Darin folgen sie Christus und machen ihren Glauben an ihn sichtbar. Sie sind eingefügt in die Welt – wie er, sie werden verfolgt und bedroht – wie er, sie geben ihr Leben – wie er, und so geben sie Zeugnis vom ‚Wort des Lebens'."
In seiner letzten Sonntagspredigt, am 23. März 1980, wandte Romero sich noch einmal direkt an die Angehörigen der Armee, der Nationalgarde und der Polizei:

> „Im Namen Gottes und im Namen dieses leidenden Volkes, dessen Wehklagen täglich eindringlicher zum Himmel steigen, flehe ich Sie an, bitte Sie inständig, ersuche ich Sie im Namen Gottes: Machen Sie der Repression (Unterdrückung politischer Bewegungen) ein Ende."

Am nächsten Tag sagte der Sprecher des Generalstabes des Heeres vor der Presse, der Erzbischof habe sich mit seinem Aufruf eines Vergehens schuldig gemacht, das ihn an den Rand des Gesetzes des Militärs bringe.
Am Nachmittag desselben Tages wurde er während der Messfeier bei der Darbietung der eucharistischen Gaben am Altar erschossen.

Zitat mit Änderungen:
Joachim Schäfer: Ökumenisches Heiligenlexikon

Albert Schweitzer

Im Jahr 1875 im elsässischen Kaysersberg geboren, wuchs Schweitzer im ländlichen Günsbach (Nähe Colmar) auf, wo sein Vater als evangelischer Pfarrer wirkte. Nach Schule und Abitur studierte er ab 1893 Theologie und Philosophie an der Universität Straßburg. Bald nach bestandenem theologischen Examen legte er die philosophische und zusätzlich die theologische Doktorprüfung ab. Neben seinem Pfarramt erforschte er Leben und Lehre von Jesus und Paulus und wurde Universitätsprofessor für Theologie. Trotz seiner Erfolge gab er seine Universitätslaufbahn auf und studierte Medizin, um als Missionsarzt nach Afrika gehen zu können. 1913 siedelte er mit seiner Frau Helene nach Afrika über und baute in Lambarene (Gabun) ein Urwaldhospital auf, das bis heute besteht. Neben seiner schweren ärztlichen Tätigkeit im Urwald war er unermüdlich für den Ausbau des Krankenhauses im Einsatz. Dazu arbeitete er in den Abend- und Nachtstunden eine „Kulturphilosophie" aus und begründete die berühmt gewordene Ethik der Ehrfurcht vor allem Leben. Durch Konzert- und Vortragsreisen sammelte er in vielen Ländern Geld und Medikamente für sein Spital.
Für seine vielfältige humanitäre Arbeit erhielt er zahlreiche Auszeichnungen, u. a. den Friedensnobelpreis. Am 4. September 1965 starb er in Lambarene, wo er auch beerdigt wurde.

Mahner für den Frieden

Das Wettrüsten der Atommächte in den fünfziger Jahren und die zahlreichen atomaren Versuchsexplosionen ließen Schweitzer in seinem letzten Lebensjahrzehnt nicht ruhen, sich vielfältig öffentlich für Abrüstung und Frieden einzusetzen. Nach anfänglicher Zurückhaltung nutzte er vor allem seine Nobelpreisrede 1954, um die Welt vor der Atomgefahr zu warnen. Es folgte drei Jahre später sein „Appell an die Menschheit" über Radio Oslo. In weiteren Rundfunk-Appellen erhob er seine Stimme. Nicht leidenschaftliche Anti-Kriegspropaganda, sondern die Stimme der Vernunft brachte er zu Gehör. Dabei ging es ihm um Aufklärung über die weitreichende Schädigung allen Lebens durch die freigesetzte Radioaktivität und um eine Warnung vor den weltumspannenden Folgen eines möglichen Atomkriegs. Zudem wandte er sich mit Friedensappellen an den amerikanischen Präsidenten Eisenhower und 1962 an die Regierung Kennedy, aber auch an Chruschtschow, als die Gefahr eines Atomkrieges in greifbare Nähe rückte.

Schweitzer durfte noch im gleichen Jahr als inzwischen 88-Jähriger erleben, dass die Atommächte ein Kernwaffenversuchsverbot in der Atmosphäre und im Wasser beschlossen.
Schweitzers Friedensbotschaft ist, dass wir „den Krieg aus einem ethischen Grund verwerfen, nämlich weil er uns der Unmenschlichkeit schuldig werden lässt". Seine Forderung lautet daher:

„Das Ziel, auf das von jetzt bis in alle Zukunft der Blick gerichtet sein muss, ist, dass völkerentzweiende Fragen nicht mehr durch Kriege entschieden werden können. Die Entscheidung muss friedlich gefunden werden."

Zitat mit Änderungen: Deutsches Albert Schweitzer Zentrum

1. Erläutere anhand typischer Merkmale von Propheten, worin Romero und Schweitzer als Propheten handeln.
2. Inwiefern handeln beide Personen als Christen und inwiefern kann ihre Lebensweise vom Evangelium her begründet werden?

Schwester Emmanuelle

Schwester Emmanuelle wurde als Marie-Madeleine Cinquin am 16. November 1908 in Brüssel geboren. Als 21-Jährige trat sie in die Ordensgemeinschaft der Schwestern unserer Lieben Frau von Sion (Notre Dame de Sion) ein. Dort erhielt sie den Ordensnamen Emmanuelle.
Bis zu ihrem Tod am 20. Oktober 2008 im Alter von 99 Jahren kämpfte Schwester Emmanuelle für das, woran sie glaubte: für die Würde des Menschen und für Gerechtigkeit. Ihre Stärke bezog sie aus ihrer Liebe zu Gott und ihrem absoluten Vertrauen in die Kraft des Lebens, in die Fähigkeit des Menschen zu wachsen, zu lernen, sich selbst und die anderen zu lieben. In ihr lebte Hoffnung und diese Hoffnung brachte sie mit 63 Jahren dazu, das Leben der Müllsammler von Kairo zu teilen. Von 1971 bis 1983 lebte sie in den Slums der ägyptischen Hauptstadt Kairo, in der Müllsiedlung „Ezbeth-El-Nakhl“ zwischen Abfall- und Lumpensammlern. In diesen Elendsvierteln ohne Wasser und Strom, voller Abfall, mit mangelhafter Ernährung und schweren Erkrankungen kämpfte sie mit den dort lebenden Menschen für die Umsetzung von Entwicklungsprojekten (Schulen, Ambulanzen, Müllverarbeitungsfabriken), aber vor allem wollte sie den verächtlichen Blick, den die Gesellschaft für diese Menschen übrig hatte, brechen.
Die Müllmenschen leben am Rande der Gesellschaft vom Abfall, den sie jeden Tag in der Stadt sammeln. Es sind furchtbare Barackensiedlungen, in die sich kein Polizist hineintraut. Und dennoch ist dies der Ort, an dem Schwester Emmanuelle leben wollte, in Frieden mit sich selbst und mit ihren Nachbarn. In jedem Menschen sah sie das Bild des gütigen und barmherzigen Gottes.
Ihre Energie und ihr Kampfgeist waren ansteckend. Wo sie auch auftrat, in den Elendsvierteln, in Fernsehsendungen, in den eleganten Salons der Botschaften und in Gemeindeeinrichtungen, gelang es ihr, Herzen zu öffnen. Sie rüttelte das Gewissen ihrer Zuhörer wach, sie gab den Menschen Hoffnung und Glauben an die Kraft, etwas verändern zu können. Sie fand Menschen, die sich an ihrer Seite engagieren wollten.
So wurde 1979 in Genf die Vereinigung der Freunde von Schwester Emmanuelle (ASASE) gegründet, um sie bei ihrer Arbeit in Kairo zu unterstützen. Andere Organisationen entstanden in Frankreich, Belgien und Österreich.

Der Blick aus dem Fenster im Klassenzimmer. Ein Esel steht auf einem Müllberg.

Mit ihrer Hilfe begann Schwester Emmanuelle 1979 eine Welttournee, um die erste Million Dollar für ihre ägyptischen Schützlinge zu sammeln. Seit damals wurde ihre Stimme von Tausenden von Spendern in Europa gehört und ihre Erfolge in Ägypten und in anderen Ländern waren bemerkenswert.

Durch den Präsidenten der Vereinigung der Freunde von Schwester Emmanuelle kam sie in den Sudan. Als sie 1985 zum ersten Mal die sudanesische Hauptstadt Khartum besuchte, wurde sie vom Grauen gepackt. Die Hauptstadt war überschwemmt mit Tausenden von Kindern, die durch die Straßen irrten, vergessen von allen. Viele Kinder vom Süden, besonders Jungen, waren vor dem Krieg und der Hungersnot geflohen, um im Norden Zuflucht zu finden, wo sie bei irgendwelchen Verwandten unterzukommen hofften. Aber alles, was sie fanden, war die gleiche elende Armut.
Um zu überleben, organisieren sie sich in Straßenbanden. Sie betteln, stehlen, prostituieren sich und nehmen Drogen, um ihre Einsamkeit, den nagenden Hunger und die Schmerzen zu vergessen.
Schwester Emmanuelle forderte nach dieser ersten Begegnung: „Unsere erste Priorität muss es sein, diese Kinder ohne Familien zu retten!"
Andere hätten sich vor dem Ausmaß dieser Aufgabe gefürchtet. Aber für Schwester Emmanuelle war dieses Hindernis dazu da, um überwunden zu werden. Ein neuer Kampf begann. Seit 1986 kümmerten sich Schwester Emmanuelle und der Verein der Freunde von Schwester Emmanuelle fast nur noch um Straßenkinder im Sudan.
Heute noch, Jahre nach dem Tod von Schwester Emmanuelle, geht dieser Kampf weiter. Andere Menschen führen ihr Werk heute fort. Es sind Schweitzer, Franzosen, Belgier und Österreicher. Sie leben nach Schwester Emmanuelles Motto:

> Mitten im Herzen eines Menschen wirst du eine Sonne finden.

Zitat mit Änderungen: ASASE, Angela Reddemann

1. Nenne Eigenschaften, die dich am meisten an Schwester Emmanuelle beeindrucken.
2. Schwester Emmanuelle hat vielen Menschen Gutes getan. Aus welcher Motivation heraus ist ihr das gelungen? Begründe aus dem Text heraus.
3. „Mitten im Herzen eines Menschen wirst du eine Sonne finden", war das Lebensmotto von Schwester Emmanuelle. Erläutere.
4. Schreibe Schwester Emmanuelle einen Brief, in dem du zu ihrem Handeln Stellung nimmst.

Kinder sitzen in Kairo in einem Klassenzimmer in der Schule. Beim Blick aus dem Fenster sind die Müllbaracken erkennbar.

Kennst du dich aus?

1. Arbeite aus den nachstehenden Zitaten heraus, was das Anliegen alttestamentlicher Propheten war, welche Probleme sie hatten und was sie erreicht haben.

An jenem Tag richte ich die zerfallene Hütte Davids wieder auf und bessere ihre Risse aus, …

Mit Leidenschaft bin ich für den Herrn der Heere eingetreten, weil die Israeliten deinen Bund verlassen, deine Altäre zerstört und deine Propheten mit dem Schwert getötet haben. Ich allein bin übrig geblieben und nun trachten sie auch mir nach dem Leben.

Da sagte Jesaja: Hört her, ihr vom Haus David! Genügt es euch nicht, Menschen zu belästigen? Müsst ihr auch noch meinen Gott belästigen? Darum wird euch der Herr von sich aus ein Zeichen geben: Seht, die Jungfrau wird ein Kind empfangen, sie wird einen Sohn gebären und sie wird ihm den Namen Immanuel (Gott mit uns) geben.

Ezechiel

Jeremia

Amos

Elija

Jesaja

Du hast mich betört, o Herr, und ich ließ mich betören; du hast mich gepackt und überwältigt. Zum Gespött bin ich geworden den ganzen Tag, ein jeder verhöhnt mich. Ja, sooft ich rede, muss ich schreien, „Gewalt und Unterdrückung!“ muss ich rufen. Denn das Wort des Herrn bringt mir den ganzen Tag nur Spott und Hohn.

Das Wort des Herrn erging an mich: Menschensohn, richte dein Gesicht auf die Berge Israels; sprich als Prophet zu ihnen und sag: Ihr Berge Israels, hört das Wort Gottes, des Herrn! So spricht Gott, der Herr zu den Bergen und Hügeln, zu den Schluchten und Tälern: Ich selbst werde das Schwert über euch bringen und eure Kulthöhlen zerstören.

2. Erinnere dich an Worte oder Taten von Prophetinnen und Propheten.
Erstelle eine dreispaltige Tabelle in deinem Heft. Trage in die erste Spalte den Namen der Prophetin oder des Propheten ein und in die mittlere das entsprechende Zitat. Notiere in der dritten Spalte, was die Prophetin/der Prophet mit ihrem/seinem Handeln erreicht hat.

3. Formuliert in Gruppen ein fiktives Interview mit einem Propheten, der euch besonders interessiert hat. Tragt es in der Klasse vor (vgl. Methode „Zeitungsinterview“ S. 174).

2. Aufbruch in die Selbstständigkeit

Keith Haring: Tutto Mundo, Pisa, 1989.

1. Als Keith Haring (1958–1990) dieses Bild an eine Kirche in Pisa malte, wusste er bereits, dass er an AIDS erkrankt war. Trotzdem malte er diese fantasievollen Figuren, die eine enorme Sehnsucht nach Leben ausdrücken. Welche Sehnsüchte, Träume und Gefühle erkennst du in den Figuren?
2. Suche dir eine Figur aus und überlege, was in ihr vorgehen könnte. Formuliere, was sie im Moment fühlen, sprechen, schreiben oder singen könnte.

Stärken und Schwächen – Gott nimmt mich an

Wer bin ich? – Ich bin ich!

In der Zeit des Erwachsenwerdens beschäftigst du dich viel mit dir und deiner Person. Auch Sofie Amundsen aus dem Jugendbuch „Sofies Welt“ von Jostein Gaarder ergeht es so:

Sofie warf die Schultasche in die Ecke und stellte Sherekan, ihrer Tigerkatze, eine Schale mit Katzenfutter hin. Dann ließ sie sich auf einen Küchenhocker fallen.
Wer bist du? Wenn sie das wüsste! Sie war natürlich Sofie Amundsen, aber wer war das? Das hatte sie noch nicht richtig herausgefunden.
Wenn sie nun anders hieße? Anne Knutsen zum Beispiel. Wäre sie dann auch eine andere? Plötzlich fiel ihr ein, dass ihr Vater sie zuerst gern Synnove genannt hätte. Sofie versuchte sich auszumalen, wie es wäre, wenn sie die Hand ausstreckte und sich als Synnove Amundsen vorstellte – aber nein, das ging nicht. Dabei stellte sie sich die ganze Zeit eine andere vor.
Nun sprang sie vom Hocker und ging ins Badezimmer. Sie stellte sich vor den Spiegel und starrte sich in die Augen. „Ich bin Sofie Amundsen“, sagte sie. Das Mädchen schnitt als Antwort nicht einmal die kleinste Grimasse. Egal, was Sofie auch machte, sie machte genau dasselbe. Sofie versuchte, dem Spiegelbild mit einer blitzschnellen Bewegung zuvorzukommen, aber die andere war genauso schnell.

„Wer bist du?“, fragte Sofie.

Auch jetzt bekam sie keine Antwort, aber für einen kurzen Moment wusste sie einfach nicht, ob sie oder ihr Spiegelbild diese Frage gestellt hatte. Sofie drückte den Zeigefinger auf die Nase im Spiegel und sagte: „Du bist ich.“
Als sie keine Antwort bekam, stellte sie den Satz auf den Kopf und sagte: „Ich bin du.“
Sofie Amundsen war mit ihrem Aussehen nie besonders zufrieden gewesen. Sie hörte oft, dass sie schöne Mandelaugen hätte, aber das sagten sie wohl nur, weil ihre Nase zu klein und ihr Mund etwas zu groß geraten war. Die Ohren saßen außerdem viel zu nah an den Augen. Am schlimmsten aber waren die glatten Haare, die sich einfach nicht legen ließen. Manchmal strich der Vater ihr darüber und nannte sie „das Mädchen mit den Flachshaaren“, nach einer Komposition von Claude Debussy. Der hatte gut reden, schließlich war er nicht dazu verurteilt, sein Leben lang schwarze, glatt herabhängende Haare zu haben. Bei Sofies Haaren halfen weder Spray noch Gel. Manchmal fand sie ihr Aussehen so komisch, dass sie sich fragte, ob sie vielleicht eine Missgeburt sein konnte. Ihre Mutter hatte jedenfalls von einer schwierigen Geburt erzählt. Aber entschied wirklich die Geburt, wie jemand aussah?
War es nicht ein bisschen komisch, dass sie nicht wusste, wer sie war? Und war es nicht auch eine Zumutung, dass sie nicht über ihr eigenes Aussehen bestimmen konnte? Das war ihr einfach in die Wiege gelegt worden. Ihre Freunde konnte sie vielleicht wählen, sich selber hatte sie aber nicht gewählt. Sie hatte sich nicht einmal dafür entschieden, Mensch zu sein.
Was war ein Mensch?

Manchmal schaue ich in den Spiegel und frage mich:
Wer bin ich?
Wie möchte ich gerne sein?
Wie sehen mich die anderen?
Wie sollen die anderen mich sehen?
Was gefällt mir an mir?
Was stört mich an mir?

Wer bin ich?
Manchmal schaue ich
in den Spiegel –
und bin mir selbst fremd.
Gestern noch vertraut.
Und heute?

Manchmal schaue ich
in den Spiegel –
und sehe mich
ganz neu.
Gestern noch ein Kind.
Und heute?

1. Jemand fragt dich: „Wer bist du?“ Notiere deine spontane Antwort.
2. Sophie beschäftigt sich mit der Frage: „Wer bin ich?“ Sicher kennst du auch Momente, in denen du dir diese Frage stellst. Beschreibe solche Momente. Erläutere, warum die Frage nach deinem eigenen Ich wichtig ist für den Umang mit anderen.
3. Nimm dir nun fünf Minuten Zeit und denke noch einmal in Ruhe über die Frage „Wer bin ich?“ nach. Was antwortest du jetzt?

Meine Stärken und Schwächen

„Ich bin ich!“ – das würde Patrick manchmal gerne sagen, wenn er wieder verglichen wird, wenn es heißt, der hat die besseren Noten, die ist besser im Sport, der ist beliebter, der sieht besser aus ...
„Ich bin ich!“ Patrick will sich nicht dauernd an den anderen messen lassen und daran, was sie für wichtig halten. Aber was heißt das eigentlich: „Ich bin ich“? Weiß Patrick tatsächlich, wer er ist, was er kann, welche Fähigkeiten in ihm stecken? Weißt DU, wer du bist? – Gehen wir auf Entdeckungsreise!

Wer bin ich?

Beantwortet mit der Methode Karussellgespräch die folgenden Fragen (vgl. Methode „Karussellgespräch“ S. 175):

Womit beschäftigst du dich am liebsten in deiner Freizeit?
Worüber kannst du dich am meisten ärgern?
Sage deinem Banknachbarn etwas, was dir an ihm gefällt.
Erzähle, worüber du dich zuletzt am meisten gefreut hast.
Sage deinem Partner, was er tun müsste, um dir auf die Nerven zu gehen.
Was war bisher dein größter Erfolg in der Schule?
Wohin würdest du gerne einmal reisen?
Wenn du morgen Geburtstag hättest, was wäre dein sehnlichster Wunsch?
Was fällt dir am schwersten?
Welchen berühmten Menschen möchtest du gerne einmal kennenlernen?

Darf ich vorstellen ...?

Bearbeitet diese Aufgabe in Zweierteams. Wählt dazu einen Mitschüler als Partner, den ihr nicht so gut kennt. Wenn ihr möchtet, könnt ihr die Partner auch auslosen. Einer der Partner beginnt nun, die unten stehenden Fragen zu beantworten, der andere hört ihm genau zu. Im zweiten Schritt tauscht ihr die Rollen: Der Zuhörer wird zum Erzähler und umgekehrt. Im dritten Schritt stellt ihr euren Partner der Klasse vor. Beschränkt euch dabei auf fünf Punkte, die euch wichtig erscheinen.
Was kannst du besonders gut?
Was möchtest du einmal werden?
Welche Sportart würdest du gerne beherrschen?
Gibt es etwas, wonach du süchtig bist?
Was ist dein Lieblingsplatz?
Wo hältst du dich gerne auf?
Wie viele Freunde hast du?
Glaubst du an Gott?
Was würdest du an der Welt gerne verändern?
Was hältst du von Jungen? Was von Mädchen?
Nenne drei Punkte, die andere an dir schätzen.
Welches Verhalten findest du unausstehlich?
Was machst du in zehn Jahren?
Wovor hast du Angst?
Wenn du Jesus begegnen würdest, was würdest du ihn fragen?
Was war das Verrückteste, was du bisher gemacht hast?

„Visitenkarte"

Nimm ein DIN-A5-Blatt und teile es durch einen senkrechten und einen waagerechten Strich in vier Felder. In drei Felder schreibst du je eine deiner Stärken. In das vierte Feld trägst du eine deiner Schwächen ein.
Bildet nun Gruppen von acht bis zehn Schülern. Alle falten ihre ausgefüllten Blätter zwei Mal und werfen sie in eine Tüte oder Stofftasche. Nun zieht ihr nach und nach die Zettel und lest vor, was darauf steht. Die Gruppe versucht zu erraten, um wessen „Visitenkarte" es sich handelt. Wenn die richtige Person erraten wurde, wird der nächste Zettel gezogen. Tauscht euch am Ende darüber aus, was euch aufgefallen ist: Weshalb ist es nicht so einfach, sich selbst zu beschreiben? Wie gut kennt ihr einander? Wie wichtig ist euch die Meinung der anderen über euch?

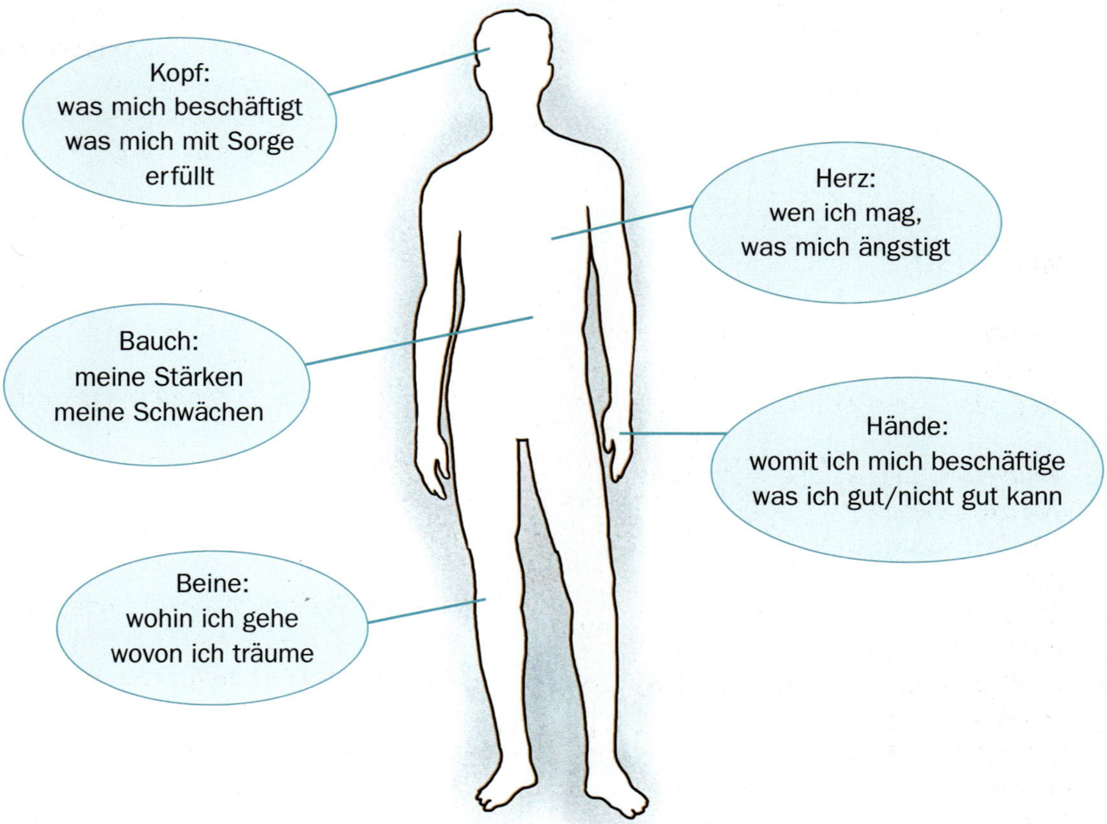

1. Zeichne einen Körperumriss in dein Heft und schreibe deine Stärken und Schwächen in den Körperumriss hinein. Gehe dabei auch auf die Stichworte ein, die in der hier dargestellten Skizze eingetragen sind (vgl. Methode „Malen und gestalten" S. 171).

Wie sehe ich mich? Wie sehen mich andere?

Eine Fantasiereise in die Seele

Ich möchte dich gerne auf eine Reise einladen, die zu dir selbst führen soll.
Bitte lasse dich darauf ein und versuche, dich von allem, was du um dich herum wahrnimmst, zu verabschieden.

Setze dich bequem hin, atme tief und ruhig. Du kannst auch die Augen schließen. Du nimmst dein Inneres wahr, du spürst deinen Atem, dein Brustkorb hebt und senkt sich ganz gleichmäßig.

In der Ferne siehst du ein Haus. Du gehst auf das Haus zu. Du öffnest die Tür und betrittst eine Schatzkammer. Viele Schätze liegen da.

Manche sind dir vertraut, manche kommen dir unbekannt vor. All diese Schätze sind deine Fähigkeiten und Stärken, alles das, was du gut kannst, was dir gut gelingt.

Du darfst deine Schätze in die Hand nehmen, sie spüren.
Wie fühlen sie sich an?
Du spürst die Kraft, die durch deinen Körper fließt, du empfindest Freude und Stolz.
Es ist ein gutes Gefühl, um die eigenen Stärken und Fähigkeiten zu wissen, und dass du über sie verfügen kannst, wann immer du sie brauchst.

Denn du besitzt den Schlüssel zu all diesen Schätzen, zu all deinen Fähigkeiten und Stärken.

Du darfst nun von ihnen Abschied nehmen. Wirf noch einen Blick auf sie. Dann trittst du die Rückreise an.

1. Schneide mehrere Kreise aus weißem und dunklem Papier aus. Schreibe auf die hellen Kreise Eigenschaften, die zu deiner Lichtseite gehören und auf die dunklen Kreise Eigenschaften, die du deiner Schattenseite zuordnen würdest.
a) Setze deine Licht- und Schattenseiten miteinander in Beziehung. (z. B. Weil ich sehr ordentlich bin, dauert bei mir alles sehr lange.) Klebe dazu die Punkte auf ein Blatt und verbinde die zusammengehörenden mit Linien.
b) Was würden Menschen aus deiner Umgebung (Eltern, Geschwister, Freunde, Lehrer) als deine Licht- und Schattenseiten bezeichnen? Vergleiche ihre Einschätzung mit deiner eigenen.
c) Vervollständige den Satz: Jesus hat uns aufgetragen: „Liebe deinen Nächsten wie dich selbst.“ Damit ermutigt er mich zu …

Meine „Lichtseite“

Ich sehe gut aus.
Ich verstehe mich mit anderen.
Ich helfe anderen.
Ich bemühe mich in der Regel, friedliebend zu sein.
Ich kann zuhören.
Ich gehe auf andere ein.

Meine „Schattenseite“

Wir alle haben auch eine „Schattenseite“.

Die schöne Seite ist die, die wir gerne zur Schau stellen. So kennen uns die meisten. So sollen sie uns auch in Erinnerung behalten.

Doch können wir uns von der anderen Seite nicht lösen. Sie wirft ihre Schatten und zeigt uns alles, was wir nicht sein wollen, was wir nicht wissen wollen. Aber die Schattenseite gehört zu uns. Ohne unseren Schatten sind wir nicht wir selbst. Mehr noch, wir sind in Gefahr, uns selbst zu verlieren, langweilig und fantasielos zu werden.

Wer die Reise zu sich selbst antritt, beginnt einen spannenden Prozess. Er will herausfinden, wer und was er ist. Diese Reise beginnt langsam. Sie ist so, als würden wir ein altes Fotoalbum betrachten, Bild für Bild, jedes ruft Erinnerungen wach. Bei der Reise nach innen entdecken wir immer neue Schatten, die zu uns gehören. Wir kämpfen mit den Schatten, wir wollen sie nicht wahrhaben. Nicht diese Bosheiten, nicht … Wir kämpfen so lange, bis wir endlich zu all dem stehen und sagen: Ja, das ist auch ein Teil von mir.

Wir begreifen, dass zu unserer „Schokoladenseite“ auch die „Schattenseite“ gehört. Erst dann fangen wir an, ganz zu werden, zu heilen, wo wir verwundet sind. So lange wir die „Schattenseite“ ablehnten, hatte sie unbewusst Macht über uns. Wir müssen viele Reisen unternehmen, um uns selbst kennenzulernen.

!

1. Schreibe dir selbst einen Brief, in dem du dir Ratschläge für die Zukunft gibst. Bewahre ihn auf und lies ihn nach einigen Wochen noch einmal. Erkläre nun deine veränderte Sicht auf deine Licht- und Schattenseiten (vgl. Methode „Brief schreiben“ S. 174).

Mit Licht- und Schattenseiten leben

Melanie hat ein Lieblings-T-Shirt. Ganz groß steht darauf: „Nobody is perfect". Ihr gefällt dieser Spruch, denn das spürt sie jeden Tag: Keiner ist perfekt – die anderen nicht und sie selbst auch nicht. Der Spruch tröstet sie über manche Situation hinweg, in der mal wieder gar nichts klappen will. Grund zum Ärger über sich selbst und andere gibt es genug, findet sie, besonders wenn die folgenden Stichworte im Spiel sind:

Versagen • Abneigung • Streit • Bevorzugung • Benachteiligung • Neid • Konkurrenz • Rivalität • Gefühle • Nähe • Distanz

Auch in der Bibel finden sich Geschichten, die sich damit befassen, wie Menschen durch schlechte Taten Unglück und Zerstörung in die Welt tragen. Zu ihnen gehört die Geschichte der Brüder Kain und Abel, die gleich auf den ersten Seiten der Bibel erzählt wird:

Adam erkannte Eva, seine Frau; sie wurde schwanger und gebar Kain. Da sagte sie: Ich habe einen Mann vom Herrn erworben. Sie gebar ein zweites Mal, nämlich Abel, seinen Bruder. Abel wurde Schafhirt und Kain Ackerbauer.
Nach einiger Zeit brachte Kain dem Herrn ein Opfer von den Früchten des Feldes dar; auch Abel brachte eines dar von den Erstlingen seiner Herde und von ihrem Fett. Der Herr schaute auf Abel und sein Opfer, aber auf Kain und sein Opfer schaute er nicht. Da überlief es Kain ganz heiß und sein Blick senkte sich. Der Herr sprach zu Kain: Warum überläuft es dich heiß und warum senkt sich dein Blick? Nicht wahr, wenn du recht tust, darfst du aufblicken; wenn du nicht recht tust, lauert an der Tür die Sünde als Dämon. Auf dich hat er es abgesehen, doch du werde Herr über ihn!
Hierauf sagte Kain zu seinem Bruder Abel: Gehen wir aufs Feld! Als sie auf dem Feld waren, griff Kain seinen Bruder Abel an und erschlug ihn.

Gen 4,1–8

Hans Acker: Kains Brudermord, Ulmer Münster, um 1430.

1. In welchen Situationen spürst du, dass Menschen nicht perfekt sind? Beschreibe drei konkrete Situationen. Tausche dich darüber mit deinen Mitschülern aus. Haben sie ähnliche Situationen benannt?
2. Lies Gen 4,1–8 und versetze dich in Kains Lage. Stelle Kains Gedanken und Gefühle in Sprechblasen dar und zeichne dazu passende Gesichter (vgl. Methoden „Sprechblasen verfassen" S. 175 und „Malen und gestalten" S. 171 f.).
3. Beschreibe das Bild von Hans Acker. Achte auch auf die Farbauswahl und die Haltung des zweifach dargestellten Kains. Setze das Bild mit den Versen aus Gen 4,1–16 in Verbindung. Lies dabei nochmals die Verse und erläutere, was der Künstler besonders betont.

Gott nimmt mich auch mit meiner dunklen Seite an

Die Tat Kains bleibt nicht ohne Folgen. Er hat Schuld auf sich geladen und diese Schuld wird sein weiteres Leben überschatten. Sein Leben verändert sich dadurch. Kain muss seine Heimat verlassen, er wird vom Verfolger zum Verfolgten, Schuldgefühle werden ihn begleiten. Wird er nun immer unter seiner Schuld leiden müssen, verlassen von den Menschen und Gott?

Wenn wir erleben, dass einer zum anderen böse oder gemein ist, dann sagen wir gerne:

Die Geschichte vom Brudermord endet nicht mit der Verbannung des Kain. Um Kain zu schützen, setzt Gott ein Zeichen auf seine Stirn. Gott gibt ihn nicht auf, verdammt ihn nicht, sondern ermöglicht ihm ein Weiterleben. So ist das „Kainsmal" kein Zeichen der Verbannung, sondern ein Zeichen der Hoffnung. Es soll Kain schützen, ihm einen neuen Anfang ermöglichen.
Gott zeigt auf diese Weise:

Mit dir will ich nichts mehr zu tun haben. Du bist nicht mehr mein Freund.

Ich verstehe dich nicht. Wie konntest du so etwas tun?

Wenn du so gemein bist, bin ich auch gemein zu dir.

Tut dir deine Tat denn nicht leid?

Von dir war ja nichts Besseres zu erwarten.

Ich bin da. Ich bin für dich da. Ich gehe mit dir. Ich habe ein unbedingtes Interesse an dir. Ich verlasse dich auch dann nicht, wenn du Fehler machst. Ich ermögliche dir einen Neuanfang.

1. Wie beurteilst du, wie Gott mit Kain umgeht? Nimm Stellung, indem du die Rolle von Kains Ankläger oder Verteidiger einnimmst.
2. Triff Aussagen über Gottes Handeln und verwende dabei die Begriffe aus dem Kasten.
3. Ergänze folgende Aussage: „Wenn ich schuldig geworden bin, dann wünsche ich mir von Gott und meinen Mitmenschen ..."

Rechtfertigen • Folgen tragen • Verantwortung übernehmen • Schuld eingestehen • Täter sein • Opfer werden • Stärke zeigen • Schwächen eingestehen • Leben ermöglichen • beistehen • Schuld bekennen • um Verzeihung bitten • sich um Wiedergutmachung bemühen

Sich selbst mögen

Manchmal stehe ich lange vor dem Spiegel. Dann betrachte ich mich und überlege:
Das soll ich sein?
Oft komme ich mir ganz fremd vor. Die Haare, die Nase, der Mund: Das bin ich.
Ob mich die anderen auch so sehen? Ob sie auch hinter mein Gesicht sehen können, ob sie wissen, was ich denke, was ich fühle, was ich wünsche und träume?

Manchmal freue ich mich auch, wenn ich mich im Spiegel sehe.
Das bin ich, so und nicht anders mit all dem, was ich kann, mit all meinen Fähigkeiten, mit all meinen guten Seiten. Kein anderer ist so wie ich.
Ich bin froh, dass ich lebe.
Ich möchte am liebsten laut loslachen vor Freude.
Und das, was ich nicht so gut kann, wo ich etwas falsch mache, wo ich nicht mehr weiter kann, wo ich nicht ausreichend Kraft habe – hilf mir, lieber Gott, dass ich nicht aufgebe, dass ich lerne:
So bin ich.

1. „Gott, du begleitest mein Leben. Ich möchte dir danken für ... Ich möchte dich bitten ...“ – Verfasse schriftlich ein Gebet, das zu dir und deiner Situation passt (vgl. Methode „Gebet verfassen“ S. 171).

Hilfreich miteinander umgehen: Kommunikationsregeln

Grund zum Streiten?

Auch wenn ich mir meiner Stärken und Schwächen bewusst bin, gibt es täglich Situationen, die mich herausfordern. Wie verhalte ich mich in Konfliktsituationen? Wie reagiere ich auf Äußerungen anderer?

Mit meiner Reaktion beeinflusse ich, ob es zu einem vernünftigen Gespräch kommt oder ob eine Situation eskaliert. Häufig fallen in Auseinandersetzungen bestimmte Reizworte oder wir verallgemeinern – und schon ist der Streit da.

„Alle dürfen abends länger weg als ich!"

„Immer bestimmst du, was ich tun soll!"

„Mir ist es in meinem Zimmer ordentlich genug!"

„Das kann ich selbst entscheiden. Ich bin doch kein Kind mehr!"

„Du hast mein Vertrauen missbraucht. Das ist gemein!"

„Ich habe dir schon hundert Mal gesagt …"

„Mache die Musik leiser!"

„Wenn du nicht endlich …!"

„So lange du hier wohnst, bestimme ich, was du tust!"

1. Betrachte das Bild mit den Sprechblasen. Bestimmt kommen dir einige der Aussagen bekannt vor. Was geht in solchen Situationen in dir vor? Erzähle.
2. Sprich mit deinem Nachbarn über eine der Aussagen in den Sprechblasen. Welcher Konflikt steht dahinter? Schreibe einen kurzen Dialog dazu und trage ihn der Klasse vor (vgl. Methode „Dialog verfassen" S. 175).
3. Welche Formulierungen beschreiben Gefühle, welche bewerten und verallgemeinern? Wie wird dadurch ein Gespräch beeinflusst? Erläutere.
4. Im Alten Testament heißt es: „Gott schuf also den Menschen als sein Abbild; als Abbild Gottes schuf er ihn" (Gen 1,27). Erkläre, wie diese Aussage zu verstehen ist. Setze diese Glaubensüberzeugung in Bezug zu der Frage, wie du dich in Konfliktsituationen verhalten solltest. Welche Auswirkungen hat der Glaube an die Gottebenbildlichkeit des Menschen auf den Umgang miteinander?

„Immer der gleiche Ärger …“

Katja: „Schule ist für so viele in unserer Klasse kein ernsthaftes Problem.
Mir aber dreht sich schon seit Jahresanfang, als ich neu an diese Schule kam, der Magen um. Am liebsten würde ich mich dort gar nicht mehr sehen lassen, obwohl es eigentlich bloß Denis ist, der mich belastet.
Immer wieder frage ich mich: Ist es die Tatsache, dass ich ein Mädchen bin? Ist es mein dunkler Typ, weil mein Großvater Süditaliener ist?
Im Unterricht: Na ja, da komme ich bis auf meine Schwierigkeiten in Mathe zurecht.
„Ist Katja eine dumme Zicke!“, machte mich Denis nach dem Unterricht lächerlich, weil ich den Zusammenhang von gemeinen Brüchen und Dezimalbrüchen nicht sofort verstanden hatte. Dauernd hat er etwas an mir auszusetzen. Einmal ist es meine Schwäche in Mathe, dann wieder mein Aussehen.
Eigentlich ist es egal, was ich mache, sage oder anhabe, Denis findet immer etwas. Von anderen habe ich keine Hilfe zu erwarten.
Im Gegenteil: Denen ist es gerade recht. Die unterhalten sich blendend auf meine Kosten. Mir geht das ziemlich nahe. Meist zeige ich nicht, was ich denke und mache auf cool. Nur einmal wagte ich es, Denis vor den anderen anzusprechen: ‚Was willst du denn! Du bist doch selbst schon am Gymnasium durchgefallen. Und jetzt spielst du dich hier auf!‘
Vielleicht hätte ich das besser nicht sagen sollen. Am Sonntagabend liege ich lange wach im Bett und weine, weil ich am nächsten Tag wieder in die Schule muss. Dem Klassenlehrer habe ich noch nichts von meinem Problem erzählt.
Wenn mir nur etwas Gescheites einfallen würde!“

sich zurückziehen
sich anders fühlen

depressive Gefühle
aggressiv werden
sich verletzt fühlen

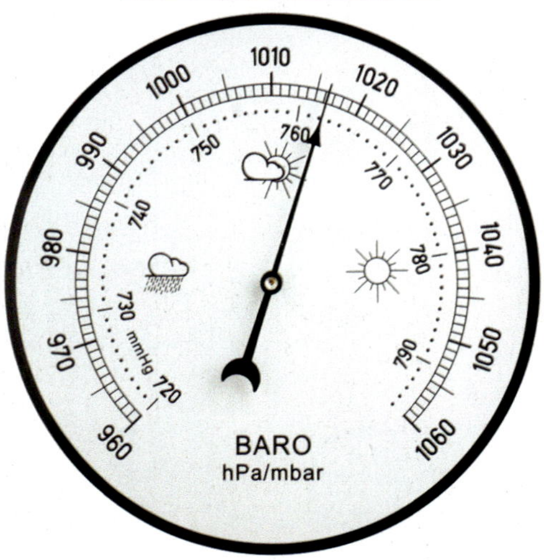

sich wohlfühlen
zufrieden sein

1. Katjas Gefühle kann man den Einteilungen am „Stimmungsbarometer“ zuordnen. Finde die entsprechenden Stellen im Text.
2. Überlege, wann du selbst solche Gefühle hattest. Verfasse einen Tagebucheintrag (vgl. Methode „Tagebucheintrag“ S. 176).
3. Stelle Katjas Gefühle mit Farben und Formen in einer Zeichnung dar (vgl. Methode „Malen und gestalten“ S. 172).

Umgang mit Konflikten

Für viele Konflikte findet sich rasch eine Lösung. Eine humorvolle Bemerkung, eine Entschuldigung, eine Bitte um Verzeihung, manchmal reicht auch ein Lächeln, um den Streit aus der Welt zu schaffen. Andere Konflikte führen zu tieferen Verletzungen, die nicht von alleine heilen. Ganz im Gegenteil, sie machen einem schwer zu schaffen und werden immer schlimmer.

Lösungsstrategien

Nicht alle Menschen reagieren bei Konflikten gleich. Oft provoziert ein Wort das andere und die Situation eskaliert. Was am Ende dabei herauskommen kann, zeigt dir die Spirale:

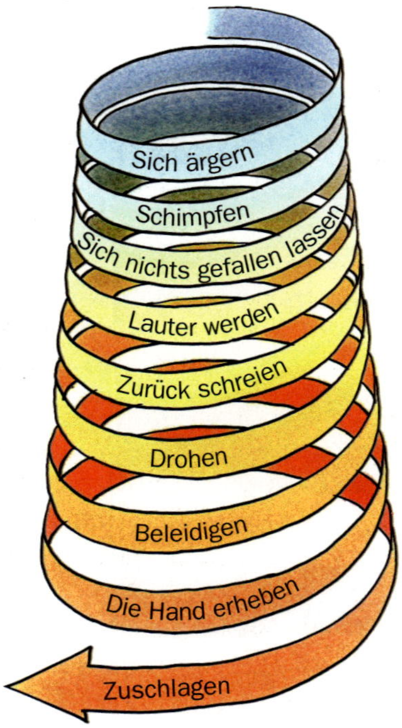

Damit sich Konflikte nicht verschärfen, ist es hilfreich, trotz allem Ärger Gesprächsblockaden zu vermeiden und aktiv zuzuhören, was der andere eigentlich zu sagen hat.
Dafür gibt es einige Regeln:
- Beide Gesprächspartner geben einander Gelegenheit, ihre Sicht der Dinge darzustellen und unterbrechen einander dabei nicht.
- Wer spricht, spricht von sich und seinen eigenen Gefühlen. Dafür bietet sich die Ich-Form an, zum Beispiel „Ich fühle mich …“ oder „Ich ärgere mich, wenn …“
- Wer nicht spricht, hört zu und versucht zu verstehen, was im anderen vorgeht.
- Wenn ich nicht sicher bin, ob ich alles richtig verstanden habe, kann ich die Aussage des anderen „spiegeln“, d.h. ich fasse in eigenen Worten zusammen, was der andere gesagt hat: „Du fühlst dich von mir nicht ernst genommen/angegriffen/ausgenutzt …“

Die Goldene Regel
Alles, was ihr also von anderen erwartet, das tut auch ihnen!

Mt 7,12

Dabei ist für dich wichtig:
- Sprich für dich selbst und verlasse dich nicht darauf, dass andere für dich sprechen. Du bist wichtig!
- Vermeide Verallgemeinerungen und Formulierungen mit „immer…“, „jedes Mal …“, „nie …“. Beziehe dich besser auf konkrete Einzelheiten und Situationen.
- Akzeptiere Gefühle und Eindrücke und bewerte sie nicht.
- Wird dein Verhalten kritisiert, dann höre dir die Kritik zuerst einmal an und nimm nicht sofort eine Abwehrhaltung ein.
- Versuche zu verstehen, was in deinem Gesprächspartner vorgeht.

1. Beschreibe Lösungswege, die du bereits bei Konflikten angewendet hast.
2. Die Goldene Regel (siehe auch S. 149) kennst du auch in anderer Form aus der Alltagssprache. Erkläre den Unterschied. Diskutiert gemeinsam, inwiefern die Goldene Regel ein möglicher Weg ist, sich in Konfliktsituationen zu verhalten und Probleme miteinander zu lösen (vgl. Methode „Pro- und Kontra-Streitgespräch“ S. 176).
3. Spielt einige der in der Spirale dargestellten Stichworte pantomimisch nach und sprecht anschließend in der Klasse darüber (vgl. Methode „Pantomime“ S. 172).
4. Greife einen aktuellen Konflikt aus deiner Klasse auf und versuche, ihn durch aktives Zuhören zu klären.
5. Erstelle für deine Klasse ein Plakat mit Regeln dafür, wie du zukünftig Konflikte bewältigen willst (vgl. Methode „Plakat gestalten“ S. 173).

Sich selbst neu sehen lernen

Jenny erzählt: Zwischen Daniel und mir hat es tatsächlich wieder so richtig gekracht. Zunächst fanden es die anderen ganz unterhaltsam. Diesmal spitzte sich unser Streit aber zu. Ich hatte es endgültig satt, mich von diesem Kerl fertigmachen zu lassen. Das Maß war voll. In mir stieg eine solche Wut hoch, dass ich mich wie eine Wilde auf Daniel stürzte und auf ihn einschlug. Ich kannte mich selbst nicht mehr. Zu lange hatte ich mir seine Gemeinheiten gefallen lassen. In mir hatte sich ein Zorn aufgestaut, der jetzt aus mir herausbrach. Ich entwickelte eine Kraft, die ich mir selbst nicht zugetraut hatte. Mir war es gleichgültig, was mit Daniel passierte. Einigen in unserer Klasse wurde es zu bunt und sie versuchten, uns auseinanderzubringen. Ich sah und hörte nichts mehr um mich herum. Ich merkte nicht einmal, dass unsere Lehrerin ins Klassenzimmer gekommen war. Sie packte mich von hinten und zog mich von Daniel weg. „Schluss jetzt!“, sagte sie energisch. „Was fällt euch ein? Was ist denn hier eigentlich los?“

Die Klasse redete durcheinander.

„Ruhe! So verstehe ich kein Wort! Ich werde das später in der Pause klären. Jenny, ich sehe dich dann vor dem Lehrerzimmer!“

Somit war die Angelegenheit vorerst für unsere Lehrerin, Frau Winter, erledigt. Sie begann mit dem Unterricht. Das gab mir die Möglichkeit, mich allmählich zu beruhigen. Nach der Stunde ging ich mit einem mulmigen Gefühl Richtung Lehrerzimmer. Was sollte ich sagen? Wie sollte ich ihr erklären, was in mir vorgegangen war? Was würde Frau Winter sagen?

Vor der Tür des Lehrerzimmers holte ich noch einmal tief Luft; dann klopfte ich an. Frau Winter erwartete mich schon.

Sie ging mit mir ins Elternsprechzimmer. „So, bitte nimm Platz! Hier können wir uns ungestört unterhalten“, begann sie.

„Du kommst mit Daniel nicht klar. Das ist mir schon länger aufgefallen. Was aber heute passiert ist, das können wir nicht so stehenlassen. Ich möchte, dass du dir deine Schwierigkeiten mit Daniel einmal genau anschaust. Ich will dir dabei helfen. Kannst du dir das vorstellen?“

Ich sah sie erstaunt an.

Frau Winter nahm einen Berg von Münzen, die vor ihr auf dem Tisch lagen. Sie schlug mir vor, meine Probleme mithilfe der Münzen genauer zu betrachten. Sie erklärte mir auch, wie das gehen sollte. Ich verlor allmählich meine Angst; ich wurde sogar ein wenig neugierig.

Frau Winter bat mich, die Münzen in Ruhe zu betrachten. „Du kannst sie auch in die Hand nehmen“, schlug sie vor. Mir fiel auf, dass es ganz unterschiedliche Stücke waren, große, kleine, alte und neue, die richtig glänzten. Eine hatte sogar ein Loch. Nach einer Weile sagte Frau Winter: „Jenny, such dir mal eine Münze aus, die für dich passen könnte! Vielleicht, weil sie dir gefällt oder dich an etwas von dir selbst erinnert.“

Ich wählte eine kleine beschädigte Münze aus und legte sie auf den Tisch: „Die ist genauso, wie ich mich fühle, klein und verbeult.“ Als ich das sagte, wusste ich, dass ich mich genauso fühlte. Frau Winter bat mich dann, eine Münze für Daniel zu suchen. Ich griff ziemlich rasch nach der größten und am meisten glänzenden. So sah ich Daniel: Immer der Größte; alle anderen schienen auf seiner Seite zu sein; er bestimmte.

Hilfreich miteinander umgehen: Kommunikationsregeln

Dann sollte ich für einige Mitschüler Münzen heraussuchen und im richtigen Abstand zu den anderen legen. Frau Winter ließ mich dabei erzählen, wie ich die anderen Personen sah, was ich über sie dachte. Jetzt sollte ich das entstandene Bild als Ganzes betrachten.
Mir fiel auf, dass ich ziemlich weit entfernt von den andere lag.
Frau Winter forderte mich auf, mich an Sätze und Worte zu erinnern, die zwischen mir und Daniel gefallen waren. Zuerst fand ich es seltsam, die Münzen sprechen zu lassen, aber dann entdeckte ich, dass wir beide immer das gleiche Spiel miteinander gespielt hatten. Daniel provozierte mich mit einer Gemeinheit und ich setzte mein cooles Gesicht auf und zeigte ihm die kalte Schulter. So war das fast immer.
Frau Winter zeigte sich erstaunt: „Mensch, Jenny, das habe ich so überhaupt nicht mitbekommen. Daniel hat dich ja wirklich unglaublich provoziert und tief verletzt. Das darf er nicht. Ich werde auf jeden Fall einmal mit ihm reden! Meinst du, er weiß, was er bei dir angerichtet hat?"
Ich zuckte mit den Achseln.
Anschließend legte ich die Münzen so, wie ich es mir eigentlich wünschte. Das Bild veränderte sich. Meine Münze lag bei den anderen; ich wollte dazugehören. Doch wie konnte das auch in der Wirklichkeit gelingen?
Gemeinsam mit Frau Winter überlegte ich.
Es war klar, dass ich mich anders verhalten musste. Ich nahm mir vor, anders auf die Klasse und Daniel zuzugehen, ihm etwas von mir zu erzählen. Ich wollte nicht darauf warten, dass Daniel mich ansprach. Nein, ich hatte vor, auf ihn zuzugehen. Vielleicht würde ich sogar den Vorschlag machen, etwas gemeinsam zu tun oder ihn um Hilfe bei den Matheaufgaben bitten.
Jedenfalls sah ich meine Geschichte mit Daniel jetzt in einem anderen Licht. Vieles wurde mir durch das Spiel mit den Münzen klarer.
Vor allem lernte ich mich selbst neu sehen.
Ich war natürlich aufgeregt. Ob das alles so klappen würde? Nein, es lag kein leichter Weg vor mir. Aber ich hatte neue Hoffnung und neuen Mut geschöpft.

1. „Ich bin gespannt auf morgen!" Wie geht es mit Jenny und Daniel weiter? Wie wird wohl die Klasse reagieren? Notiert dazu Stichworte und tauscht euch in der Klasse darüber aus.
2. Denke an deinen letzten Konflikt. Wer war beteiligt? Versuche dir, ähnlich wie Jenny, mithilfe von Münzen mehr Klarheit zu verschaffen.

Streitschlichtung (Mediation) macht Schule

Lehrer und Schüler wollen sich in vielen Schulen nicht mehr damit abfinden, dass es immer wieder Unfrieden gibt. Auf dem Weg zu einer Lösung geht es ihnen nicht darum, Konflikte grundsätzlich zu vermeiden, sondern einen sinnvollen Weg der Bewältigung zu finden.
An immer mehr Schulen gibt es seit einiger Zeit Lehrer und Schüler, die als Streitschlichter tätig sind. Bevor sie eingesetzt werden, trainieren sie in einem besonderen Kurs, wie man als Vermittler im Konflikt helfen und gemeinsam eine vernünftige Lösung finden kann.
Die Konfliktparteien suchen freiwillig die Schlichter auf, die nach festen Regeln nach einer Lösung suchen.
Seit es Streitschlichter gibt, sind die Konflikte zwar nicht weniger geworden, aber sie werden anders gelöst. Damit besteht die Möglichkeit, dass alle zufriedener sind als vorher.

Mediationsregeln

1. Mediation bedeutet Vermitteln, Dazwischentreten. Schüler, die Streit miteinander haben, wenden sich an den Streitschlichter.
2. Die Beteiligten werden gefragt, ob sie mit einer Mediation einverstanden sind. Ist das der Fall, so können die Streitschlichter mit ihrer Arbeit beginnen.
3. Den Gegnern wird versichert, dass die Streitschlichter unparteiisch sind und das Gespräch vertraulich behandeln.
4. Jeder der Beteiligten darf nun, ohne vom anderen unterbrochen zu werden, seine Sicht des Konflikts vortragen. Beschimpfungen und Tätlichkeiten sind grundsätzlich verboten.
5. Die Streitschlichter hören genau zu und fragen nach, um über die Gründe, Abläufe und die Gefühle der Beteiligten Klarheit zu gewinnen.
6. Nach diesem klärenden Gespräch wird jeder Beteiligte aufgefordert, schriftlich Vorschläge zu machen, die eine Beilegung des Streits ermöglichen. Die Vorschläge werden von den Streitschlichtern gesammelt und mit den Betroffenen zu einem Katalog von Vereinbarungen zusammengestellt. Alle Beteiligten müssen diesen Abmachungen zustimmen können.
7. Diese Vereinbarungen werden schriftlich festgehalten und von den Parteien unterschrieben. Jeder erhält eine Kopie der Vereinbarungen. Das Original wird von den Streitschlichtern versiegelt und aufbewahrt. Lehrer und Schulleiter erhalten keine Auskunft über den Inhalt des Gesprächs, ihnen wird nur mitgeteilt, ob die Streitschlichtung gelungen ist.
8. Werden die Vereinbarungen gebrochen, muss neu verhandelt werden.

1. Lies dir die Mediationsregeln in Ruhe durch und benenne die Aufgaben, die die Streitenden erfüllen müssen.
2. Erläutere, was aus christlicher Sicht dafür spricht, bei Konflikten die Hilfe eines Mediators zu nutzen. Rufe dir dazu noch einmal Gen 1,27 und Mt 7,12 in Erinnerung.
3. Fragt eure Lehrerin/euren Lehrer, ob ihr Streitschlichter und Beratungslehrer in den Unterricht einladen dürft. Lasst euch von ihrer Arbeit berichten.

Schul-Sozialarbeit

In vielen Schulen gibt es seit einiger Zeit Schul-Sozialarbeiter. Sie werden von den unterschiedlichsten Verbänden wie zum Beispiel der Arbeiterwohlfahrt, der Evangelischen Jugendsozialarbeit oder der Caritas finanziert und an Schulen eingesetzt.

Aufgaben der Schul-Sozialarbeiter sind:

- Stärkung des Selbstwertgefühls und des Selbstbewusstseins von Schülern. Das geschieht durch die unterschiedlichsten Angebote wie erlebnispädagogische Tage, Gewaltprävention oder gezielte Angebote für Mädchen und Jungen.
- Förderung des Sozialverhaltens und der Fähigkeit, in Gruppen miteinander zurechtzukommen. Dazu gehören die Beratung der Schüler bei Konflikten mit Eltern, Lehrern oder Mitschülern.
- Es werden Angebote zur Förderung der Klassengemeinschaft sowie zur Freizeitgestaltung gemacht. Das kann z. B. die Einrichtung eines Schülercafés oder die Organisation eines Schulprojekts sein.
- Eltern können sich bei Konflikten mit ihren Kindern oder solchen zwischen ihren Kindern und der Schule an die Schul-Sozialarbeiter wenden.
- Die Schul-Sozialarbeiter vermitteln auch an andere Fachberatungen weiter wie das Jugendamt, die Jugendhilfe oder psychologische Beratungsstellen.
- Sie beraten die Schüler-Mitverwaltung und unterstützen sie bei deren Aktivitäten.
- Auch Lehrer können sich bei sozialpädagogischen Fragen an sie wenden.

1. Gibt es in eurer Schule einen Schul-Sozialarbeiter? Wenn ja, welche Projekte werden mit seiner Hilfe durchgeführt?
2. Erkundigt euch, ob noch mehr Schulen in eurer Stadt ein solches Angebot haben. Arbeiten die Schulen zusammen? Informiert euch darüber.
3. Recherchiert im Internet, welche Möglichkeiten es in eurer Stadt gibt, in Konfliktfällen Hilfe zu finden. Stellt eine Broschüre zusammen (vgl. Methode „Internetrecherche“ S. 169 f.).

Mein Lebens- und Glaubensweg

Wege

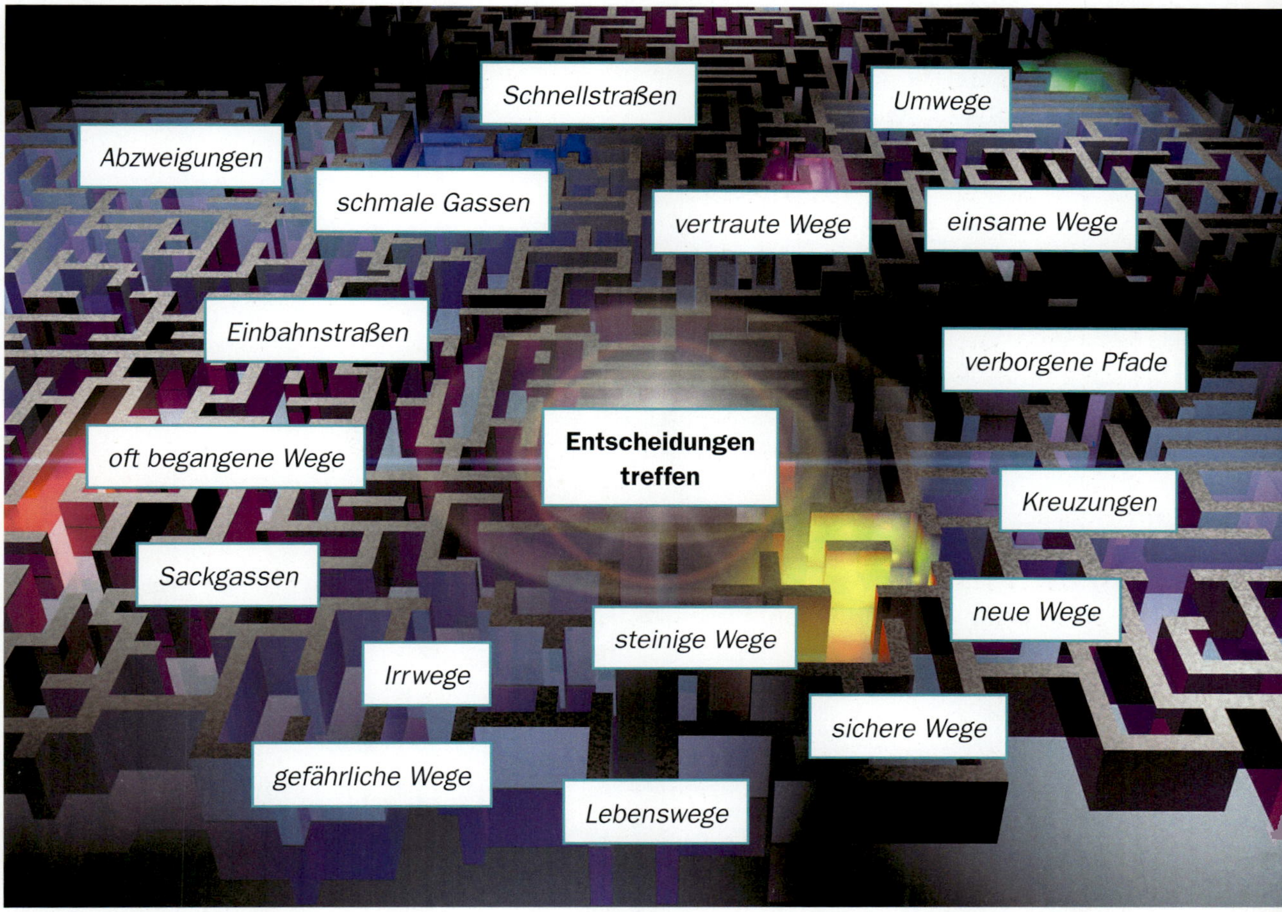

Es gibt die verschiedensten Wege. Gemeint sind damit nicht nur die konkreten Wege, die jede und jeder von uns täglich zurücklegt. Oft verwenden wir den Begriff „Weg“ auch im übertragenen Sinn und meinen damit die Handlungen und Entscheidungen, die Menschen in ihrem Leben treffen. Das gesamte Leben eines Menschen kann als „Lebensweg“ bezeichnet werden. Jemand kann zum Beispiel neue Wege gehen, weil er anders handelt als bisher. Wenn jemand stirbt, geht ein Lebensweg zu Ende. Jemand gerät auf die schiefe Bahn, weil er kriminell wird oder jemand gerät in eine Sackgasse, „verrennt sich“ in eine fixe Idee. Von Wegen reden wir auf sehr vielfältige Weise. Welche Wege gehst du?

1. Jeder Mensch legt jeden Tag viele Wege zurück. Beschreibe, welche Wege du heute gehst.
2. Sammle weitere Stichworte, die entweder das Wort „Weg“ enthalten oder mit „einen Weg gehen“ zu tun haben.
3. Gestalte für deine Mitschüler eine Fantasiereise zum Thema „Weg“ (vgl. Methode „Fantasiereise“ S. 179).

Mein Lebensweg

Vorbereitung: Für die folgende Aufgabe braucht jeder von euch ein Stück Schnur von ca. einem Meter Länge sowie ein großes Blatt Papier und Klebstoff.

1. Nimm dein Stück Schnur in die Hand und betrachte es. Stelle dir vor, es stellt deinen Lebensweg dar. Das eine Ende der Schnur steht dabei für den Beginn deines Lebens, deine Geburt, das andere Ende für den heutigen Tag. Das Band dazwischen symbolisiert dein bisheriges Leben.
2. Knote nun für jedes wichtige Ereignis in deinem Leben einen Knoten in deine Schnur. Die Knoten können frohe oder auch traurige Ereignisse symbolisieren. Lasse dir Zeit und überlege, was für dein bisheriges Leben wichtig war.
3. Mache dir nun Gedanken darüber, ob dein Lebensweg eher einer geraden Linie entsprach oder ob es große oder kleine Richtungsänderungen gab. Vielleicht hast du auch das Gefühl, dass du einen Berg besteigen musstest oder es lief alles gut, so, als ob du locker bergab gelaufen wärst. Lege nun deine Lebensschnur in die Form, die du für passend hältst.
4. Wenn du sicher bist, dass die Form stimmt, klebe die Schnur in der Form, die du ihr gegeben hast, auf ein großes Blatt Papier (vgl. Methode „Malen und gestalten“ S. 171 f.).
5. Jetzt kannst du dazuschreiben, wer dich auf deinem Weg begleitet hat. Wenn du möchtest, kannst du auch die Knotenpunkte beschriften oder die Umgebung deiner Lebensschnur bunt einfärben.
6. Tausche dich, wenn du mit der Gestaltung deines Blattes fertig bist, mit zwei Mitschülern darüber aus, was ihr dargestellt habt.
7. Besprecht mit der ganzen Klasse, was euch bei der Darstellung eures Lebenswegs aufgefallen bzw. bewusst geworden ist.

Was hat Einfluss auf meinen Lebensweg?

Keiner von uns geht seinen Lebensweg unberührt und unbeeinflusst von seiner Umgebung. Es gibt ein Wechselspiel zwischen uns und den Menschen, die uns umgeben. Wir beeinflussen und werden beeinflusst. Was bringt uns voran? Was wirft uns zurück?

„Zurückgeworfen hat mich der Wortbruch meiner besten Freundin. Sie plauderte Geheimnisse aus, die uns beide verbanden. Da ging innerlich etwas kaputt. Ich hatte das Gefühl, es sei etwas verloren gegangen. Ich glaube, es war das Vertrauen zu den Menschen, die man mag. Ich wollte nie mehr mit ihr sprechen. Ich wollte in Zukunft Geheimnisse für mich behalten. Lange Zeit schloss ich mich in mein Zimmer ein, so enttäuscht war ich."

Vorangebracht in meinem Leben haben mich mein guter Schulabschluss und die Erfahrung in der Lehre, mit Einsatz und Freude am Lernen auch etwas zu erreichen. So brauchte ich mir nach meiner Ausbildung keine Sorgen um meine berufliche Zukunft machen, da ich in meinem Ausbildungsbetrieb übernommen wurde.

„Ein Gewinn in meinem Leben ist die Freundschaft mit Markus. Ich kann mich auf ihn verlassen. Er vermittelt mir das Gefühl: Es ist gut, dass es dich gibt."

Mich wirft mein geringes Selbstbewusstsein zurück. Ich traue mich einfach nicht, den Mund aufzumachen. Dabei bin ich weder dumm noch hässlich. Ich habe einfach Angst, dass andere mich auslachen oder mich nicht ernst nehmen. Weil ich oft so zurückhaltend bin, wird häufig ohne mich entschieden. Es könnte mich weiterbringen, wenn ich meine Meinung laut sagen würde.

Was bringt mich voran? Was wirft mich zurück?

- wenn ich gelobt werde,
- wenn mir jemand Mut macht,
- wenn mir jemand ein Bein stellt,
- wenn mich jemand auslacht,
- wenn jemand an mir herumnörgelt,
- wenn ich bestraft werde,
- wenn mir jemand einen guten Rat gibt,
- wenn jemand gut zu mir ist,
- wenn man mir gegenüber kein Verständnis aufbringt,
- wenn mich jemand während meiner Hausaufgaben stört,
- wenn mir Vertrauen geschenkt wird,
- wenn mich jemand belügt,
- wenn sich jemand mir gegenüber verstellt,
- wenn ich ermutigt werde,
- wenn ich Erfolg habe,
- wenn man mir etwas zutraut,
- wenn ich etwas falsch gemacht habe,
- wenn ich stur meinen Weg gehe,
- wenn ich anderen helfe,
- wenn ich Leid erfahre,
- wenn ich merke, jemand braucht mich,
- wenn …

1. Lest die einzelnen Aussagen und entscheidet, ob euch die beschriebenen Ereignisse voranbringen oder zurückwerfen. Gestaltet dazu in der Klasse ein Meinungsbild, indem ihr einer Seite des Raumes „Das bringt mich voran!“, der anderen Seite „Das wirft mich zurück!“ zuordnet und euch dementsprechend im Raum positioniert (vgl. Methode „Meinungsbild“ S. 176).

2. Ergänze die Aussagen mit eigenen Formulierungen.

Manchmal fühlt man sich von der ganzen Welt verlassen

Robert K. erzählt: „Lange Zeit lebte ich nur nach dem Motto: Ich bin nur einmal jung, aber wenn ich es richtig mache, dann reicht das. Mein Leben bestand hauptsächlich aus Partys, Saufgelagen und Konzerten. Täglich ausgehen und möglichst spät nach Hause kommen – das war's.
Probleme blieben dabei natürlich nicht aus: ständig Ärger mit den Eltern und der Polizei, was zur Folge hatte, dass ich mich immer mehr von zu Hause abkapselte und mich total verschloss.
Die Fragen, warum ich auf der Welt bin und welchen Sinn mein Leben hat, beschäftigten mich mehr und mehr. Da ich keine Antwort fand, ertränkte ich meine Probleme im Alkohol. Je älter ich wurde, desto öfter dachte ich an Selbstmord.

Eine Wende nahm mein Leben, als ich meine Freundin kennenlernte. Ich merkte, dass es jemanden gibt, der für mich da ist, der mich nicht im Stich lässt und der mir zuhören kann. Wir haben uns lange über Gott und die Welt unterhalten. Jetzt erst verstehe ich, dass es mehr gibt."

Jetzt aber – so spricht der Herr, der dich geschaffen hat, Jakob, und der dich geformt hat, Israel:
Fürchte dich nicht, denn ich habe dich ausgelöst, ich habe dich bei deinem Namen gerufen, du gehörst mir.
Wenn du durchs Wasser schreitest, bin ich bei dir, wenn durch Ströme, dann reißen sie dich nicht fort.
Wenn du durchs Feuer gehst, wirst du nicht versengt, keine Flamme wird dich verbrennen.
Denn ich, der Herr, bin dein Gott, ich, der Heilige Israels, bin dein Retter.

Jes 43,1–3a

1. Betrachte das Bild und stelle eine Beziehung zur Lebensgeschichte von Robert K. her.
2. Vollende den Satz: „Auch ich fühle mich wie der Mann im Brunnen, wenn ..."
3. Hoffnung durch Glauben? Welche Sätze auf dieser Seite drücken das für dich aus? Begründe.

Meinen Weg mit Gott gehen?

Wenn ich meinen Lebensweg betrachte, sehe ich Höhe- und Tiefpunkte. Ich sehe Gelingen und Versagen. Es gab tolle Erlebnisse, aber auch Zeiten, auf die ich gerne verzichtet hätte. Ich gehe meinen Weg. Geht Gott tatsächlich mit?
Wenn ich meinen Lebensweg betrachte, gibt es Phasen, da fühle ich mich Gott nahe und dann wieder habe ich Zweifel, ob Gott tatsächlich da ist. Ich bin mir nicht sicher.

Neulich habe ich den Spruch gelesen: „Ich möchte glauben, hilf meinem Unglauben", den fand ich gut. Und wie erstaunt war ich, dass er aus der Bibel stammt. Diese Worte hat ein Vater zu Jesus gesagt, ich habe es nachgeschlagen: Mk 9,24.
Also fragen sich noch mehr Menschen, wie Gott eigentlich ist und wo er ist. Ist das normal?

Viele Menschen machen sich Gedanken über Gott. Häufig verändert sich dabei im Laufe des Lebens das Bild, das man sich von Gott macht:
„Wenn du ein Kind bist, dann verstehst du alles. Mister Gott sitzt auf einem goldenen Thron; er hat einen langen weißen Bart und einen Schnurrbart und eine Krone hat er auf dem Kopf. Und alle um ihn rum singen die ganze Zeit wie die Verrückten. Immerzu Hymnen und so Zeug. Kein Mensch kann das aushalten.
Und Mister Gott macht einfach alles, wenn man ihn nur nett genug darum bittet. Er kann Willy nebenan eine Warze auf die Nase machen zur Strafe, weil er Millie verhaut, wenn sie nicht genug Geld abliefert. All so was macht er ganz fabelhaft und darum ist er so wichtig und man benützt ihn die ganze Zeit.
Und 'n bisschen später, dann denkt man ganz was anderes und Mister Gott ist immer schwieriger zu verstehen. Aber es geht noch gerade. Dann kommt es einem plötzlich vor, als wenn er uns nicht mehr verstehen will. Jetzt hört er einfach nicht mehr zu. Er sieht es plötzlich nicht mehr ein, dass man ein neues Fahrrad braucht. Und dann kriegt man auch keins. Und dann versteht man ihn schon viel weniger.
Die ganze Zeit in deinem Leben bröckeln da Stücke von ihm ab. Und dann kommt der Punkt, da sagst du, du verstehst ihn überhaupt nicht mehr.
Siehst du, und dann ist er wieder ganz, ganz groß. So groß, wie er in Wirklichkeit ist."

aus: Fynn: Hallo Mister Gott, hier spricht Anna

Gott,
wie oft habe ich über dich nachgedacht!
Wie viele Fragen nach dir gingen mir
durch den Kopf!
Wie viele Geschichten habe ich von
dir gehört – und immer wieder spüre ich:
Du bist anders, als wir denken.
Gott,
manchmal habe ich das Gefühl,
dich zu spüren,
zu wissen, wie und wer du bist,
dich in mir ganz nahe zu wissen,
aber dann spüre ich wieder:
Du bist anders, als wir denken.
Gott,
wie viele Bilder habe ich von dir
in Kirchen und Büchern gesehen!
So viele Worte über dich gehört,
Auseinandersetzungen über dich geführt –
und immer wieder spüre ich:
Du bist anders, als wir denken.

1. Beschreibe, wie sich in der Erzählung von Anna das Bild Gottes verändert.
2. Betrachte noch einmal das Blatt, auf dem du deinen Lebensweg mit einer Schnur dargestellt hast (vgl. S. 48). In welchen Momenten deines Lebens hast du dich Gott nahe gefühlt, wann war er dir fern? Warum hast du so gefühlt? Hat sich dein Gottesbild im Laufe der Zeit verändert? Notiere deine Gedanken.

Ich bin Gott wichtig

Tagebucheintrag vom 20. Februar

Was für ein Tag! Wieder nur Ärger! Die Mathearbeit ist daneben gegangen. Das ist schon ärgerlich genug, aber dass sich meine Eltern so darüber aufregen müssen. Und dann meine Klasse! Jede Kleinigkeit wird kommentiert. Heute haben sie über meine neuen Sportschuhe gelästert. Als ob die Farbe nicht egal wäre! Wer mag mich eigentlich ohne „wenn“ und „aber“? Gott vielleicht? – Bin ich dir wichtig, Gott? In der Bibel wird erzählt, dass du für die Menschen da bist. Manche Geschichten erzählen, dass dir nicht alle Wege gefallen, die die Menschen so einschlagen. Du bist für jeden da, der sich an dich wendet. Für dich bin ich wichtig! – Das ist ein ermutigender Gedanke. Es wäre schön, wenn ich das immer spüren könnte. Dann würde mir die Kritik der anderen nicht so viel ausmachen. Das möchte ich gerne glauben, dass du mich so annimmst, wie ich bin.

Sven

Herr, du hast mich erforscht und du kennst mich.
Ob ich sitze oder stehe, du weißt von mir.
Von fern erkennst du meine Gedanken.
Ob ich gehe oder ruhe, es ist dir bekannt;
du bist vertraut mit all meinen Wegen.
Noch liegt mir das Wort nicht auf der Zunge –
du, Herr, kennst es bereits.
Du umschließt mich von allen Seiten
und legst deine Hand auf mich.
Zu wunderbar ist für mich dieses Wissen,
zu hoch, ich kann es nicht begreifen.
Wohin könnte ich fliehen vor deinem Geist,
wohin mich vor deinem Angesicht flüchten?
Steige ich hinauf in den Himmel, so bist du dort;
bette ich mich in der Unterwelt, bist du zugegen.
Nehme ich die Flügel des Morgenrots
und lasse mich nieder am äußersten Meer,
auch dort wird deine Hand mich ergreifen
und deine Rechte mich fassen.
Würde ich sagen: „Finsternis soll mich bedecken,
statt Licht soll Nacht mich umgeben“,
auch die Finsternis wäre für dich nicht finster,
die Nacht würde leuchten wie der Tag,
die Finsternis wäre wie Licht.
Denn du hast mein Inneres geschaffen,
mich gewoben im Schoß meiner Mutter.
Ich danke dir, dass du mich so wunderbar gestaltet hast.
Ich weiß: Staunenswert sind deine Werke.

Ps 139,1–14

1. Sven hat einen schlechten Tag erlebt und schreibt alles in sein Tagebuch. Beschreibe, was du tust, wenn es dir nicht gut geht. Was hilft dir weiter?
2. Erkläre, was sich für Sven ändert, wenn er glauben kann, dass er für Gott wichtig ist.
3. Lest Psalm 139 laut und betont vor. Hört einander genau zu. Welche Aussagen des Psalms sprechen euch besonders an? Begründet.
4. Lies noch einmal den Tagebucheintrag von Katja auf S. 40. Erläutere, inwiefern ihr Psalm 139 Mut machen könnte.

Das Sakrament der Firmung

Welche Gründe sprechen für die Firmung?

Heute liegt ein Brief in deinem Briefkasten. Er ist von deiner Kirchengemeinde und enthält eine Einladung an dich. Du bist eingeladen, dich zur Firmvorbereitung anzumelden und das Sakrament der Firmung zu empfangen. Du denkst:

Ich habe mit Gott und Kirche eigentlich nichts am Hut, aber mein Pate hat mir 300 Euro als Firmgeschenk versprochen. Die lasse ich mir nicht entgehen.

Ich bin getauft und zur Erstkommunion gegangen. Jetzt ist die Firmung dran.

Manchmal weiß ich nicht, ob das alles stimmt, aber in der Firmvorbereitung kann ich mich damit auseinandersetzen. Vielleicht bringt mich das weiter ...

Ich denke mir, dass ich durch die Firmung Gott irgendwie ein bisschen näher komme.

Ich finde es toll, dass der Bischof extra kommt, um die Firmung zu spenden. Der soll ganz gut drauf sein. Den schau ich mir mal näher an.

Für mich ist der Glaube sehr wichtig. Ich freue mich auf die Firmung.

Meine Geschwister arbeiten in der Jugendarbeit der Pfarrei mit, meine Mutter hat eine Firmgruppe, mein Vater ist Lektor. Für mich ist das keine Frage, dass ich zur Firmung gehe.

Ich lasse mich firmen, weil ich glaube, dass man ohne Firmung nicht kirchlich heiraten kann. Mit der Firmung kann ich eigentlich nichts anfangen. Aber wenn alle aus meiner Klasse gehen, dann gehe ich eben mit.

Meine Eltern wollen es unbedingt und wären sehr enttäuscht, wenn ich mich nicht firmen lassen würde. Ich selbst bin eher unschlüssig.

Ich gehe zur Firmung, weil meine Oma das unbedingt will. Sie ist sehr fromm und ich mache es ihr zuliebe.

1. Findest du unter den verschiedenen Aussagen in den Sprechblasen eine, die von dir sein könnte? Welche? Begründe.
2. Wie könnte man noch auf die Einladung zur Firmvorbereitung reagieren? Verfasse weitere Aussagen.
3. Formuliere Argumente, die dafür sprechen, an der Firmvorbereitung teilzunehmen und solche, die dagegen sprechen.

Firmung – ein Sakrament für mich?

In fast allen Kirchengemeinden gibt es Firmgruppenleiter, die die Firmbewerber auf dem Weg zur Firmung begleiten. Martin M. ist einer von ihnen. In diesem Brief hat er seine Gedanken dazu formuliert, warum er die Firmvorbereitung für wichtig hält:

1. Was würde der Firmgruppenleiter Martin zu folgenden Sätzen sagen?
   - „Nur wer keine Glaubenszweifel kennt, darf an der Firmvorbereitung teilnehmen."
   - „Lass deine Eltern und deine Oma entscheiden, ob du zur Firmung gehen sollst."
   - „Firmung ist ein langweiliger Ritus, der mit deinem Leben nichts zu tun hat."
   - „In der Firmvorbereitung spielt der Gruppenleiter den Alleinunterhalter. Du kannst dich zurücklehnen und zuhören." Nimm aus Martins Sicht Stellung zu diesen Aussagen.
2. Beschreibe die Verbindung zwischen dem Sakrament der Taufe und dem der Firmung.

Liebe Firmbewerberin!
Lieber Firmbewerber!

Du bist kein Kind mehr, erwachsen aber auch noch nicht. Hat die Kirche dir noch etwas zu sagen? Gibt es dort etwas, was dich weiterbringt?

Vermutlich wurdest du als kleines Kind getauft. Das hast nicht du entschieden. Deine Eltern wollten es so. Sie wollten, dass du in die Kirche aufgenommen wirst und durch die Taufe Kind Gottes wirst. Sie erhofften sich für dich Schutz und Segen. Sie wollten dich, unterstützt durch deinen Taufpaten oder deine Taufpatin, im christlichen Glauben erziehen.

Jetzt bist du einige Jahre älter. Auch wenn du nicht als Kleinkind, sondern erst als Kommunionkind getauft wurdest, ist deine Taufe nun einige Jahre her. Was bedeutet dir deine Zugehörigkeit zur Kirche? Spielt der Glaube eine Rolle für dich? Glaubst du an Gott? Glaubst du, dass du Gott wichtig bist und er dein Leben mit großem Interesse begleitet?

Du bist nicht sicher? Ja, das kann ich verstehen, ich bin zwar schon erwachsen, aber ich bin auch immer noch ein Suchender. Auch ich kenne in meinem Glauben Höhen und Tiefen. Dennoch habe ich nicht Nein gesagt, als mich unsere Pastoralreferentin ansprach, ob ich als Firmgruppenleiter eine Gruppe Jugendlicher auf dem Weg zur Firmung begleiten möchte. Das hat mein Interesse geweckt: Jugendliche und Glaube, Jugendliche und Kirche.

Ich möchte mit dir gemeinsam einen Weg gehen. Du hast eigene Gedanken über den Glauben und die Kirche. Ich möchte sie gerne hören und dir auch von meinem Glauben und meinen Gedanken über Glaube und Kirche erzählen.

Als kleines Kind haben deine Eltern für dich entschieden, dass du dazugehören sollst. Jetzt bist du dran! Du bist nun alt genug, zu sagen: „Das glaube ich!" und zur Kirche kannst du jetzt aus eigenem Willen Ja sagen – wenn du es willst. Weil du selbst diese Entscheidung treffen solltest, nennt man die Firmung auch das Sakrament der Mündigkeit.

Durch dein eigenes „Ja" und durch den Empfang des Heiligen Geistes in der Firmung vollendest du deine Taufe. Du bist damit für ein Leben als Christ in der heutigen Welt gerüstet. Denn der Heilige Geist, den du bei der Firmung empfängst, möchte in dir und durch dich wirken. Und das wünsche ich dir: ein Leben aus der Kraft des Heiligen Geistes!

Ich hoffe, wir sehen uns bei der Firmvorbereitung!

Dein Martin M., Firmgruppenleiter

Der Heilige Geist – ein unbekanntes Wesen?

Vielleicht hast du dich schon einmal gefragt, was das Wort „Geist“ eigentlich bedeutet. Wenn du in einem Wörterbuch nachschlägst, wirst du dich wundern, was dieses Wort alles bedeuten kann. Im folgenden Kasten findest du eine Sammlung von Begriffen, die alle etwas mit „Geist“ zu tun haben.
Was kann man über den Heiligen Geist sagen? Das hat sich auch eine Firmgruppe aus Stuttgart gefragt und hat die folgenden Aussagen zusammengetragen:

Die Jünger haben sich nach Jesu Tod verängstigt zurückgezogen. Sie haben sich eingeschlossen, saßen eng beieinander. Sie wirkten orientierungslos, isoliert, ja, freudlos. Es war das Wirken des Geistes, das die Türen öffnete und frischen Wind hineinblies.

Der Geist kann schöpferisch wirken. Land, Gestirne, Tiere, Pflanzen, Menschen sind Ergebnis dieser lebendigen dynamischen Kraft.

Durch den Heiligen Geist waren die Jünger nun in der Lage, die Botschaft Jesu mit Kraft und Leidenschaft zu verkünden. Sie öffneten sich für andere und wurden zu Verkündern der Frohen Botschaft.

Der Geist bringt Bewegung. Menschen gewinnen Ziele und brechen auf, um sie zu verwirklichen. Dynamik und Bewegung ist spürbar.

Propheten wurden durch den Geist ermutigt genau hinzuschauen. Vieles, was sie sahen, gefiel ihnen nicht und sie schöpften durch den Geist den Mut, Ungerechtigkeit und falsche Politik anzuprangern. Sie redeten, wo andere schwiegen. Sie nahmen kein Blatt vor den Mund. So kamen Veränderungen zum Guten in Gang.

1. Welche Wörter in der Kiste gehören zusammen? Ordne zu. Schreibe dazu die Wörter in eine Tabelle mit den Überschriften „Gespenster“, „Gott und Jesus“, „Verstand“ und „Innere Haltung“.
2. Ergänze weitere zusammengesetzte Stichworte, die das Wort „Geist“ enthalten.
3. Welche Begriffe der Tabelle haben mit dem Heiligen Geist zu tun?
4. Auf welche Bibelstellen stützt sich die Firmgruppe mit ihren Aussagen über den Heiligen Geist? Auf der nächsten Seite findest du Bibelstellen. Ordne zu.

Der Heilige Geist in der Bibel

Der Blick in die Bibel verrät: Allein im Alten Testament kommt das Wort für „Geist“, hebräisch „ruah“, fast 400-mal vor. Trotzdem ist es nicht leicht, den Heiligen Geist zu beschreiben. In der Bibel findet sich keine Definition des Geistes. Vielmehr wird erzählt, wo und wie er wirkt. Immer wenn vom Geist die Rede ist, geschieht etwas. Etwas verändert sich. Da ist Leben!

Im Anfang schuf Gott Himmel und Erde; die Erde aber war wüst und wirr, Finsternis lag über der Urflut und Gottes Geist schwebte über dem Wasser.

Gen 1,1–2

Ich aber, ich bin voller Kraft, ich bin erfüllt vom Geist des Herrn, voll Eifer für das Recht und voll Mut, Jakob seine Vergehen vorzuhalten und Israel seine Sünden.

Micha 3,8

In jenen Tagen kam Jesus aus Nazaret in Galiläa und ließ sich von Johannes im Jordan taufen. Und als er aus dem Wasser stieg, sah er, dass der Himmel sich öffnete und der Geist wie eine Taube auf ihn herabkam. Und eine Stimme aus dem Himmel sprach: Du bist mein geliebter Sohn, an dir habe ich Gefallen gefunden.

Mk 1,9–11

Als der Pfingsttag gekommen war, befanden sich alle am gleichen Ort. Da kam plötzlich vom Himmel her ein Brausen, wie wenn ein heftiger Sturm daherfährt, und erfüllte das ganze Haus, in dem sie waren. Und es erschienen ihnen Zungen wie von Feuer, die sich verteilten; auf jeden von ihnen ließ sich eine nieder. Alle wurden mit dem Heiligen Geist erfüllt und begannen, in fremden Sprachen zu reden, wie es der Geist ihnen eingab.

Apg 2,1–4

Ich hauche euch meinen Geist ein, dann werdet ihr lebendig.

Ez 37,14

Der Geist des Herrn ruht auf mir; denn der Herr hat mich gesalbt. Er hat mich gesandt, damit ich den Armen eine gute Nachricht bringe; damit ich den Gefangenen die Entlassung verkünde und den Blinden das Augenlicht; damit ich die Zerschlagenen in Freiheit setze.

Lk 4,18

1. Schlage die Bibelstellen in der Bibel nach und finde heraus, wer hier jeweils spricht.
2. Die Bibel verwendet Bilder, um zu zeigen, wie der Heilige Geist ist und wie er wirkt. Beschreibe die Bilder, die du in den abgedruckten Bibelstellen und im Bild von Beate Heinen erkennst. Arbeite heraus, was sie über den Heiligen Geist aussagen.

Beate Heinen: Pfingsten

Zeichen und Symbole der Firmung

Zeichen und Symbole haben eine besondere Funktion: Sie weisen über sich selbst hinaus. Was damit gemeint ist? Das kann man sich am Beispiel einer roten Rose schnell begreiflich machen.

Ein Mann überreicht einer Frau eine rote Rose. Was wird sie dazu sagen? „Vielen Dank für den Kompost?“ Nein, sie wird darin vermutlich eine Liebeserklärung erkennen. Die rote Rose ist nämlich nicht nur eine Pflanze, die ihr natürliches Ende auf dem Kompost finden wird. Sie ist auch ein Symbol für die Liebe. Entsprechend wird die Frau die rote Rose nicht achtlos in die Ecke legen, sondern ein Zeichen der Zuneigung darin sehen.

In unserem Alltag gehen wir immer wieder mit solchen Zeichen und Symbolen um. Oft fällt uns das gar nicht auf, weil wir intuitiv erkennen, was damit gemeint ist.
Auch in der Sakramentenspendung haben Zeichen und Symbole eine wichtige Bedeutung: Sie weisen über die sichtbare und fühlbare Ebene hinaus auf das Unsichtbare, auf die göttliche Gegenwart in diesem Zeichen und Sakrament. In der Firmung sind mehrere Zeichen miteinander verbunden:

Die Handauflegung

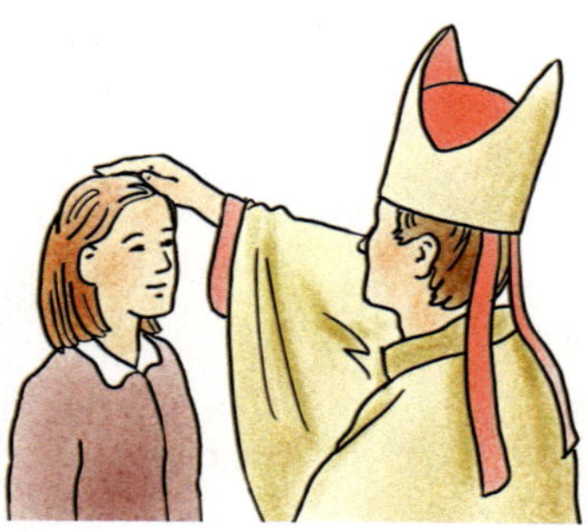

Wenn dir der Bischof die Hand auflegt, kannst du das spüren. Es ist eine Geste, die Zuwendung, Schutz und Segen vermittelt. Zugleich drückt sie aus, dass du gemeint bist und nicht irgendjemand anderes. Die Handauflegung verdeutlicht eine Gabe: Der Heilige Geist wird auf dich herabgerufen. Zudem vermittelt sie eine Aufgabe: Es ist an dir, dem Heiligen Geist in deinem Leben Raum zu geben und aus diesem Geist heraus zu leben.
Um dich spüren zu lassen, dass du deinen Weg nicht alleine gehst, wird dein Pate/deine Patin dir während der Firmung die Hand auf die Schulter legen. Er oder sie bringt damit zum Ausdruck: „Ich stehe hinter dir und will dir beistehen. Ich möchte dich auch in Zukunft auf deinem Lebens- und Glaubensweg begleiten und unterstützen.“

Die Salbung

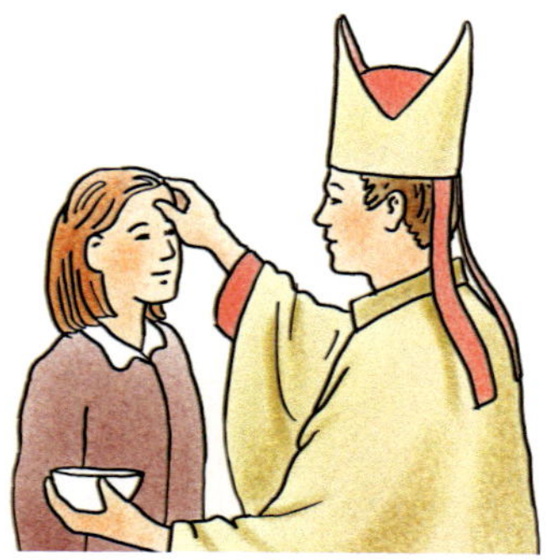

Der Bischof salbt dich mit Chrisam. Chrisam besteht aus einer Mischung aus Olivenöl und Balsam. Der Ölbaum und die Balsamstaude wachsen im Vorderen Orient, zu dem das Heilige Land gehört. Schon in alttestamentlicher Zeit wurden Menschen gesalbt.
Auf diese Weise wurden Könige und Propheten eingesetzt. So ist die Salbung ein Zeichen der Würde und Erwählung, ein Zeichen für Kraft und Besonderheit.
Wenn nun du vom Bischof gesalbt wirst, bedeutet das: Auch du bist ein wichtiger Mensch! Gott begleitet dich in deinem Leben. Er schenkt dir seinen Heiligen Geist. Damit verbindet sich die Hoffnung, dass du in die Spuren von Jesus Christus – Christus bedeutet „Gesalbter“ – trittst und dass du in deinem weiteren Leben dein Christsein durch dein Handeln bezeugst.

Das Kreuzzeichen

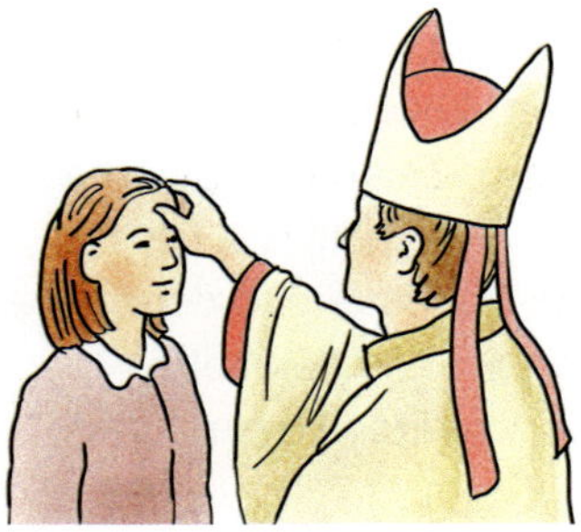

Der Bischof zeichnet dir mit dem Chrisam ein Kreuz auf die Stirn. Das Kreuz ist durch Jesus Christus zum Symbol unseres Glaubens geworden. Es ist Zeichen des Leidens, aber auch der Erlösung. Durch die Auferstehung wurde es zum Zeichen der Hoffnung. Wenn du mit dem Kreuz bezeichnet wirst, so bist du hineingenommen in diesen Glauben der Kirche. Zugleich ist das Kreuzzeichen ein Segenszeichen.

„Sei besiegelt durch die Gabe Gottes, den heiligen Geist“

Während der Bischof dich salbt und mit dem Kreuz bezeichnet, spricht er die Worte: „Sei besiegelt durch die Gabe Gottes, den Heiligen Geist. Was ein Siegel trägt, ist bestätigt und geschützt. Ein Mächtiger hat sich dessen angenommen." Mit diesen Worten wird deine Taufe besiegelt. Der Heilige Geist wird auf dich herabgerufen, um dich im Glauben zu stärken und dir in den Herausforderungen deines Lebens beizustehen.

1. Du gehst deinen Lebensweg und es ist deine Entscheidung, dich firmen zu lassen. Beschreibe, was sich durch den Empfang der Firmung in deinem Leben ändern könnte.

Der Friedensgruß

Jedem Gefirmten gibt der Bischof die Hand und wünscht ihm den Frieden. Die Worte „Der Friede sei mit dir“ hat bereits Jesus zu seinen Jüngern gesprochen. Darin steckt der Wunsch, dass der Friede Christi dich erfülle, und zugleich die Hoffnung, dass du selbst zum Frieden in der Welt beiträgst.

Der Bischof als Firmspender

Seit frühester Zeit ist es Sache des Bischofs zu firmen. Die ersten Christen waren Erwachsene, die sich ganz bewusst für den Glauben entschieden. Sie empfingen die Firmung unmittelbar nach der Taufe. Erst als man begann, kleine Kinder zu taufen, also ab dem 4. Jahrhundert n. Chr., wurden die beiden Sakramente Taufe und Firmung getrennt. Dabei blieb es Sache des Bischofs, die Herangewachsenen zu firmen und so die Taufe zu besiegeln.
Da es für einen Bischof allein sehr schwierig ist, alle Jugendlichen in seiner Diözese zu firmen, delegiert er diese Aufgabe auch an sein Domkapitel. So kann es sein, dass du von einem Beauftragten des Bischofs gefirmt wirst.

Die Feier der Firmung

Spenden des Sakraments der Firmung durch Bischof Gebhard Fürst in der Diözese Rottenburg-Stuttgart

Die Feier der Firmung geschieht innerhalb einer festlichen Eucharistiefeier mit dem Bischof der Diözese oder einem Stellvertreter. Dazu sind deine Verwandten und die ganze Gemeinde herzlich eingeladen.

Nach dem feierlichen Einzug folgt der Wortgottesdienst. Lesung und Evangelium werden vorgelesen und der Bischof hält eine Predigt. Danach nimmt er das Taufbekenntnis von allen Firmbewerbern gemeinsam entgegen. Im Taufbekenntnis erneuerst du deinen Glauben, der in der Taufe grundgelegt wurde und zu dem du jetzt selbst dein entschiedenes Ja sprichst.

Der Bischof lädt die ganze Gemeinde zum Gebet für dich und alle anderen Firmbewerber ein. Das geschieht in Stille. Viele gute Wünsche begleiten dich im Gebet. Der Bischof fasst dann die Anliegen zusammen in folgendem Gebet und bittet für euch um die sieben Gaben des Heiligen Geistes:

„Allmächtiger Gott, Vater unseres Herrn Jesus Christus, du hast diese jungen Christen in der Taufe von der Schuld Adams befreit, du hast ihnen aus dem Wasser und dem Heiligen Geist neues Leben geschenkt. Wir bitten dich, Herr, sende ihnen den Heiligen Geist, den Beistand. Gib ihnen den Geist der Weisheit und der Einsicht, des Rates, der Erkenntnis und der Stärke, den Geist der Frömmigkeit und der Gottesfurcht. Durch Christus, unseren Herrn. Amen."

Dein Pate geht dann mit dir zum Bischof nach vorn und legt dir die rechte Hand auf die Schulter. Du sollst begleitet sein im Glauben, keiner ist alleine Christ. Der Bischof legt dir die Hand auf und zeichnet mit Chrisam ein Kreuz auf deine Stirn und spricht dazu: „Sei besiegelt durch die Gabe Gottes, den Heiligen Geist." Du antwortest: „Amen." Schließlich wünscht dir der Bischof den Frieden.

Erzbischof Dr. Zollitsch bei einer Firmung

Was Firmung bewirken kann

Geschenkt: Die Gaben des Heiligen Geistes

In der Firmung werden dir die Gaben des Heiligen Geistes zugesprochen. Wofür könntest du sie brauchen?

WEISHEIT,	*damit du nicht wegen unwichtiger Dinge aus der Haut fährst.*
EINSICHT,	*damit du in dieser komplizierten Welt den Überblick behältst.*
RAT,	*damit dir in schwierigen Fällen eine Lösung einfällt.*
STÄRKE,	*damit du auch mit Hindernissen fertig wirst.*
ERKENNTNIS,	*damit du unterscheiden kannst, was richtig und falsch, gut und böse ist.*
FRÖMMIGKEIT,	*damit du den Kontakt zu Gott nicht verlierst.*
GOTTESFURCHT,	*damit du nie glaubst, Menschen könnten so groß wie Gott sein.*

Bei der Firmung von Tobias beschreibt der Bischof in seiner Predigt, wie Kinder und Jugendliche heute in Afrika leben. Das geht Tobias nicht mehr aus dem Kopf. Er sitzt in seinem Zimmer und stellt sich vor, wie er als Entwicklungshelfer nach Afrika geht. Die trostlose Lage dort will er verändern. Er weiß genau, dass es eine große Aufgabe ist, aber er traut es sich zu. Er will die Politiker wachrütteln und weltweite Aktionen starten. Natürlich wird er sich erst einmal bei Experten von Misereor und anderen Hilfsorganisationen informieren. Doch im Grunde hat er schon ganz genaue Vorstellungen, wie er vorgehen wird. Er wird auf der ganzen Welt Sponsoren suchen, bei UNICEF einsteigen und eng mit dem Generalsekretär der Vereinten Nationen zusammenarbeiten. In seinen Gedanken tritt er gerade vor die Vollversammlung der UNO, um eine Rede zur Erhaltung des Weltfriedens zu halten. Genau in diesem Augenblick ruft ihn seine Mutter: „Tobias, kannst du bitte die Spülmaschine ausräumen?“ Tobias fällt wie aus allen Wolken und ruft aufgebracht: „Im Moment habe ich wirklich Wichtigeres zu tun und keine Zeit für die Spülmaschine!“

1. Überlege dir ganz konkrete Situationen, in denen dir die Gaben des Geistes weiterhelfen können.
2. Lies die Geschichte von Tobias. Wie kann Tobias Träume und Wirklichkeit zusammenbringen und die Kraft des Heiligen Geistes entfalten? Nimm die Wegweiser zur Hilfe und verfasse eine Fortsetzung der Geschichte.

Meine persönliche Spiritualität

Nur funktionieren oder mit Tiefgang leben?

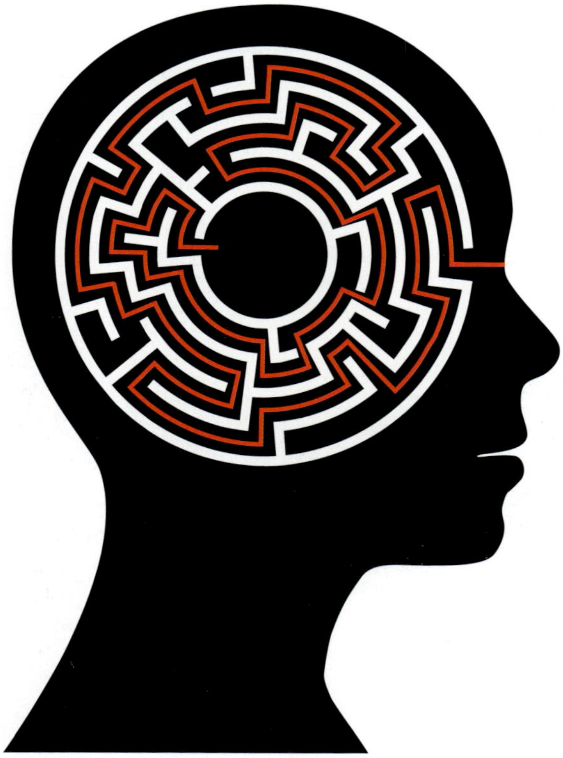

Entschleunigen

was ist los
mit unserer Welt?
was ist los mit unserer Zeit?
immer mehr immer besser immer schneller
schneller besser mehr
lauter hektischer anstrengender
noch eine Idee noch ein Termin
noch eine Aktivität noch ein Plan
Lärmen und Hast
und machen und machen und tun

das scheint nicht der Weg zu sein der
unsere Sehnsucht stillt ganz im Gegenteil
ein dumpfer Verdacht beschleicht mich
könnte es sein, dass wir das Eigentliche
verloren vergessen verdrängt haben
könnte es sein dass wir die Stille
nicht mehr aushalten und deshalb
so laut geworden sind

vielleicht ist jetzt etwas anderes angesagt
vielleicht ist jetzt innehalten angesagt
Tempo herausnehmen entschleunigen
sich neu orientieren den Weg neu
bestimmen um neu zu sein und neu zu werden.

nach: Anselm Grün, Andrea Schwarz

Mathe, Englisch, Deutsch
schnell die Hausaufgaben
jetzt noch das Referat
Nachmittagsunterricht
Handballtraining
Termin beim Zahnarzt
würde gerne meine Freunde treffen
Vokabeln lernen
Praktikum
meiner Mutter helfen
Fastfood zwischendurch
wieder zu lange am Computer gesessen
möchte mal richtig frei haben
zuerst noch
dann
jetzt?

1. Anselm Grün und Andrea Schwarz betrachten unsere Welt mit einem kritischen Blick. Nenne Alltagserfahrungen, die sie in ihrem Text aufgreifen.
2. Wie verläuft dein Tag, deine Woche? Trage deine Termine in einem Wochenplan zusammen. Markiere ruhige Zeiten mit einem blauen und hektische Zeiten mit einem roten Stift.
3. Der Text „Entschleunigen" spricht vom „Eigentlichen" im Leben. Formuliere in wenigen Sätzen, was „das Eigentliche" für die Menschen und auch für dich ist.

Das Labyrinth von Chartres – ein Bild für meinen Lebensweg

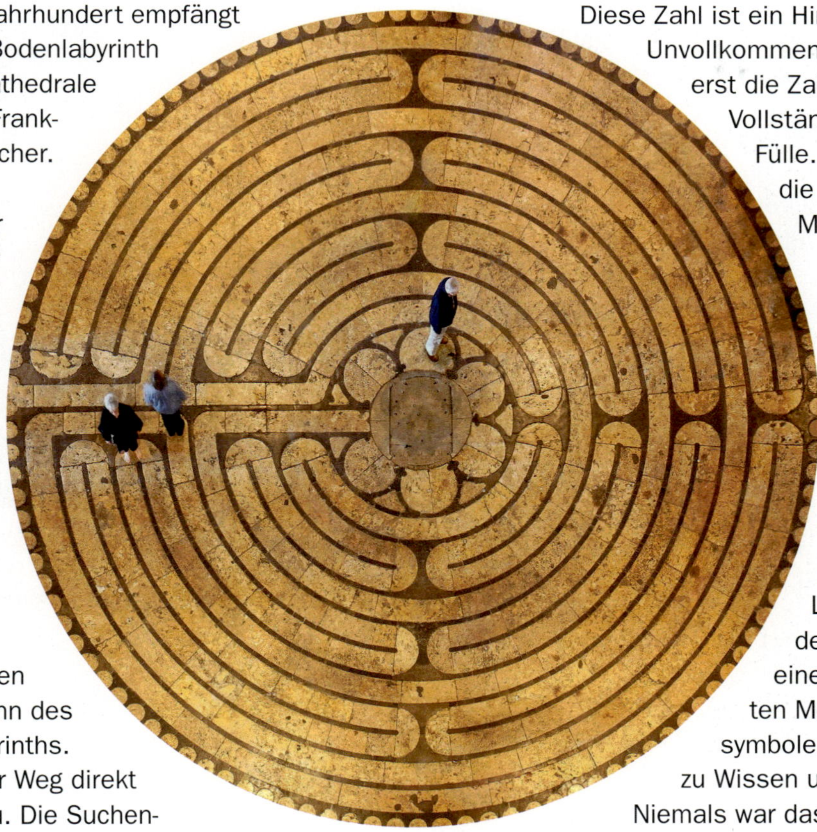

Seit dem 12. Jahrhundert empfängt das mächtige Bodenlabyrinth inmitten der Kathedrale von Chartres (Frankreich) die Besucher. Geheimnisvoll spannt sich der gut zwölf Meter durchmessende Kreis quer durch das Mittelschiff des gotischen Bauwerks. Die Pilger, die heute noch aus aller Welt nach Chartres kommen, erleben den tieferen Sinn des gotischen Labyrinths. Zuerst führt der Weg direkt auf die Mitte zu. Die Suchenden wähnen sich schnell am Ziel. Doch dann biegt die Bahn plötzlich ab. Die Wendungen werden unübersichtlich. Sie mahnen zur Umkehr, zum Überdenken des Lebens. Der Pfad ist ein Abbild der Lebensbahn.

Die Menschen begegnen sich, gehen aneinander vorbei in verschiedene Richtungen und haben doch alle das gleiche Ziel. 28-mal müssen sie die Richtung wechseln. Es gibt elf Umgänge.

Diese Zahl ist ein Hinweis auf die Unvollkommenheit, denn erst die Zahl 12 verheißt Vollständigkeit und Fülle. Dabei legen die Pilger 294 Meter zurück.

Labyrinthe kommen dem Bedürfnis der Menschen nach Meditation und Erneuerung entgegen. Beim Labyrinth handelt es sich um eines der ältesten Menschheitssymbole, einen Weg zu Wissen und Weisheit. Niemals war das christliche Labyrinth ein Irrgarten, denn es gibt auf dem Weg zur Mitte keine Sackgassen und keine Irrwege.

Wer sich auf das Labyrinth einlässt, kommt zur Ruhe, erlebt Harmonie und Stille. Und viele, viele Menschen sind auf dem Weg durch das Labyrinth, auf dem Weg zur Mitte, sich selbst ein ganzes Stück näher oder sogar in der eigenen Mitte angekommen.

1. Nimm dir Zeit und fahre in Ruhe den Weg durch das Labyrinth mit deinem Finger nach.
2. Erzähle, wie du das Nachfahren des Labyrinthes erlebt hast.
3. Inwiefern kann das Labyrinth ein Bild für deinen Lebensweg sein?
4. Vollende den Satz: „Zur Mitte kommen bedeutet für mich …".
5. Menschen sind auf der Suche nach Gott. Formuliere Vermutungen, weshalb es ihnen dabei so gehen könnte, wie den Menschen, die in Chartres das Labyrinth ablaufen.

Bewusster leben durch Beten?

- Ich bete immer, wenn ich Angst habe oder jemand aus der Familie krank ist.
- In meiner Familie wird nicht mehr gebetet.
- Beten bedeutet für mich, Ruhe zu finden und keine Angst mehr zu haben.
- Ich fürchte, dass mich die anderen auslachen, wenn ich bete.
- Es ist eine tolle Gemeinschaftserfahrung, mit anderen zu beten und zu spüren, sie glauben auch an Gott.
- Beten ist für mich eine Privatangelegenheit, die nur mich und Gott etwas angeht.
- Seit ich bete, bin ich gelassener und ausgeglichener.
- Warum soll ich beten? Gott weiß doch schon, was ich sagen will.
- Als Kind fiel mir das Beten leichter.
- Beten ist für mich wie auf eine Leiter steigen, um mehr sehen zu können.
- Ich habe keine Zeit zum Beten.
- Ich weiß nicht, wie und was ich beten soll.
- Wenn ich bete, hilft mir das, klarer zu sehen, was in meinem Leben eigentlich wichtig ist.
- Beten vermittelt mir das Gefühl, ich bin bei Gott geborgen.

Manche fragen gleich: Was soll ich denn Gott sagen, er weiß doch eh schon alles. Natürlich weiß Gott alles. Gott braucht auch mein Gebet nicht. Aber ich brauche das Gebet. Mir tut es gut, dass ich mich mit meinen innersten Nöten an Gott wenden kann.
Was soll ich nun Gott sagen? Ich soll ihm alles sagen, was in mir auftaucht. Ich soll mein Leben zur Sprache bringen, so wie es konkret ist.
Ich kann Gott von Begegnungen mit Menschen erzählen, von dem, was mich gerade beschäftigt, von Ärger und Enttäuschung, von Freuden und schönen Erlebnissen, von Ängsten und Sorgen und von meiner Hoffnung.
Das Gebet muss nicht fromm sein, es soll nur ehrlich sein, es soll wirklich mein Leben vor Gott ausbreiten.

Anselm Grün

1. Wähle drei Aussagen über das Beten aus, die du für zutreffend hältst.
2. Fehlen dir wichtige Aussagen zum Beten? Dann ergänze sie.
3. Anselm Grün lebt als Mönch in einem Kloster. Sein Tag ist durch feste Gebetszeiten gegliedert. Nenne den Gedanken, der ihm im Hinblick auf das Beten besonders wichtig ist.

Sich selbst vor Gott zur Sprache bringen

Also ich zum Beispiel, ich gehe nicht in die Kirche, selten, also wirklich selten. Aber wenn ich abends im Bett liege und ich überlege mir halt, was heute so am Tag war, da denke ich manchmal irgendwie an Gott. Wenn meine Eltern mal gestritten haben oder ich mit meinen Geschwistern, da denke ich manchmal an Gott: Es hätte doch auch ganz anders sein können. Gott ist irgendwie keine Hauptperson. Aber wenn man Sorgen hat und man kann mit niemandem reden, dann überlegt man das so und erzählt es Gott. Das ist komisch, ich kann mich nicht gescheit ausdrücken. Oder zum Beispiel, wie meine Freundin verunglückt ist: Da habe ich abends gebetet, direkt mit eigenen Worten. Auf jeden Fall, ich denke halt nach, nicht direkt über Gott, sondern über mich selbst, und dann rede ich irgendwie zu Gott. *Ute, 16*

Schon vor langer Zeit haben Menschen ihre Gedanken und Gefühle im Gebet vor Gott gebracht. Wir finden diese Gebete heute in der Bibel in den Psalmen. Sie sind vor ungefähr 2500 Jahren entstanden.

Ich bin so einsam und mir ist so elend.
Ps 22,16

Ich höre, wie viele über mich lästern.
Ps 31,14

Höre mein Schreien, mein Herz ist in Angst.
Ps 61,2–3

Ich habe mehr Fehler als Haare auf dem Kopf.
Ps 40,13

Sie hören nicht auf, mich schlecht zu machen.
Ps 35,15

Bitte bleib nicht fern, du kannst mich stärken.
Ps 22,20

Du bist mein Fels, meine Burg, mein Retter.
Du bist mein Hort, auf den ich traue.
Ps 18,3

1. Wähle einen Psalmvers aus, der dich anspricht. Beschreibe eine Situation, die dir dazu einfällt.
2. Schlage im Buch der Psalmen in der Bibel nach und suche weitere Verse, die dich ansprechen und die dir für eine heutige Situation passend erscheinen.

Beten – im Leid und in der Not

Beten?
Ich habe nichts zu beten,
wüsste auch nicht, zu wem.
Wenn aber
einer da wäre,
für meine Klagen
ein Ohr,
dann kriegte er was zu hören
über Krankheiten, Kriege
und stummes Leiden
von Kindern und Tieren.
Wenn es ihn wirklich gäbe,
hätte ich viel zu fragen …
Wenn er der Gott wäre,
die Adresse für meine Sehnsucht,
ich würde laut rufen und fordern:
Beweise dich doch!
Zeig meinem Leben den Sinn,
an dem ich oft zweifle.
Schicke mir Menschen, Gott,
die Antwort finden bei dir,
für ihre Hoffnung ein Ziel,
damit ihr Leben gelingt,
denn danach suche ich auch.

Christian Collin

Am 1.9.2004 ereignet sich ein grausames Massaker in der Schule von Beslan: Von 1251 Geiseln, die von Terroristen über Tage hinweg gequält wurden, verloren 330 ihr Leben, darunter 176 Kinder und Säuglinge.

Denkmal für den bei der Befreiung von Geiseln in Beslan getöteten Dmitri Razumovskomu

Bei einem Amoklauf tötet der 17-jährige Tim K. an der Albertville-Realschule in Winnenden am 11. März 2009 15 Menschen.

Trauerfeier für die Opfer des Amoklaufs am 21. März 2009 in der St. Karl Borromäus Kirche in Winnenden. Schüler der Albertville-Realschule stellen für jedes Opfer eine Kerze auf den Altar.

Die Jahrhundertkatastrophe: Am 26.12.2004 verwüstet ein Tsunami 10 000 km Küstenregion am Indischen Ozean. Die Urgewalt des Wassers bringt Armen und Reichen den Tod.

1. Wenn Menschen Leid erfahren, stellt sich immer die Frage nach dem Warum. Erzähle von Situationen, in denen es dir auch so ging.
2. Wenn Menschen Leid erfahren, stellt sich auch oft die Frage, wie Gott das zulassen kann. Dabei verändert sich manchmal ihr Gottesbild. Überlege, warum das so ist.
3. Vielleicht kennst du Menschen, die trotz oder gerade wegen persönlicher Leiderfahrungen eine noch tiefere Beziehung zu Gott haben. Erzähle von ihnen.

Beten als Zweifeln und Klagen

Viele Menschen verspüren in Zeiten der Einsamkeit, Verzweiflung und Trauer das Bedürfnis, sich an Gott zu wenden. Dürfen sie das?

Der Glaube sagt dazu eindeutig „Ja“. An Gott dürfen sich Menschen nicht nur mit Lob und Dank wenden, wenn es ihnen gut geht. In Zeiten der Not ist auch das Zweifeln und die Klage eine Form des Gebets. Im Buch der Psalmen finden sich viele Beispiele dafür, wie Menschen sich klagend an Gott wenden. Gerade wenn Menschen klagen, nehmen sie Gott ernst.

Pablo Picasso: Weinende Frau, 1937.

Lieber Gott,
ich glaube nicht an dich.
Aber wenn es dich gibt,
lass es mich irgendwie spüren.
Andreas, 15

Gott,
ich halte das bald nicht mehr aus.
Meine Eltern streiten die ganze Zeit
und meine Schwester weint dann.
Ich stehe hilflos daneben.
Was kann ich nur tun? *Michael, 15*

Gott,
ich bin so verzweifelt.
Wenn meine Noten nicht besser werden,
falle ich durch und verliere alle meine
Freunde. Das Lernen fällt mir so schwer.
Hilf du mir! Irgendwie. *Tamara, 14*

Gott,
ich weiß nicht recht, wie ich zu dir
beten soll. Ist es nicht so einfach,
dir alle meine Probleme zu sagen
und darauf zu hoffen,
dass dann alles gut wird? *Marlen, 13*

Mein Gott, mein Gott,
warum hast du mich verlassen,
bist fern meinem Schreien,
den Worten meiner Klage?
Mein Gott, ich rufe bei Tag,
doch du gibst keine Antwort;
ich rufe bei Nacht und finde doch keine Ruhe.
(…) Ich aber bin ein Wurm und kein Mensch,
der Leute Spott, vom Volk verachtet.
Alle, die mich sehen, verlachen mich,
verziehen die Lippen, schütteln den Kopf. (…)
Sei mir nicht fern, denn die Not ist nahe
und niemand ist da, der hilft.

aus Psalm 22

1. Verfasse selbst ein Gebet zu einer Situation, die dich bewegt. Das kann ein Ereignis aus deinem Leben sein oder ein Ereignis aus den Nachrichten dieser Woche (vgl. Methode „Gebet verfassen“ S. 171).

2. Besucht eine Kirche oder gestaltet euren Klassenraum entsprechend für eine Andacht. Wenn ihr möchtet, sprecht miteinander eure selbst verfassten Gebete.

Das Vaterunser

Christen verbindet auf der ganzen Welt ein Gebet:

das Vaterunser. Nach den Überlieferungen im Neuen Testament hat Jesus es seine Jünger gelehrt. Es ist das am weitesten verbreitete Gebet des Christentums, das in allen christlichen Konfessionen gebetet wird. Es galt schon in der alten Kirche als das heiligste Gebet. Wenn es in den christlichen Kirchen heute gebetet wird, knüpft der Wortlaut an den Text des Matthäus-Evangeliums (Mt 6,9–13) an. Matthäus stellt das Gebet in die Mitte der Bergpredigt.

Ein Text, der so alt ist und so oft gebetet wird, steht in der Gefahr, gedankenlos heruntergebetet zu werden. Manchmal gewinnt für uns ein Text neue Tiefe, wenn wir versuchen, ihn auf bisher unbekannte Art und Weise zu erschließen:

1. Lies das Akrostichon und überlege, was es mit dem Vaterunser zu tun hat.
2. Versuche, selbst ein Akrostichon zu verfassen, indem du zu jedem Anfangsbuchstaben des Wortes Vaterunser einen Gedanken suchst (vgl. Methode „Akrostichon“ S. 173).
3. Sammelt in einem Schreibgespräch Gedanken zu den einzelnen Bitten des Vaterunsers (vgl. Methode „Schreibgespräch“ S. 170).

Akrostichon

Verantwortung übernehmen
Alte Mauern niederreißen
Teilen lernen
Erfahrungen weitergeben
Ruhe ausstrahlen
Unterstützung sein
Neue Wege aufzeigen
Selbst etwas in die Hand nehmen
Einander vertrauen
Rechenschaft ablegen

Gott, du bist unser Vater. Du hast uns erschaffen. Du willst, dass es uns gut geht. Dafür danken wir. Du bist unser Heil, du liebst uns.

In deinem Reich sollen alle Menschen in Frieden leben. Dein Reich soll eine Welt sein, in der es sich lohnt zu leben, wie in einer großen Familie.

Dein Wille ist es, dass alle Menschen gleich behandelt werden, dass wir die Natur schätzen und schützen.

Du gibst uns jeden Tag Brot, das wir brauchen. Wir betrachten es als Geschenk. Wir denken dabei an die Bauern und Bäcker. Wir hoffen auf gutes Wetter. Wir danken dir.

Schuld macht uns traurig, Schuld führt zu Krieg. Du vergibst uns immer wieder. So wollen auch wir einander vergeben, damit wir in Frieden leben.

Herr, führe uns nicht in Versuchung.

Löse uns vom Bösen, damit dein Reich auf Erden Wirklichkeit wird. Du hast die Kraft dazu, bei dir ist alles gut. Amen.

Interview mit Gott

Ich träumte, ich hätte ein Interview mit Gott.
„Du möchtest also ein Gespräch mit mir?“, fragte Gott.
„Wenn du Zeit hast“, sagte ich.
Gott lächelte.
„Meine Zeit ist die Ewigkeit. Welche Fragen würdest du mir gerne stellen?“
„Was erstaunt dich am meisten an den Menschen?”
Gott antwortete:
„Dass sie der Kindheit überdrüssig werden, sich beeilen, erwachsen zu werden, um sich dann danach zu sehnen, wieder Kind sein zu können.
Dass sie, um Geld zu verdienen, ihre Gesundheit aufs Spiel setzen, und dann ihr Geld ausgeben, um wieder gesund zu werden.
Dass sie durch die ängstlichen Blicke in ihre Zukunft das Jetzt vergessen, so dass sie weder im Jetzt noch in der Zukunft leben.
Dass sie leben, als würden sie niemals sterben, um dann zu sterben, als hätten sie nie gelebt.“
Gott nahm meine Hand und wir schwiegen gemeinsam eine Weile.
Dann wollte ich wissen: „Was möchtest du, dass deine Kinder lernen?“
Gott antwortete mit einem Lächeln:
„Dass man niemanden veranlassen kann, jemanden zu lieben, sondern zulassen darf, geliebt zu werden.
Dass es nicht förderlich ist, sich mit anderen zu vergleichen.
Dass eine reiche Person nicht jemand ist, die das meiste hat, sondern vielleicht das wenigste braucht.
Dass es nur einige Sekunden braucht, einer Person tiefe Wunden zuzufügen, jedoch viele Jahre, diese wieder zu heilen. Dass Vergebung durch gelebtes Vergeben geschieht.
Dass es Menschen gibt, die sich tief und innig lieben, jedoch nicht wissen, wie sie ihre Gefühle ausdrücken können.
Dass zwei Menschen dasselbe betrachten können und es unterschiedlich sehen.
Dass es manchmal nicht genug ist, Vergebung zu erhalten, sondern sich selbst zu vergeben.
Und dass ich hier bin. IMMER!“

Emil Nolde: Der große Gärtner, 1940.

1. Klärt gemeinsam die Formulierungen aus dem Gespräch, die ihr nicht versteht.
2. Nenne Formulierungen und Aussagen, die dich besonders ansprechen.
3. Betrachte das Bild von Emil Nolde. Vergleiche die Aussage des Bildes mit der des Textes (vgl. Methode „Bildbetrachtung“ S. 170).

Kennst du dich aus?

1. Kennst du dich selbst?
Lies die folgenden Aussagen und beurteile dich selbst. Wähle unter den drei möglichen Antworten die aus, die dir passend erscheint.
Antwort 1: „Trifft gar nicht zu“
Antwort 2: „Trifft manchmal/zum Teil zu“
Antwort 3: „Trifft zu“
- Ich kenne meine Stärken und Schwächen.
- Ich mag mich, so wie ich bin.
- Ich benehme mich gegenüber anderen häufig schroff und abweisend.
- Die Beziehung zu Gott hat einen festen Platz in meinem Leben.
- Ich habe viele Fehler.
- Ich bin ein guter Freund/eine gute Freundin.
- Bei Konflikten versuche ich mich in mein Gegenüber hineinzudenken und den anderen zu verstehen.
- Mir fällt es schwer, zu meinen schwachen Seiten zu stehen.
- Ich bin ein guter Zuhörer/eine gute Zuhörerin.
- Wenn ich bete, klären sich für mich viele Dinge.
- Ich glaube, dass Gott mich mit all meinen Stärken und Schwächen mag.

2. Nimm Stellung zu folgenden Aussagen und begründe deine Zustimmung oder Ablehnung:
- Antonio behauptet: „Wer stark ist, ist immer stark. Schwache bleiben ihr Leben lang Schwache.“
- Lina meint: „Es ist wichtig, sich selbst zu mögen.“
- Alissa glaubt: „Gott mag nur die Menschen, die nie etwas Böses getan haben.“
- Max sagt: „Glaube hat man oder man hat ihn nicht.“

3. Ein Konflikt hat in mancher Hinsicht Ähnlichkeiten mit einem Feuer:
Man kann ihn „anheizen“ oder „löschen“. Greift einen Konflikt aus eurem Schulalltag auf und spielt ihn in einem Rollenspiel durch (vgl. Methode „Rollenspiel“ S. 172). Probiert dabei verschiedene Verhaltensweisen aus. Besprecht anschließend, welche Verhaltensweisen den Konflikt eher anheizen und welche schlichtend wirken. Beschreibt und begründet, wann ihr euch in eurer Rolle wohl gefühlt habt und welches Verhalten ihr in Zukunft lieber vermeiden möchtet.

4. Erkläre folgende Begriffe:
- aktiv zuhören
- Mediation
- Schul-Sozialarbeit

5. Firmvorbereitung – ja oder nein?
Du willst deine Freundin/deinen Freund per SMS überzeugen, dass ihr euch gemeinsam zur Firmvorbereitung anmeldet. Deshalb nennst du in der SMS möglichst viele Argumente, die sie/ihn überzeugen können. Verfasse die SMS.

6. Der Theologe Karl Rahner glaubt, dass der Heilige Geist in unserem persönlichen Leben vieles verändern kann.
Er schreibt zum Beispiel:

> Ich glaube an den Heiligen Geist.
> Ich glaube,
> dass er meine Vorurteile abbauen kann.
> Ich glaube,
> dass er meine Gewohnheiten ändern kann. ...
> Ich glaube,
> dass er meine Traurigkeit besiegen kann.
> Ich glaube,
> dass er mir die Liebe zu Gottes Wort geben kann.
> Ich glaube,
> dass er mir Minderwertigkeitskomplexe nehmen kann.

Formuliert Vermutungen, woher Karl Rahner die Gewissheit nimmt, dass der Heilige Geist das alles kann.
Wähle einen Satz aus dem Text aus, der dir gefällt, und denke dir dazu eine Geschichte aus, die wirklich passieren könnte.

3. Die Juden – unsere älteren Geschwister im Glauben

Diese Mauer steht in Jerusalem, der heiligen Stadt der Juden, Christen und Muslime. Die Westmauer, auch Klagemauer genannt, ist der letzte Rest des Tempels von Jerusalem, der im Jahre 70 n. Chr. von den Römern zerstört wurde. Vor ihr beten Juden aus der ganzen Welt. In den Ritzen zwischen den Steinen stecken Menschen immer wieder Gebetszettel, auf denen sie ihre Hoffnungen und Wünsche niedergeschrieben haben.

1. Im Religionsunterricht war schon häufiger von Juden und ihrem Glauben die Rede. Erzähle, woran du dich erinnerst. Was möchtest du genauer wissen?

Juden leben bei uns

Daniel aus Stuttgart

Synagoge in Stuttgart

Auf den folgenden Seiten macht dich Daniel, ein jüdischer Junge, mit Festen und Bräuchen seiner Religion bekannt.
Daniel wohnt in Stuttgart und besucht die siebte Klasse der Realschule. Er ist Jude. In Stuttgart gibt es neben vielen christlichen Gemeinden auch eine jüdische Gemeinde.
Daniel nimmt am jüdischen Religionsunterricht teil, der am Nachmittag im jüdischen Gemeindehaus neben der Synagoge stattfindet. Sein Leben orientiert sich an den Bräuchen und Riten des Judentums.
Es gibt auch jüdische Familien, die sich nicht so streng an die Gesetze und Gebote des Judentums halten.
„Daniel, was machst du heute Nachmittag?", fragt Peter seinen jüdischen Freund. „Ich habe heute Religionsunterricht in der Synagoge, danach können wir uns treffen. Wenn du Lust hast, zeige ich dir die Synagoge." Peter ist neugierig geworden und so verabreden sich die beiden für den Nachmittag. „Was bedeutet eigentlich Synagoge?", fragt Peter seinen Freund. Der erklärt: „Synagoge kommt aus der griechischen Sprache und bedeutet ‚Versammlungsraum, Treffpunkt'. In der Synagoge kommen die Menschen zusammen, die zum jüdischen Glauben gehören, um zu beten, zu singen, die Worte der Heiligen Schrift zu hören, Feste zu feiern, in der jüdischen Religion unterrichtet zu werden und unsere Gebote und Vorschriften zu lernen." An der Synagoge entdeckt Peter einen Davidstern oberhalb der Tür, aber einen Kirchturm sieht er nicht.

Diese jüdische Gemeinde heißt genau: „Israelitische Religionsgemeinschaft Württembergs" (IRGW).
Wie christliche Gemeinden auch, erfüllt sie verschiedene Aufgaben und verfügt über unterschiedliche Einrichtungen.
Neben der Synagoge gibt es in der IRGW einen Kindergarten mit Hort, das Jugendzentrum „Zion", eine Religionsschule, eine Seniorenwohnanlage sowie verschiedene Beratungsstellen, zum Beispiel für neue jüdische Bürger, die aus dem Ausland nach Stuttgart gezogen sind.
Im Gemeindezentrum werden verschiedene Aktivitäten im Bereich Bildung, Kultur, Jugend- und Seniorenarbeit angeboten.
In den 90er-Jahren des letzten Jahrhunderts ist die jüdische Gemeinde insbesondere durch Zuwanderung von Juden aus der ehemaligen Sowjetunion stark gewachsen. Dadurch haben sich auch die Aufgaben der Gemeinde verändert.
Die neuen Mitbürger müssen in die bestehende Gemeinde integriert werden.
Ähnlich war die Entwicklung der jüdischen Gemeinden in Baden.
In Baden-Württemberg gibt es jüdische Gemeinden in Stuttgart, Pforzheim, Freiburg Heidelberg, Mannheim und in einigen weiteren Städten.

Davidstern über dem Toraschrein der Synagoge in Stuttgart

Die Synagoge – das Gotteshaus der Juden

Die Kippa ist eine typisch jüdische Kopfbedeckung.

Beim Eintreten gibt Daniel Peter eine Kopfbedeckung (Kippa, vgl. S. 81) und bittet ihn, sie aufzusetzen. „Bei uns tragen alle Jungen und Männer in der Synagoge eine Kopfbedeckung. Es ist ein Zeichen der Ehrfurcht vor Gott.“
In der Synagoge fallen Peter die Bankreihen auf, die alle nach vorne gerichtet sind. Sie erinnern ihn an die Bänke in der Kirche. Daniel deutet nach vorne auf einen kostbar erscheinenden Schrein: „Der wichtigste Teil der Synagoge ist der Toraschrein hinter dem Vorhang. In ihm sind die Torarollen aufbewahrt. Auf ihnen sind die Texte der fünf Bücher Mose aufgeschrieben, also die ersten fünf Bücher der Bibel. Beim Gottesdienst wird eine Torarolle herausgenommen und Teile von ihr den Anwesenden vorgelesen. Das ist immer der Höhepunkt unsere Feier. Im Fenster über dem Toraschrein, das in Richtung Jerusalem weist, kannst du einen Davidstern sehen und an der Wand an der Seite steht der siebenarmige Leuchter.“
„Aber da habt ihr ja auch ein ewiges Licht wie in unserer katholischen Kirche!“, meint Peter erstaunt. „Ja, dieses Licht heißt ner tamid und will die Besucher daran erinnern, dass die Synagoge ein besonderes Haus, das Haus Gottes ist.“ Dann deutet Daniel auf eine Erhöhung im Raum hin und erklärt: „Das ist das Vorlesepult! Von dort liest unser Gemeindevorsteher aus der Tora vor. Die Tora wird vorher in einer kleinen Prozession zum Vorlesepult getragen, um allen die Bedeutung der Tora zu zeigen.“
Peter schaut sich noch einmal um, bevor sie die Synagoge verlassen und meint: „Etwas kann ich bei euch nicht entdecken: Bilder. Es gibt nur Verzierungen!“ „Nein, wir haben keine Bilder. Wir halten uns an das Gebot: ‚Du sollst dir von Gott kein Bild machen‘!“
„Wo ist eigentlich eure Orgel?“, fragt Peter weiter. „Eine Orgel gibt es bei uns auch nicht. Wir haben für unsere Lieder einen Vorsänger, der die Gesänge anstimmt.“
Vor der Synagoge verabschiedet sich Peter von Daniel: „Ich fand das, was du mir erzählt hast, sehr interessant! Danke!“

1. Besucht eine Synagoge in eurer Umgebung. Einige Synagogen bieten auch Führungen für Schulklassen an.
2. Vergleiche die Synagoge mit der katholischen Kirche. Welche Gemeinsamkeiten und Unterschiede kannst du feststellen? Notiere in einer Tabelle.
3. Informiere dich im Internet über eine jüdische Gemeinde in deiner Stadt oder Region und stelle sie mithilfe einer kurzen Präsentation in der Klasse vor (vgl. Methode „Internetrecherche“ S. 177).

Innenraum der Stuttgarter Synagoge

Fest der Befreiung – Die Feier des Exodus an Pessach

Gott befreit sein Volk aus der Sklaverei

Das Buch Exodus stellt die Befreiung aus der Sklaverei so dar:
Abraham und seine Sippe lebten als Nomaden in der Wüste und Steppe. Jeden Sommer mussten sie mit ihren Herden fruchtbares Weideland suchen und waren darauf angewiesen, dass die Bewohner des Landes sie duldeten. Aus geschichtlichen Quellen Ägyptens wissen wir, dass solche Nomaden immer wieder in das fruchtbare Land am Nil einwanderten. Die Bibel erzählt davon in der Josefsgeschichte (Ex 1,1–5.7). Als Pharao Ramses II. im 13. Jahrhundert v. Chr. einen neuen Regierungssitz baute, wurden Nomadenstämme zum Aufbau dieser Stadt gezwungen. Es ist denkbar, dass unter ihnen auch Israeliten waren. Die Israeliten wurden Sklaven in Ägypten.
Moses wurde von Gott berufen, sein Volk aus dieser Sklaverei zu befreien und die Israeliten aus Ägypten herauszuführen. Die biblischen Texte erzählen davon, wie Gott Ägypten mit zehn Plagen dafür straft, dass der Pharao das Volk Israel nicht ziehen lassen will. Die letzte dieser Plagen, die Tötung aller Erstgeborenen, von der die Israeliten verschont bleiben, ist schließlich verbunden mit ihrem Aufbruch aus Ägypten. Der biblischen Erzählung nach rettet Gott das Volk Israel aus der Unterdrückung, indem er es trockenen Fußes durch das Rote Meer führt, in dem die Streitmächte des Pharao, die es verfolgen, später ertrinken.

Der Untergang der Ägypter im Roten Meer, jüdische Buchmalerei, 1974

Bis zum heutigen Tag erinnern sich die Juden an diese Befreiung aus der Sklaverei in der Feier des Pessach.

1. Spielt ein Abendgespräch von Israeliten in der ägyptischen Sklaverei nach einem langen, mühsamen Arbeitstag. Formuliert auf Zetteln ihre Klagen, aber auch ihre Wünsche und Hoffnungen.
2. Lies Ex 12 und stelle die Gebote zusammen, die JHWH den Israeliten in Zusammenhang mit dem Gedenken an ihre Befreiung aus Ägypten gibt.
3. Lies Ex 14,5–31 und setze die Erzählung in Verbindung zum Bild vom Untergang der Ägypter im Roten Meer. Achte dabei besonders auf die Gefühle der Israeliten.
4. Hast du selbst schon einmal eine Erfahrung der Befreiung gemacht? Nenne Gemeinsamkeiten und Unterschiede im Vergleich zur Befreiungserfahrung des Volkes Israel.

Daniel und seine Familie feiern das Pessachfest

Alljährlich in der Nacht vom 14. auf den 15. Nisan, das ist der erste Monat im jüdischen Kalender (März/April unseres Kalenders), feiern Juden das Pessachfest. Die Familien begehen das Fest zur Erinnerung an die Befreiung ihres Volkes aus der Sklaverei in Ägypten vor etwa 3000 Jahren. Ganz Israel und das Judentum bis zum heutigen Tag erzählen davon, als sei dies jeweils in ihrer Zeit geschehen. So wird diese Erfahrung gegenwärtig. In den Tagen vor dem Pessachfest geht es in jüdischen Familien aufgeregt zu, etwa so wie vor unseren Festen Weihnachten und Ostern. Vieles muss besorgt und hergerichtet werden. Durch Daniels Familie können wir einen Einblick gewinnen:

Mutter: Kinder, beeilt euch, in wenigen Stunden geht die Sonne unter, dann ist Pessach. Und ihr steht herum, als gäbe es nichts zu tun. Daniel, hast du die Gläser schon geputzt? Achte besonders auf den schönen roten Becher! Er ist für den Propheten Elija bestimmt und wertvoll ist er obendrein.

Daniel: Warum stellen wir immer einen Becher für den Propheten Elija auf den leeren Platz am Tisch? Er ist längst tot. Er kommt auch heute Abend nicht.

Vater: Das mag sein. Aber unsere heiligen Schriften sagen: Einmal wird er wiederkommen und mit ihm der Messias. Dann wird alles Leid ein Ende haben.

Mutter: Stell den Becher hin, bevor er runterfällt! Wasch dir die Hände!

Ben: Ich kann jetzt meinen Text für heute Abend.

Vater: Prima, mein Kleiner, dann lass mal hören!

Ben: Also: „Warum unterscheidet sich diese Nacht von allen anderen Nächten? In allen anderen Nächten können wir Gesäuertes und Ungesäuertes essen, in dieser Nacht nur Ungesäuertes. In allen anderen Nächten können wir allerhand Kräuter essen, in dieser Nacht nur bittere Kräuter. In allen anderen Nächten können wir essen, frei sitzend oder angelehnt, in dieser Nacht sitzen wir alle angelehnt." Fertig!

Daniel: So wie du das runterleierst, kapierst du wohl gar nicht, was du da sagst!

Mutter: Das wird Papa uns später genau erklären, so wie jedes Jahr am Seder-Abend.

Ben: Seder-Abend, Seder-Abend, was bedeutet das eigentlich?

Vater: Das kann Daniel dir erklären, er muss es eigentlich schon wissen.

Daniel: Seder ist hebräisch und bedeutet so viel wie Ordnung. Der heutige Abend heißt so, weil wir Juden den Vorabend des Pessachfestes in der Familie immer nach der gleichen Ordnung feiern.

Ben: Warum feiern Juden den Seder-Abend?

Vater: Das Pessachfest und den Seder-Abend feiern wir in dankbarer Erinnerung an die Befreiung aus der Gefangenschaft in Ägypten. Das Fleisch an den Knochen beispielsweise hat Mutter extra auf Kohlen gebraten, zum Gedenken an das Pessachlamm, das unsere Väter über dem Feuer gebraten haben.

Ben: Und die Mazzen? Besonders gut schmecken die ja wirklich nicht.

Vater: Bei dem eiligen Aufbruch aus der Sklaverei in Ägypten mussten unsere Vorfahren das Brot schnell und deshalb ungesäuert backen, damit sie es in die Wüste mitnehmen konnten.

Ben: Hätten sie Kuchen gebacken statt Mazzen, dann könnten wir heute Abend leckeren Kuchen essen!

Fest der Befreiung – Die Feier des Exodus an Pessach

Beim Pessach-Fest kommt die ganze Familie zusammen.

Vater: Du Naschkatze! Hast du nicht begriffen, dass Freiheit mehr wert ist als ein voller Bauch?

Daniel: Wenn unsere Vorväter solche Naschkatzen wie du gewesen wären, dann wären wir womöglich heute noch Sklaven und müssten Tonziegel schleppen.

Mutter: Charoset, das Fruchtmus aus Äpfeln, Zimt, Nüssen und Wein, das dürfte aber doch nach deinem Geschmack sein, oder?

Ben: Und ich weiß auch, woran uns das lehmbraune Mus erinnern soll: an die Lehmziegel, die unsere Vorväter herstellen und schleppen mussten.

Daniel: Und die bitteren Kräuter und das Salzwasser, woran erinnern sie?

Vater: An die bittere Zeit der Knechtschaft und an die Tränen, die unsere Vorväter dort geweint haben.

Ben: Jetzt fehlt nur noch der Rotwein. Lasst mich raten! Der erinnert wohl an den Durchzug durch das Rote Meer?

Vater: Falsch geraten! Der Wein soll ein Zeichen sein für die große Befreiungstat unseres Gottes, für unsere Freude darüber, dass wir uns auch heute als Befreite fühlen können. Außerdem weist der Wein auch auf die zukünftige Erlösung Israels hin, auf die wir immer noch warten.

Ben: So hat also jedes Wort und jedes Zeichen einen tieferen Sinn bei unserer Seder-Feier!

Daniel: Wo sind eigentlich die Kerzen?

Mutter: Im Schrank unten. Nimm sieben für den großen Leuchter. Und bring auch gleich die große weiße Tischdecke mit. Mach schon, es ist schon spät.

„Einst waren wir Knechte des Pharao in Ägypten, da führte uns der Ewige, unser Gott, von dort heraus, mit starker Hand und mit ausgestrecktem Arme. Hätte der Heilige, gelobt sei er, unsere Vorväter nicht aus Ägypten herausgeführt, so wären wir, unsere Kinder und alle unsere Nachkommen, Diener der Pharaonen in Ägypten geblieben; darum, wären wir auch alle weise, alle verständig, alle erfahren und alle schriftgelehrt, so ist es dennoch unsere Pflicht, vom Auszug aus Ägypten zu erzählen und jeder, der ausführlich vom Auszug aus Ägypten erzählt, ist zu loben."

Aus der Liturgie für den Seder-Abend

1. Überlege, warum die Feier des Pessachfestes den Juden gerade in schweren Zeiten geholfen hat.
2. Informiere dich im Kapitel „Prophetinnen und Propheten" über Elija.
3. Zeichne in dein Heft einen Teller mit den Speisen des Seder-Mahles, beschrifte und erkläre die Speisen (vgl. Methode „Malen und gestalten" S. 171 f.).
4. Die Feier des Seder-Abends hat Ähnlichkeiten mit der katholischen Feier der Osternacht und der sonntäglichen Eucharistie. Arbeitet sie gemeinsam heraus.

Zum Seder-Mahl wird der Tisch traditionell gedeckt.

Der Sederteller erinnert an die Flucht aus Ägypten.

Der Schabbat – Gabe Gottes an sein Volk

Ein Ruhetag in der Woche

Eine wichtige Rolle im religiösen Leben der Juden spielt die wöchentliche Feier des Schabbat, auch Sabbat genannt. Er beginnt bereits am Freitagabend und endet am Samstagabend. Denn nach jüdischer Vorstellung beginnt jeder neue Tag bereits am Vorabend. Der Begriff „Schabbat" kommt vom hebräischen Wort für „ruhen". Der Schabbat will an die Schöpfungserzählung erinnern, in der es heißt: „Sechs Tage sollst du arbeiten und alle deine Geschäfte verrichten, doch der siebte Tag ist ein Ruhetag für den Herrn, deinen Gott." (Ex 20, 8ff)

Daniel erzählt seinem Freund Peter: „Die ganze Woche freuen wir uns auf den Schabbat; denn dieser Tag ist für uns immer ein ganz besonderer Tag.
Schon am Freitagvormittag, wenn wir noch in der Schule sind, ist unsere Mutter damit beschäftigt, das Haus und das Essen für den Abend und den Schabbat vorzubereiten. Du musst nämlich wissen, dass am Schabbat nichts gearbeitet und auch nichts gekocht werden darf. Alles muss schon vorher fertig sein; das Haus wird geputzt, der Tisch wird mit unserem besten Geschirr gedeckt und mit Blumen und Kerzenleuchtern geschmückt. Für den Schabbat haben wir zwei besonders kostbare Leuchter.
Auf dem Tisch liegen unter einem Tuch zwei geflochtene Weißbrote, die extra für den Schabbat gebacken wurden. Sie sollen uns an das Manna erinnern, das die Israeliten auf dem Zug durch die Wüste jeden Morgen vor ihren Zelten fanden. Wenn im Haus alles fertig ist, richten wir uns selber her und ziehen unsere schönsten Kleider an. Eine Stunde vor Beginn zündet unsere Mutter die Schabbatkerze an. Zur Begrüßung des Schabbat gehe ich mit meinem Vater zur Synagoge. Wenn wir wieder daheim sind, segnen unsere Eltern meine Schwestern und mich.
Danach nehmen wir alle an dem festlich gedeckten Tisch Platz. Unser Vater füllt nun ein Glas mit Wein und spricht einen Segensspruch darüber. Alle dürfen vom Wein trinken. Das Schabbatbrot wird gebrochen; und dann beginnt das Abendessen. Zwischen den einzelnen Gängen singen wir gemeinsam einige Leder.
„Das finde ich immer sehr schön. Die Eltern haben Zeit für uns, niemand stört und wir lassen es uns gut gehen. Am Schabbat selbst besuchen wir am Morgen den Gottesdienst in der Synagoge. Wir lesen in den heiligen Schriften und beten miteinander. Zweimal am Tag gibt es etwas zu essen, aber wir fahren nie fort. So wird es ein Tag, an dem wir zur Ruhe kommen, wo wir nichts leisten müssen und wo wir das Familienleben genießen. Nach dem Essen bleiben wir gemütlich beieinander; wir unterhalten uns, hören Musik, lesen ein Buch. Wir halten uns streng an die Schabbatvorschriften. Es gibt aber auch jüdische Familien, die mit den Bräuchen locker umgehen.
Am Abend wird die ‚Königin Schabbat' feierlich verabschiedet. Wir zünden eine besonders schöne, geflochtene Kerze an und Vater segnet einen Becher mit Wein und eine besonders schöne Dose mit wohlriechenden Kräutern.

Schabbat – zwei besondere Leuchter werden entzündet.

Wein gehört zu jedem Schabbat. Wein und Brot werden beim Beginn des Schabbat gesegnet. Das Brot wird beim Beginn des Mahls verteilt und gegessen und der Wein am Schluss des Mahls herumgereicht und von allen Erwachsenen getrunken.

Jedes Familienmitglied darf an dieser Dose riechen, um den schmerzlichen Abschied vom Schabbat zu erleichtern. Wenn unser Vater die Kerze schließlich gelöscht hat, wünschen wir uns gegenseitig eine gute Woche – ‚Schawua tow'."

Peter ist sehr beeindruckt von Daniels Erzählung. „Ihr verrichtet an diesem Tag tatsächlich keinerlei Arbeit?" „Nein, es ist genau geregelt, welche Arbeiten erlaubt sind und welche nicht. Natürlich halten sich nicht alle Juden streng daran, aber unsere Familie versucht es."
„Und wo steht das alles?", fragt Peter. „Die Grundlage steht in der Heiligen Schrift, doch wenn du Genaueres wissen willst, fragen wir am besten meinen Vater."
Die beiden gehen zu Daniels Vater. „Sechs Tage kannst du deine Arbeit verrichten, am siebten Tag aber sollst du ruhen!", beginnt dieser zu erzählen.

1. Der Schabbat in einer jüdischen Familie hat einige Zeichen, die ihn zu einem ganz besonderen Tag machen. Erinnere dich.
2. Lege in deinem Heft eine Tabelle mit zwei Spalten an: Schabbat und Sonntag. Trage in diese Tabelle Gemeinsamkeiten und Unterschiede der beiden Tage ein.
3. Überlege, was du am Sonntag machst. Was könnte sich für dich ändern, wenn du auch so einen „Tag der Freiheit" hättest?

„Du kennst vielleicht den Ausdruck ‚malochen'; dieser Ausdruck stammt aus dem Hebräischen und bedeutet dort so viel wie ‚Grundarbeit'. Gemeint ist damit jede Veränderung an einem Produkt oder der Umwelt. Das alles ist am Schabbat verboten.
Unsere Schriftgelehrten haben 39 Grundarbeiten definiert, die verboten sind.
Dazu gehören z. B. alle Ackerarbeiten, Backen, Weben, Nähen, Feuer anzünden, Handwerken, Tragen von Tüten, Taschen und Koffern.
Im Laufe der Geschichte wurde jede mögliche Arbeit daraufhin untersucht, ob sie erlaubt ist oder nicht. Wir Juden wachsen mit diesen Geboten auf und es fällt uns nicht schwer, uns daran zu halten."
„So feiern wir Christen keinen Tag der Woche", denkt Peter. Er nimmt sich vor, einmal im Religionsunterricht die Lehrerin zu fragen.
Die erklärt ihm in der nächsten Stunde:
„Wir Christen feiern den Sonntag als den Tag, an dem Jesus Christus von Gott auferweckt wurde.

Um sich immer wieder an das Leben, den Tod und die Auferstehung Jesu zu erinnern, feiern wir am Sonntag Gottesdienst.
Die ersten Christen feierten den Schabbat und auch den ersten Tag der Woche, den heutigen Sonntag. Erst im 4. Jahrhundert wurde den Christen die Feier des Schabbat verboten, um sich gegen die Juden weiter abzugrenzen.
Auch Christen haben in der Regel am Sonntag frei und können an diesem Tag eine Ruhepause einlegen. Allerdings wird die Ruhe am Sonntag immer mehr zurückgedrängt, etwa durch Sportveranstaltungen und verkaufsoffene Sonntage.
Peter geht nachdenklich aus dem Religionsunterricht. Er fragt sich: „Was mache ich eigentlich am Sonntag?"

Sch'ma Jisrael Dtn 6,4–9

Juden bekennen ihren Glauben

Kurz nach den Osterferien ist Peter bei Daniel eingeladen. Daniel nimmt Peter gleich nach der Schule mit zu sich nach Hause. Als sie vor Daniels Wohnung stehen, entdeckt Peter am rechten Türpfosten eine kleine Hülse. In dem Moment beobachtet er, wie Daniel, bevor er die Wohnung betritt, diese Hülse mit den Fingerspitzen berührt und dann die Fingerspitzen an den Mund führt.
„Was war denn das jetzt?", fragt Peter neugierig. Daniel erklärt ihm: „Diese Kapsel nennen wir Mesusa. Sie ist aus Holz oder aus Metall und enthält eine kleine Pergamentrolle mit einem handgeschriebenen Text aus der Heiligen Schrift. Der Text ist das wichtigste Bekenntnis unseres Glaubens. Wir nennen es das ‚Sch'ma Israel'. Es lautet:

Sch'ma Israel –
Höre Israel!
Höre Israel, der Herr ist unser Gott, der Ewige ist einzig! Liebe den Ewigen, deinen Gott, mit ganzem Herzen, mit deiner ganzen Seele und mit deiner ganzen Kraft. Es sollen die Worte, die ich dir heute gebiete, dir im Herzen bleiben. Du sollst sie deinen Kindern einschärfen und davon reden, wenn du in deinem Haus weilst, wenn du unterwegs bist, wenn du dich niederlegst und wenn du aufstehst.

Dtn 6,4–7

שְׁמַע יִשְׂרָאֵל יְהוָה אֱלֹהֵינוּ יְהוָה ׀ אֶחָד

Sch'ma Israel JHWH Elohenu JHWH Echad

Eine Mesusa am Rahmen/Pfosten der Einganstür eines Hauses oder einer Wohnung.

Beim Betreten und beim Verlassen der Wohnung berühren viele Juden die Mesusa mit den Worten: „Gott schütze mich bei meinem Fortgehen und bei meinem Ankommen, jetzt und in Ewigkeit."
„Davon habe ich ja noch nie gehört!", antwortet Peter ganz nachdenklich, „aber eigentlich gibt es ähnliche Bräuche auch bei den Christen." Peter erinnert sich, dass er früher viel bei seiner Oma in den Ferien war. Dort hing am Wohnungseingang ein kleines Weihwasserbecken. Jedes Mal, wenn jemand der Familie die Wohnung verließ, bekreuzigte er sich mit dem Weihwasser und stellte sich so unter den Schutz Gottes.

Sch'ma Jisrael Dtn 6,4–9

T und M: Karl-Heinz Willenberg © Oncken Verlag, Wuppertal, Kassel

Als die beiden in Daniels Zimmer sind, erzählt Daniel weiter: „Das Beten hat bei uns eine sehr große Bedeutung. Das geht schon am Morgen los. Deshalb heißt ein Sprichwort bei uns: ‚Der Jude weckt den Tag, nicht der Tag weckt den Juden!' Gleich nach dem Aufstehen und Waschen nimmt mein Vater, der Bar Mizwa ist – das bedeutet, ein vollwertiges Mitglied der jüdischen Gemeinde – seinen Gebetsmantel, den Tallit (vgl. S. 83), um zu zeigen, dass er bei Gott geborgen ist, wie unter diesem großen Schal. Dann legt er die Gebetsriemen, die Tefillin (vgl. S. 83), an, zuerst um den Arm mit dem Kästchen zum Herzen hin, dann um den Kopf mit einem zweiten Kästchen über der Stirn. In den Kästchen liegen wieder kleine Denkzettel mit Worten aus der Tora. Die Kippa (vgl. S. 73), das Käppchen, das er beim Gebet trägt, soll zeigen, dass wir als Kinder Gottes frei sind, denn früher durften nur freie Menschen einen Hut tragen. Außerdem zeigt man damit auch die Ehrfurcht vor Gott, der über uns ist. Und so beten wir Juden mindestens dreimal am Tag. Dazu gibt es eine große Auswahl an Gebeten. Besonders viele findet man im Buch der Psalmen." „Ja, Psalmen kenne ich auch!", meldet sich Peter zurück, der die ganze Zeit aufmerksam zugehört hat. Zum Beispiel „Der Herr ist mein Hirte, mir wird nichts fehlen!" „Oder", wirft Daniel ein: „Von allen Seiten umgibst du mich, Herr, und du legst auf mich deine Hände." „Ja, den beten wir auch."

1. Der Brauch, sich beim Gebet die Tefillin umzubinden, geht auf die Bibel zurück. Schlage nach: Dtn 6,8.
2. Auch bei uns wird einmal im Jahr ein Segensspruch an die Haustür geschrieben oder man bekreuzigt sich beim Verlassen der Wohnung mit Weihwasser. Welche anderen Segensbräuche kennst du noch? Überlege und vergleiche.
3. Es gibt verschiedene Arten von Psalmen, z. B. Lob-, Dank- und Klagepsalmen. Suche im Buch der Psalmen jeweils ein Beispiel für eine bestimmte Art der Psalmen. Wenn ihr möchtet, könnt ihr auch gemeinsam in der Klasse einen Psalm beten.
4. Schreibe zwei Psalm-Verse aus verschiedenen Psalmen auf, mit denen du eventuell persönlich beten könntest oder die dir besonders gut gefallen. Begründe, was dir an diesen Texten besonders wichtig erscheint.

Religiöse Feste im Leben der Juden

Die Beschneidung

Wie bei den Christen ist die Geburt eines Kindes auch bei den Juden ein besonderes Ereignis. Das neugeborene Kind wird als ein Geschenk und ein Segen Gottes betrachtet. Jedes Kind, das von einer jüdischen Mutter geboren ist, gehört zur Gemeinschaft der Juden. Wenn ein Junge geboren wurde, wird er nach acht Tagen beschnitten. Die Berit Mila, die Beschneidung ist ein uralter Brauch, der auf Abraham zurückgeht.

Die Beschneidung ist ein Kennzeichen dafür, dass der Junge Mitglied der jüdischen Glaubensgemeinschaft ist. Bei der Beschneidung wird in einer kleinen Operation die Vorhaut entfernt. Beschneiden dürfen nur Männer, die eigens dazu ausgebildet sind. Die Jungen empfinden dabei keinen Schmerz, weil die Nerven noch nicht fertig ausgebildet sind. Der Pate hält das Kind während der Beschneidung. Der Mohel, der Beschneider, gibt dem Jungen dabei auch den Namen.

Ein Kind bei der christlichen Taufe

Wenn ein Mädchen geboren wird, verkündet der Vater am ersten Schabbat nach der Geburt ihren Namen in der Synagoge und spricht ein besonderes Gebet.

Jüdische Kinder bekommen häufig Namen von wichtigen Persönlichkeiten aus dem Alten Testament, z. B. Aaron, Mose, Josef, David, Sarah, Rebekka oder Mirjam.

In der Regel enthalten die Vornamen einen Hinweis auf den Vater oder die Mutter des Kindes. Zum Beispiel bedeutet David Ben Michael: David, Sohn des Michael. Bat Mirjam bedeutet: Tochter der Mirjam.

> Das ist mein Bund zwischen mir und Euch samt deinen Nachkommen, den ihr halten sollt: Alles, was männlich ist unter euch, muss beschnitten werden. Am Fleisch eurer Vorhaut müsst ihr euch beschneiden lassen. Das soll geschehen zum Zeichen des Bundes zwischen mir und euch.
>
> *Gen 17,10–11*

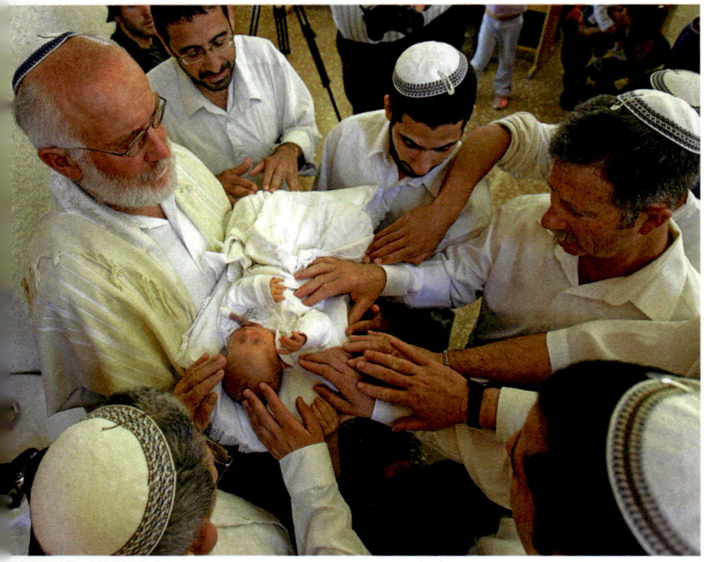

Kind am Beschneidungstag

1. Gibt es in eurer Klasse Namen alttestamentlichen Ursprungs? Benennt sie und recherchiert ihre Herkunft und Bedeutung (vgl. Methode „Internetrecherche“ S. 169).
2. Vergleiche Taufe und Berit Mila und stelle Gemeinsamkeiten und Unterschiede in einer Tabelle heraus.

Bar Mizwa und Bat Mizwa

„Hast du am Samstag Zeit?", fragt Daniel seinen Freund Peter. „Weshalb fragst du?" „Du weißt doch, ich bin Jude!" „Ja und?" „Am kommenden Samstag werde ich Bar Mizwa", antwortet Daniel. „Was wirst du?" „Bar Mizwa! Was das bedeutet, wirst du am kommenden Samstag erfahren, wenn du kommst. Unser Rabbi hat es erlaubt." Am Schabbat darf Peter mit zu Daniels Platz in der Synagoge gehen. Dort legt sich Daniel einen Umhang um. „Das ist mein Gebetsmantel; er heißt Tallit", erklärt Daniel. Um den linken Oberarm und um seine Stirn bindet er je eine schwarze Lederkapsel. „Das sind die Tefillin", flüstert er Peter zu. Beim Umblicken sieht Peter, dass alle Männer einen Tallit tragen. Der Rabbiner betritt den Raum und geht zum Vorlesepult. In singendem Ton beginnt er zu beten. Die Leute stimmen mit ein. Nachdem die Gebete beendet sind, geht der Rabbiner zu einem Vorhang, der ist aus Samt und bunt bestickt. Er zieht den Vorhang zurück und nimmt aus dem Schrein eine Schriftrolle heraus.
Er trägt sie durch die Reihen der Anwesenden, die sie mit ihrem Tallit berühren. Am Vorlesepult entfernt er die kostbare Hülle und die Krone. Dann rollt er die entsprechenden Stellen zum Vorlesen auf. Nacheinander tragen Männer aus der Gemeinde Texte daraus vor. Zuletzt auch Daniel. Das ist für ihn der große Augenblick. Man hört aus seinem Vortrag, wie wichtig er diese Aufgabe nimmt. In der Ansprache redet der Rabbiner Daniel persönlich an: „Heute ist ein ganz besonderer Tag für dich. Zum ersten Mal durftest du die Worte aus der Tora vortragen. Du bist nun ein echter ‚Bar Mizwa', ein Sohn des Gesetzes. Ab heute hast du alle Rechte und Pflichten eines jüdischen Mannes."

Tefillin (hebräisch: Gebetsriemen), bezeichnen im Judentum Gebetsriemen mit zwei kleinen, eckigen Kapseln, in denen auf Pergament geschriebene Bibelstellen aufbewahrt werden. Diese werden am Kopf und am linken Arm befestigt. Erwachsene männliche Juden tragen Tefillin beim Morgengebet an Werktagen, aber nicht am Schabbat oder an Festtagen. Unter orthodoxen Juden ist das erstmalige Anlegen der Tefillin bei der Bar-Mizwa-Feier eines Jungen der symbolische Ausdruck für seinen Eintritt ins Erwachsenenalter.

Tallit, auch Talit, Tallis oder Tallith (neuhebräisch: Mantel, Hülle), jüdischer Gebetsmantel bzw. -schal. Er wird während des Gottesdienstes über der Kleidung getragen. Der Tallit ist aus weißem Stoff und mit einigen blauen Streifen verziert. An seinen Enden sind vier ebenfalls blaue Schaufäden angebracht. Fromme Juden werden mit ihrem Tallit beerdigt.

Mit 13 Jahren wird jeder jüdische Junge Bar Mizwa.

Mit 13 Jahren wird ein jüdischer Junge religionsmündig. Aus diesem Anlass wird er am Schabbat nach seinem 13. Geburtstag zum ersten Mal im Synagogengottesdienst zur Toralesung aufgerufen.
Im Anschluss daran hält er eine Rede, in der er einen Toraabschnitt auslegt und seine Kenntnisse unter Beweis stellt. Er ist nun verpflichtet, alle Gebote der Tora einzuhalten. Familie und Freunde versammeln sich, um mit einem festlichen Mahl zu Hause oder in der Gemeinde ihren „Sohn der Pflicht“ (Bar Mizwa) zu feiern.

Mädchen werden schon mit 12 Jahren religionsmündig. In manchen Gemeinden wird entsprechend auch für Mädchen eine Bat-Mizwa-Feier gehalten. Als „Tochter des Gesetzes“ kann ein Mädchen die religiösen Pflichten einer Frau übernehmen. Einem Mädchen werden wegen der Aufgaben im Haus und in der Familie jedoch keine religiösen Pflichten auferlegt, die an bestimmte Zeiten und Orte gebunden sind.
Auch zur Bat Mizwa wird in der Familie ein großes Fest gefeiert.

Mädchen werden schon mit 12 Jahren Bat Mizwa.

Hochzeit

Die Ehe wird bei den Juden als eine heilige Verbindung angesehen, in der Gottes Gebote erfüllt und die Kinder nach den jüdischen Glaubenslehren erzogen werden.
Der Bräutigam steckt der Braut einen Ring an den Zeigefinger der rechten Hand und sagt: „Mit diesem Ring seiest du mir angelobt, entsprechend dem Gesetz des Moses und Israels.“
Anschließend wird ein Ehevertrag vorgelesen und sieben Segenssprüche werden vorgetragen. Der Rabbiner spricht dann die Segenssprüche über einen Becher Wein, aus dem Braut und Bräutigam trinken.
Am Ende der Zeremonie wird ein Glas als Erinnerung an die Zerstörung des Tempels im Jahr 70 n. Chr. zerbrochen. Es folgt ein fröhliches Fest mit Musik und Tanz.

Begräbnis

Beim Tod eines Juden oder einer Jüdin übernimmt die Beerdigungsbruderschaft der jüdischen Gemeinde alle Vorbereitungen der Beerdigung. Der Tote wird gewaschen und mit dem weißen Totengewand bekleidet.
Er wird in einen einfachen Brettersarg gebettet, und wenn er nicht in israelische Erde bestattet werden kann, wird ihm ein Säckchen Erde aus Israel auf den Körper gelegt.
Die Beerdigung beginnt mit einem Gottesdienst der Gemeinde.
Für Juden ist es eine wichtige religiöse Pflicht, an der Beerdigung teilzunehmen.
Nachdem der Sarg ins Grab hinuntergelassen wurde, schüttet jeder der Anwesenden drei schaufeln Erde auf den Sarg.
Dann wird das „kaddisch“, das Gebet für die Verstorbenen gesprochen.
Gott wird gepriesen trotz aller Trauer über den Tod eines Menschen.

1. Verfasse einen Tagebucheintrag von Daniel nach der Bar-Mizwa-Feier (vgl. Methode „Tagebucheintrag“ S. 175).
2. Peter hat inzwischen viele Bräuche des jüdischen Lebens kennengelernt. Zähle auf.
3. Kennst du Feste im Leben junger Christen, die man mit der Bar Mizwa/Bat Mizwa vergleichen kann? Beschreibe.
4. Warst du schon einmal auf einer christlichen Hochzeit? Vergleiche die beiden Feiern.

Jüdischer Friedhof in Stuttgart

Juden haben eigene Friedhöfe, die sich von christlichen Friedhöfen unterscheiden.
Das bemerkt auch Peter, als er mit Daniel in Stuttgart den jüdischen Teil des Steinhaldenfriedhofs besucht.
Am Eingang treffen sie auf Herrn Katz, ein Mitglied der jüdischen Gemeinde.
„Hallo Daniel – zeigst du deinem Freund unseren Friedhof?"
„Ja, doch so ganz genau kenne ich mich nicht aus. Würden Sie uns den Friedhof erklären?"
„Gerne – dann kommt mal mit. Zuerst schauen wir uns ein paar Gräber an.
Fällt Euch jetzt schon auf, was bei uns Juden anders ist als bei euch Christen?"
„Die Gräber haben ja gar keinen richtigen Schmuck. Platten, Gras oder Efeu sind auf den Gräbern zu sehen. Und keine Kreuze.
Vor allem hebräische Inschriften, wenig deutsche", bemerkt Peter.
„Gut beobachtet, Peter", lobt Herr Katz.
„Für uns Juden ist Jesus ja nicht der Messias. Er hat für uns nicht die Bedeutung wie für euch Christen.
Deshalb gibt es bei uns keine Kreuze. Unsere Gräber schmücken wir auch nicht.
Für uns ruhen die Toten hier bis zum Jüngsten Tag, an dem Gott sie zu sich holen wird. Als Zeichen, dass wir der Toten gedenken, legen wir Steine auf die Gräber.
Dieser Brauch geht auf den Auszug der Israeliten aus Ägypten zurück. Auf ihrem Weg durch die Wüste damals sind ja auch immer wieder Menschen gestorben und mussten begraben werden. Und damit die wilden Tiere in der Wüste die Toten nicht aus ihren Gräbern holten, hat man möglichst viele Steine auf die Gräber gelegt.

Man zeigte damals und heute, dass die Menschen auch nach ihrem Tod wichtig für die Lebenden sind.
Interessant ist für euch vielleicht noch, dass es bei uns Juden nicht viele Familiengräber gibt.
Jeder hat meistens sein eigenes Grab, das auch nie mehr an andere vergeben wird. Ein jüdisches Grab bleibt für immer. Deshalb findet ihr oft auf jüdischen Friedhöfen sehr alte Gräber. Wir Juden glauben, dass die Toten bis zum Jüngsten Tag hier sind.

In einigen Gemeinden und Städten gibt es noch jüdische Friedhöfe, obwohl dort gar keine Juden mehr wohnen.
So, nun muss ich weiter. Schaut euch nur noch ein bisschen um."
Die beiden Jungen bedanken sich bei Herrn Katz.
„Du Daniel, wollen wir uns erkundigen, ob es um Stuttgart herum noch mehr jüdische Friedhöfe gibt?"

1. Es gibt in Deutschland sehr viele jüdische Friedhöfe. Gibt es auch einen in der Nähe deines Wohnorts? Erkundige dich.
2. Besucht einen jüdischen und einen christlichen Friedhof. Fotografiert verschiedene Gräber und gestaltet damit Plakate. Arbeitet dabei Gemeinsamkeiten und Unterschiede heraus.

Jüdische Feste im Jahreskreis

Der jüdische Kalender mit seinen jährlich wiederkehrenden Feiertagen bestimmt das Leben der Juden auf der ganzen Welt. Die Feste haben oft einen doppelten Anlass. Zum einen sind sie vom natürlichen Gang der Jahreszeiten (Aussaat, Ernte ...) bestimmt. Zum anderen erinnern sie an wichtige Ereignisse aus der Geschichte Israels. Beides gibt Anlass zum Dank. Alle jüdischen Feiertage beginnen schon am Abend vor dem eigentlichen Festtag, so wie es schon in der Schöpfungserzählung von jedem Tag heißt: „Es ward Abend und es ward Morgen: der erste Tag ...“

Ein Mann bläst beim Rosch Haschana in ein Widderhorn.

Rosch Haschana – Das Neujahrsfest

Mit ihm beginnt das jüdische Jahr. Das jüdische Neujahrsfest wird im Herbst (Oktober) gefeiert. In der Tora heißt dieser Tag „Tag der Erinnerung“. Die Menschen sollen ihr Handeln überdenken und zu Gott umkehren. Im Gottesdienst in der Synagoge wird das Schofar (Widderhorn) geblasen. Diese symbolische Handlung fordert zur Besinnung und Besserung auf und ist zugleich ein Zeichen der Hoffnung auf das rettende Eingreifen Gottes. Das Fest Rosch Haschana leitet zehn Bußtage ein bis zum großen Versöhnungstag, dem Jom Kippur.

Jom Kippur – der Versöhnungstag

Dieser Tag wird als Tag der Umkehr und Versöhnung begangen. Jom Kippur gilt als der heiligste Tag des Jahres. Er wird zum großen Teil in der Synagoge beim Gebet verbracht. Sinn des Festes ist die Aussöhnung des Menschen mit Gott und untereinander. Bereits am Tag vor Jom Kippur versucht man allen Streit beizulegen.

Nach jüdischer Sitte („Kapparot“) wird am Vorabend des Jom Kippur zur Erinnerung an die menschlichen Verfehlungen symbolisch ein Huhn geschlachtet.

Sukkot – das Laubhüttenfest

Das Laubhüttenfest erinnert an die Wüstenwanderung.

Es ist das dritte Fest im jüdischen Jahreskreis und erinnert an die Wüstenwanderung des Volkes Israel. In dieser Zeit lebten die Israeliten in Zelten und Hütten. Für das Sukkotfest baut sich jede Familie im Garten, im Hof oder auf dem Balkon eine Hütte, die mit Laub bedeckt wird. In dieser Laubhütte wird eine Woche lang gemeinsam gegessen, aus der Tora gelesen und gebetet. Am Ende des Laubhüttenfestes feiert man das Simchat Tora, das Fest der Torafreude.

Lesung aus der Tora in einem Gottesdienst in der Synagoge

Simchat Tora – das Tora-Freudenfest

Bei diesem Fest bringen die gläubigen Juden ihre Freude an der Tora zum Ausdruck. Alle in der Gemeinde vorhandenen Torarollen werden um das Lesepult getragen und dazu wird gesungen und getanzt. Zum Simchat-Tora-Fest gehört auch der Neubeginn der jährlichen Toralesung. Die Tora wird im Laufe eines Jahres in der Synagoge abschnittweise vorgelesen. Jedes Lesejahr wird am Simchat-Tora-Fest wieder neu begonnen.

Chanukka – das Lichterfest

Das Chanukkafest erinnert an die Wiedereinweihung des zweiten Tempels 164 v. Chr., nachdem dieser drei Jahre lang als heidnische Kultstätte gedient hatte. Das Fest feiern die Juden im Winter (Dezember). Es dauert acht Tage und ist eine Zeit freundschaftlicher Zusammenkünfte. Die Kinder freuen sich über Geschenke und über das Anzünden der Lichter am Chanukkaleuchter. Jeden Tag wird ein Licht mehr angezündet, bis am achten Tag alle acht Lichter brennen. Das neunte Licht am Leuchter ist der „Diener“, mit dem die anderen Lichter angezündet werden.

Kinder freuen sich über das Chanukkafest.

Purim – das Losfest

Dem Purimfest liegt eine Geschichte, die das Buch Ester erzählt, zugrunde: Am Hof des persischen Königs Ahasveros plant der Großwesir Haman, die Juden auszurotten. Der Tag soll per Los festgelegt werden (hebräisch: „purim“ = deutsch: „Lose“). Die Jüdin Ester, die mit Ahasveros verheiratet ist, erfährt von den Plänen und kann das Vorhaben abwenden.
Zur Erinnerung an die Rettung der Juden zeigen die Menschen am Purimfest ausgelassene Fröhlichkeit. Die Kinder verkleiden sich und machen scherzhafte Spiele miteinander. Neben großen Festessen und Umzügen ist es zudem Brauch, Fremde und Arme zu beschenken.

Schawuot – das Wochenfest

50 Tage nach dem Pessachfest (im Juni) wird das Schawuotfest gefeiert. Es erinnert an die Übergabe der Gebote am Sinai. Aber auch als Erntedankfest mit vielen Blumen, gutem Essen, Obst und Gemüse feiern es viele Juden besonders als fröhliches Fest.

Speisevorschriften im Judentum

Was ist „koscher"?

Im Sommer lädt Peter Daniel zu seinem Geburtstag ein. „Wir wollen ein Sommerfest feiern und abends grillen. Es wird Steaks und Würstchen geben – ganz lecker!"
„Grillt ihr auch Geflügel und Gemüse?" fragt Daniel. „Nein, warum?"
„Weil ich kein Schweinefleisch esse. Wir Juden haben genaue Speisevorschriften." „So?"
Daniel erklärt: „Wir essen ‚koscher', das bedeutet ‚rein und dem religiösen Gesetz entsprechend hergestellt oder zubereitet'. Wir Juden dürfen das Fleisch von Tieren mit gespaltenen Klauen und Tieren, die nicht wiederkäuen, nicht essen, z. B. kein Schweinefleisch. Geflügel und Lamm dagegen dürfen wir essen.
Auch Meerestiere ohne Schuppen und Flossen sind verboten. Außerdem gibt es für das Schlachter der Tiere genaue Vorschriften, ‚Schächten' nennt man das.
Es gibt auch kein Rahmschnitzel und keine Cheeseburger, weil Fleisch und Milchspeisen nicht zusammen gegessen werden dürfen. Deshalb gibt es im Haushalt auch zweierlei Geschirr, eines für Fleischspeisen und eines für Milchspeisen.
Streng religiöse Juden haben auch zwei verschiedene Kühlschränke und halten sich an die Speisegesetze, wenngleich es unterschiedliche Meinungen über die Einhaltung gibt. Liberale, d. h. nicht so strenge Juden, empfinden viele Gesetze als veraltet und nicht mehr zeitgemäß und sie überlassen die Entscheidung über das „koscher essen" jedem Einzelnen selbst.
Koscher oder nicht koscher können aber nicht nur Lebensmittel sein, sondern z. B. auch Gegenstände wie etwa die Kleidung oder bestimmte Handlungen."
„Seltsam, und warum ist das bei euch so?", murmelt Peter etwas verwundert.
„Diese Vorschriften stehen alle in der Heiligen Schrift und an die halten wir Juden uns eben."
„Dann sage ich meiner Mutter, dass sie zum Grillfest auch noch Putenschnitzel oder Lamm besorgen soll und außerdem Gemüse", schlägt Peter vor. „Das wäre super", erwidert Daniel.
„Im Übrigen gibt es bei uns – wie in allen anderen Religionen auch – Menschen, die ihren Glauben leben und solche, die es nicht tun."

1. Schaue dir die Bilder an. Was darf Daniel essen? Stelle ein koscheres Menü zusammen, das Peter für Daniel kocht.
2. Recherchiere im Internet nach koscheren Lebensmitteln, Gegenständen und Handlungen (vgl. Methode „Internetrecherche" S. 169).
3. Gibt es auch bei uns Christen bestimmte Speisevorschriften? Frage deine Eltern oder Großeltern.

Judentum und Christentum

Aus Juden werden Christen

Das Christentum entstand dadurch, dass eine Minderheit von Juden aus Palästina sich zum Glauben an Jesus Christus als den Sohn Gottes bekannte. Das Christentum ist also aus dem Judentum entsprungen und beide Religionen verbindet eine gemeinsame Geschichte: die Geschichte des Volkes Israel. Die Karte gibt einen Überblick über die wichtigsten Ereignisse der gemeinsamen Vergangenheit von Judentum und Christentum.

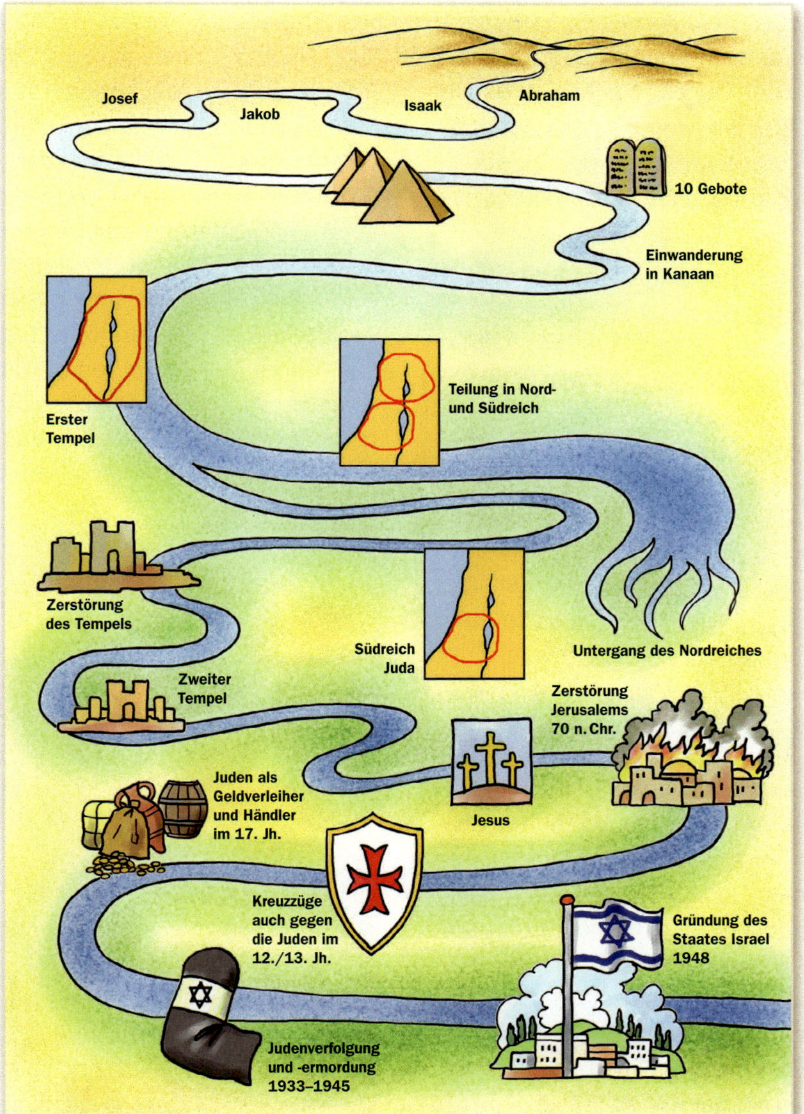

1. Kläre gemeinsam mit deiner Klasse die in der Karte genannten Begriffe aus der Geschichte des Judentums, die du noch nicht verstehst.
2. Übernimm die Karte in dein Heft und ergänze sie um wichtige Daten, die du bereits kennst. Auch in den nächsten Unterrichtsstunden kannst du an der Karte weiterarbeiten und sie so nach und nach vervollständigen.

Die Zerstörung des Tempels durch die Römer

Die ersten Christen waren Juden. Sie gingen, wie sie es schon gemeinsam mit Jesus getan hatten, in die Synagoge, feierten den Schabbat und die jüdischen Feste, lebten nach den jüdischen Gesetzen und unternahmen Wallfahrten zum Jerusalemer Tempel, solange er noch existierte. Schon zu Lebzeiten Jesu gab es Spannungen zwischen seinen jüdischen Anhängern und den Juden, die ihm nicht folgten. Dabei ging es vor allem um die Frage, wie weit die Tora Geltung haben soll. Der Bruch zwischen den beiden jüdischen Gruppen war nicht aufzuhalten.

Stephanus, ein begeisterter Anhänger Jesu, verteidigte in einer Rede vor einer Gruppe von Juden den Glauben an Jesus. Er wollte beweisen, dass Jesus von Nazaret der von den Propheten verheißene Messias und der Sohn Gottes ist. Weil diese Gruppe von Juden seine Rede als „Lästerworte gegen Mose und gegen Gott" empfanden, also meinten, mit diesen Aussagen über Jesus beleidige Stephanus Gott, gerieten sie so sehr in Wut über ihn, dass sie ihn steinigten. Auf diese Weise wurde Stephanus der erste, der sein Leben für seinen Glauben an Jesus Christus hingeben musste (vgl. Apg 6 und 7).

Die junge Kirche war enttäuscht, dass es ihr nicht gelang, alle Juden für die Frohbotschaft des Messias Jesus zu gewinnen. Sie nahm schon bald nicht nur Juden, sondern auch Nichtjuden („Heiden") in ihre neue Gemeinschaft auf und erließ ihnen wichtige Toravorschriften wie Beschneidung und Speisegesetze. So kam es immer mehr zur gegenseitigen Ausgrenzung und Trennung. Spuren jenes Streites kann man in den Evangelien, in der Apostelgeschichte (Apg 21,18–23,35) und in den Paulusbriefen nachlesen.

Die Folgen dieser unglücklichen und traurigen Feindschaft sind nahezu endlos geworden. Sie reichen durch alle Jahrhunderte – bis in unsere Tage.

63 v. Chr. war das Land Israel dem römischen Weltreich einverleibt worden. Trotz heftigen Widerstands gegen die verhassten Römer, die das Land besetzten, wurde im Jahre 70 n. Chr. der Tempel zerstört. Nur die Westmauer des Tempels, die Klagemauer, ist als einziger Überrest stehengeblieben.
Ein zweiter Versuch im Jahre 135 n. Chr., die Römer loszuwerden, scheiterte ebenfalls. Der Aufstand wurde grausam niedergeschlagen und Jerusalem wurde völlig zerstört.
Die Juden hatten damit keine eigene Hauptstadt und keinen Tempel mehr, aber sie waren nach wie vor das Volk der Juden. Viele Juden wurden in die Verbannung getrieben und lebten von da an weltweit zerstreut. Dennoch hielten sie an ihrem Glauben fest, gründeten neue Gemeinden, bauten Synagogen und bildeten neue Zentren jüdischen Lebens, in denen sie in der Tradition ihrer Vorfahren lebten und bis heute leben.

Auf dem Titusbogen in Rom (81 n. Chr.) ist der Triumphzug des Kaisers Titus abgebildet. Titus führt gefangene Juden und die gesamten Tempelgeräte mit.

Judenverfolgung über die Jahrhunderte

In den späteren Jahrhunderten geriet die ursprüngliche Glaubensverwandtschaft zwischen Juden und Christen immer mehr in Vergessenheit und die Christen wandten sich gegen die Juden und verfolgten sie. Gründe für ihren Hass gegen die Juden waren u. a.

- der Glaube der Juden, das auserwählte Volk zu sein, durch den die Christen sich abgewertet fühlten,
- die ungewohnten Bräuche der Juden, z. B. die Speisegebote, die auf die Christen befremdlich wirkten,
- der Neid auf den wirtschaftlichen Erfolg der Juden, die sich oftmals auf Geldgeschäfte spezialisierten, da ihnen die Ausübung von Handwerksberufen verboten war.

Diese und andere Motive führten im Laufe der Zeit immer wieder zu Neid und Hass und dazu, dass die Juden zu Sündenböcken für gesellschaftliche Probleme gemacht wurden. Den Nährboden für Schuldzuweisungen boten dabei auch angeblich typisch jüdische Charaktereigenschaften. So wurden Juden z. B. beschuldigt, listig, betrügerisch und egoistisch zu sein. Man beschimpfte sie als „Gottesmörder", die Jesus ans Kreuz geschlagen hatten und warf ihnen vor, die Eucharistie zu schänden. Die Folge dessen waren Gewalttaten wie Diskriminierung, Unterdrückung und Vertreibung von Juden. Auch die Kirche war daran beteiligt, z. B. durch kirchenrechtliche Verordnungen, die sich gegen die Juden richteten.
Mit dem Nationalsozialismus begann ab 1933 in Deutschland eine Judenverfolgung unvorstellbaren Ausmaßes. Innerhalb weniger Jahre wurden mehr als 6 Millionen Juden grausam ermordet.

Juden auf dem Scheiterhaufen.
Holzschnitt aus der Schedelschen Weltchronik, 1493

Die Statuen Ecclesia und Synagoga stehen für das mittelalterliche Verhältnis zwischen Christentum und Judentum.

1. Es gibt noch mehr Begründungen, die im Laufe der Geschichte angeführt wurden, um Juden zu verunglimpfen. Recherchiere.
2. An der Kathedrale Notre Dame de Paris (siehe Bild oben) befinden sich zwei Figuren aus dem 13. Jahrhundert: die Ecclesia und die Synagoga. Beachte ihre Körperhaltung und die Gegenstände, die sie tragen. Beschreibe anschließend, wie der Künstler das Verhältnis zwischen der Kirche und den Juden sah.
3. Auch heute kommt es immer wieder zu judenfeindlichen Straftaten in Deutschland. Sammelt Zeitungsausschnitte und arbeitet daraus Gründe für ein solches Verhalten heraus.

Die Kirche in der NS-Zeit

Nach der Machtübernahme Hitlers 1933 war die Kirche in einer schwierigen Position. Einerseits hatte sie die NS-Weltanschauung schon einige Jahre vorher verurteilt, andererseits schuldete man auch der neuen Reichsregierung nach traditioneller Auffassung den staatsbürgerlichen Gehorsam (vgl. Röm 13). Vielen Deutschen erschien der neue Reichskanzler als christlich-nationale Integrationsfigur, die für „Ruhe und Ordnung" sorgte. Die deutschen Bischöfe hatten nach Hitlers kirchenpolitischem Entgegenkommen (Regierungserklärung vom 23. März 1933) bereits am 28. März 1933 ihre allgemeinen Verbote und Warnungen vor der NSDAP zurückgezogen, gleichwohl aber an der Verurteilung der nationalsozialistischen Weltanschauung festgehalten. Am 20. Juli 1933 kam es zur Unterzeichnung des Reichskonkordats zwischen der Reichsregierung und dem Heiligen Stuhl.

Unterzeichnung des Reichskonkordats

Entscheidend für das Zustandekommen des Reichskonkordats war die Hoffnung der Nationalsozialisten, auf diese Weise internationales Prestige zu gewinnen. Doch schon kurz nach der Unterzeichnung des Abkommens brach Streit über die Auslegung der getroffenen Vereinbarungen aus. Hitler hielt sich in keiner Weise daran. Die katholische Pressearbeit wurde zuerst eingeschränkt und schließlich ganz verboten. Ähnlich verfuhr man mit den kirchlichen Vereinen und Gruppen. So wurde die Kirche Schritt für Schritt aus der Öffentlichkeit verdrängt. Das kirchliche Leben entwickelte sich immer mehr zu einem „Sakristeichristentum".
Die Nichteinhaltung des Reichskonkordats durch die Nationalsozialisten veranlasste 1937 Papst Pius XI. zur Abfassung der Enzyklika „Mit brennender Sorge". Die deutschsprachige (!) Enzyklika wurde heimlich verbreitet und am 21. März 1937 im ganzen Deutschen Reich von der Kanzel verlesen. Der Papst rechnete darin nicht nur mit der Kirchenpolitik des NS-Staates ab, sondern auch mit dessen ideologischen Grundlagen: „Wer die Rasse oder das Volk oder den Staat oder die Staatsform (...) vergöttert, der verkehrt und fälscht die Gott geschaffene (...) Ordnung der Dinge." Während der Zeit der großen außenpolitischen Erfolge wurde es für die Kirche immer schwerer, Widerstand zu leisten, da das Ansehen der Nationalsozialisten in der Öffentlichkeit und sogar beim hohen Klerus stark gestiegen war.
Die meisten Katholiken versuchten sich mit dem NS-Regime zu arrangieren und hoben seine vermeintlich positiven Seiten hervor. Nach dem Anschluss Österreichs (1938) erhielt Hitler ein überschwängliches Glückwunschtelegramm der Bischöfe.
Als Hitler im September 1939 den 2. Weltkrieg begonnen hatte, wollte er eine Auseinandersetzung mit der Kirche vermeiden und verkündete deshalb für die Dauer des Krieges eine Art „Burgfrieden". Doch auch diesen hielt er nicht ein: Viele Klöster und kirchliche Einrichtungen wurden beschlagnahmt, Wallfahrten und kirchliche Presse verboten, kirchliche Feiertage abgeschafft, konfessionelle Kindergärten geschlossen, Geistliche wurden überwacht, verhaftet und in Konzentrationslager gebracht. Einer von ihnen war der Jesuitenpater Alfred Delp.

Widerstand gegen den Nationalsozialismus: Alfred Delp

Alfred Delp wurde am 15. September 1907 in Mannheim geboren. Nach dem Abitur trat er 1926 in den Jesuitenorden ein. Nach seiner theologischen Ausbildung wurde er Priester und Mitarbeiter der Zeitschrift „Stimmen der Zeit". Als diese verboten wurde, wirkte er ab 1939 in der Pfarrei Sankt Georg in München. Seine Predigten, die die nationalsozialistische Regierung in Frage stellten, wurden heimlich vervielfältigt und weitergereicht. Anders als viele christliche Widerständler damals protestierte Alfred Delp nicht nur, wenn es um kirchliche Belange ging. Er ermutigte z.B. Schüler und Mütter, in mehreren Münchner Schulen die von den Nationalsozialisten verbotenen Kreuze wieder aufzuhängen. Von der Kirchenleitung erhielt er dabei allerdings keine Unterstützung. Diese setzte mehr auf „geheimen Protest" und „stille Hilfe". Diese wurde auch bezüglich der verfolgten Juden praktiziert.
Alfred Delp versuchte auch, verfolgten Juden zu helfen, indem er einige versteckte, ihnen Geld und Lebensmittelkarten zukommen ließ oder bei der Flucht half.
Im Frühjahr 1942 knüpfte er erste Kontakte zum Kreisauer Kreis um Helmut Graf von Moltke, einer neu entstandenen Widerstandsgruppe gegen die nationalsozialistische Diktatur in Deutschland.
Es kam, wie es kommen musste: Am 28. Juli 1944 wurde Alfred Delp von zwei Gestapo-Männern verhaftet. In seinem Notizbuch fand sich der Name des Hitler-Attentäters Graf Claus Schenck von Stauffenberg. So wurde er verdächtigt, an der Vorbereitung des Attentats vom 20. Juli 1944 beteiligt gewesen zu sein.
Am 11. Januar 1945 verkündete der oberste Blutrichter des Dritten Reiches, Roland Freisler, das Todesurteil gegen Delp und seine Freunde aus dem Kreisauer Kreis.
Am 2. Februar 1945 starb Alfred Delp im Alter von 37 Jahren am Galgen der Hinrichtungsstätte Berlin-Plötzensee. Er lebte und starb für ein neues und besseres Deutschland. „Es sollen einmal andere besser und glücklicher leben dürfen, weil wir gestorben sind", heißt es in seinen Aufzeichnungen.

Alfred Delp vor dem Volksgerichtshof, 1945

1. Zwischen Zustimmung und aktivem Widerstand: Beschreibe die Rolle der Kirche in der Zeit des Nationalsozialismus.
2. Berichte mit eigenen Worten über das Leben und Wirken von Alfred Delp und nimm Stellung zu seiner Person.
3. Neben Alfred Delp gab es noch weitere mutige Menschen, die sich gegen die NS-Diktatur gewandt und für die Juden in Deutschland engagiert haben. Sammelt gemeinsam Beispiele, recherchiert Informationen dazu und präsentiert in Kleingruppen die Personen in der Klasse (vgl. Methode „Internetrecherche" S. 169).

Wege der Versöhnung und Verständigung

„Auschwitz stellt uns Christen vor die Frage, wie wir zu den Juden stehen und ob unser Verhältnis zu ihnen dem Geist Jesu entspricht. Antisemitismus ist eine ‚Sünde gegen Gott und die Menschheit', wie Papst Johannes Paul II. mehrfach gesagt hat. In der Kirche darf es keinen Platz und keine Zustimmung für Judenfeindschaft geben. Christen dürfen keinen Widerwillen, keine Abneigung und erst recht keinen Hass gegen Juden und Judentum hegen. Wo sich eine solche Haltung kundtut, besteht die Pflicht zu öffentlichem und ausdrücklichem Widerstand.
Die Kirche achtet die Eigenständigkeit des Judentums. Zugleich muss sie neu lernen, dass sie aus Israel stammt und mit seinem Erbe in Glaube, Ethos und Liturgie verbunden bleibt.
Wo es möglich ist, sollen christliche und jüdische Gemeinden Kontakt miteinander pflegen.
Wir müssen alles tun, damit Juden und Christen in unserem Land als gute Nachbarn miteinander leben können."

(Aus dem Wort der deutschen Bischöfe an alle Christen aus Anlass des 50. Jahrestages der Befreiung des Vernichtungslagers Auschwitz am 27. Januar 1995)

Papst Johannes Paul II. betet an der Klagemauer.

Das Judentum ist die Wurzel des Christentums – weil Jesus Jude war, dürfen wir nie vergessen, dass der Beginn des Christentums im Judentum liegt und wir dadurch viele Gemeinsamkeiten zwischen den beiden Religionen entdecken können.
In der zweitausendjährigen Geschichte seit Bestehen des Christentums war das oft in Vergessenheit geraten und hatte schlimme Folgen, besonders für die Juden. Lange Zeit tolerierte die Kirche nicht das Judentum als eigenständig neben dem Christentum weiter existierende Religion. Erst mit Zweiten Vatikanischen Konzil änderte sich diese Sichtweise:

„Wie die Schrift bezeugt, hat Jerusalem die Zeit seiner Heimsuchung nicht erkannt, und ein großer Teil der Juden hat das Evangelium nicht angenommen, ja nicht wenige haben sich seiner Ausbreitung widersetzt. Nichtsdestoweniger sind die Juden nach dem Zeugnis der Apostel immer noch von Gott geliebt um der Väter willen; sind doch seine Gnadengaben und seine Berufung unwiderruflich. (...) Gewiss ist die Kirche das neue Volk Gottes, trotzdem darf man die Juden nicht als von Gott verworfen oder verflucht darstellen, als wäre dies aus der Heiligen Schrift zu folgern."

Nostra Aetate, 4

Doch auch heute werden Juden angefeindet und beschimpft. Immer wieder werden jüdische Friedhöfe mit Schmierereien verunstaltet oder Grabsteine umgeworfen. Trotz der furchtbaren Geschichte der Juden während der Zeit des Nationalsozialismus geben Menschen judenfeindliche Äußerungen von sich oder verüben sogar Anschläge auf jüdische Einrichtungen. Synagogen und Gemeindehäuser stehen oft unter polizeilichem Schutz und können nicht ohne Weiteres besucht werden.
Das zeigt, wie wichtig Verständigung ist.

Papst Benedikt XIV. besuchte im Jahr 2009 Israel. Er betete auch an der Klagemauer in Jerusalem um Frieden für das Land Israel und die Welt. Sein Vorgänger, Papst Johannes Paul II., besuchte Israel im Jahr 2000 und bat an der Klagemauer stellvertretend für die ganze römisch-katholische Kirche das jüdische Volk um Verzeihung:

„Wir sind zutiefst betrübt über das Verhalten aller, die im Laufe der Geschichte deine Söhne und Töchter leiden ließen. Wir bitten um Verzeihung und wollen uns dafür einsetzen, dass echte Brüderlichkeit mit dem Volk des Bundes herrsche."

Auch in Deutschland bemühen sich christliche Gemeinden um Kontakte und Verständigung mit jüdischen Gemeinden:

- Gemeinden pflegen alte jüdische Friedhöfe.
- Synagogen laden zum Tag der offenen Tür ein.

Innenraum einer Synagoge

Jüdischer Friedhof

- Es gibt Veranstaltungen zur Aufklärung über Verfolgung in der Vergangenheit, um eine Wiederholung zu verhindern.
- Schulklassen besuchen Gedächtnisstätten.
- Junge Christen und jüdische Jugendliche verbringen eine bestimmte Zeit miteinander, um sich kennenzulernen und gemeinsam etwas zu unternehmen.
- Christliche Gemeinden unterhalten Partnerschaften mit jüdischen Gemeinden im Ausland.
- Junge Deutsche leisten ihren Zivildienst in Einrichtungen in Israel.

1. Papst Johannes Paul II. steht vor der Klagemauer. Was will er damit zum Ausdruck bringen? Notiert euch Stichworte und diskutiert in der Klasse (vgl. Methode „Pro- und Kontra-Streitgespräch" S. 184).
2. Immer wieder werden jüdische Bürger bedroht oder jüdische Gedenkstätten zerstört. Tragt Möglichkeiten zusammen, wie diesem Verhalten entgegen getreten werden kann.
3. Erkundigt euch, ob es in eurer Nähe einen jüdischen Friedhof gibt, besucht ihn in einem Lerngang und überlegt anschließend, ob und wie ihr bei seiner Pflege mithelfen könntet.

Jesus – Schnittpunkt zwischen Juden und Christen

Als Daniel wieder einmal bei Peter zu Besuch ist, liegt auf Peters Schreibtisch das Religionsbuch aufgeschlagen. Daniels Blick bleibt auf dem Bild „Die weiße Kreuzigung“ von Marc Chagall hängen.

Marc Chagall: Die weiße Kreuzigung, 1938.

Daniel: „Peter, das wundert mich, dass in deinem katholischen Reli-Buch Jesus als Jude dargestellt ist.“

Peter: „Du kommst genau richtig. Wir sollen rauskriegen, was Christen und Juden miteinander verbindet, aber auch, was die Unterschiede zwischen diesen beiden Religionen ausmacht.“

Daniel: „Interessant! Aber so genau kenne ich mich auch nicht aus.“

Peter: „Ich habe da eine Idee! Im Nachbarhaus ist kürzlich ein Theologieprofessor eingezogen. Der müsste doch Bescheid wissen. Den besuchen wir mal zusammen und dann fragen wir ihn richtig aus!“

Peter ruft Professor Simon an. Schon am nächsten Nachmittag sind die beiden Freunde bei ihm eingeladen. Herr Simon ist freundlich und deshalb legen die Jungen ihre anfängliche Scheu schnell ab. Schon fragen sie drauflos.

Peter: „War Jesus eigentlich Christ oder Jude?“

Prof. Simon: „Auch wenn viele Christen es gar nicht glauben können: Jesus war mit Leib und Seele Jude. Das kann man an vielen Stellen im Neuen Testament nachlesen. Seine Eltern feierten mit ihm die jüdischen Feste und gingen mit ihm in die Synagoge. Es wird davon erzählt, dass Jesus als zwölfjähriger Junge am Pessachfest in Jerusalem teilnahm. Das bedeutet, der jüdische Glaube und die Heiligen Schriften der Juden waren für Jesu Denken, Fühlen und Handeln grundlegend. Jesus las aus den jüdischen Schriften vor und erklärte sie den Menschen.“

Peter: „Dann ist es ja kein Wunder, dass wir immer wieder aufs Judentum zu sprechen kommen.“

Prof. Simon: „Richtig! Grundlage der Botschaft Jesu war und ist die Heilige Schrift der Juden und somit ist diese auch die Heilige Schrift der Christen, das Erste Testament oder wie wir Christen häufiger sagen, das Alte Testament. Also kann die Bibel zur Brücke werden, auf der sich Christen und Juden begegnen.“

Daniel: „Gilt bei uns Juden Jesus nicht als Prophet?“

Prof. Simon: „Ja, aber nur als einer von vielen andern. Für Christen aber ist Jesus der von Gott auferweckte Christus, der lange erwartete Messias, der den Gott Israels zum Gott aller Völker gemacht hat.“

Daniel: „Auf den von den Propheten verheißenen Messias warten wir Juden noch immer!“

Prof. Simon: „Richtig! Er soll das ganze Volk Israel von Unterdrückung befreien."

Peter (zeigt das Bild von Chagall): „Ein bisschen besser verstehe ich das Bild jetzt."

Prof. Simon: „Der Maler, der selbst Jude war, zeigt den gekreuzigten Jesus als Juden, der mit Kopfbedeckung und Tallit am Kreuz stirbt, wie bei einem Gottesdienst. Durch ihn können sich Christen und Juden besser verstehen und sich als Verwandte erkennen, auch wenn sie verschiedener Meinung sind über seine Bedeutung."

Daniel: „Ich habe immer mehr den Eindruck, dass uns vieles miteinander verbindet."

Prof. Simon: „Da hast du Recht. Entscheidend ist, dass wir alle an den einen Gott JHWH glauben, der die Welt erschaffen hat. Abraham ist unser gemeinsamer Vater im Glauben. Auch die Befreiung Israels aus Ägypten feiern wir gemeinsam als Heilstat Gottes."

Peter: „Und die Zehn Gebote?"

Prof. Simon: „Für Juden wie auch für Christen gelten die Zehn Gebote als Richtschnur und Wegweisung des Lebens. Besonders aber das Gebot der Gottes- und Nächstenliebe greift Jesus aus der hebräischen Bibel auf und macht es zum höchsten Gebot für uns Christen."

Daniel: „Was macht dann den Unterschied aus?"

Prof. Simon: „Tatsächlich ist es so, dass Jesus von Nazaret unsere beiden Religionen gleichzeitig eint und trennt. Jesus wird oft der ‚Schnittpunkt' beider Religionen genannt, der zum Eckstein wird, auf dem sich das Christentum aufbaut."

1. Dass Jesus Jude war, kann Juden und Christen helfen, sich gegenseitig zu achten und zu verstehen. Tausche dich mit deinem Nachbarn darüber aus.
2. Schlage die Bibelstellen aus der Zeichnung nach. Male den Baum in dein Heft, schreibe ein Stichwort zu den jeweiligen Stellen und verbinde die sich entsprechenden Stellen aus dem Alten Testament und dem Neuen Testament mit Farbstiften.
3. Lies Röm 11,13–24. Paulus sagt hier mithilfe des Bildes von zwei Ölbäumen etwas über das Verhältnis zwischen Juden und Christen aus. Entschlüssle das Sprachbild, indem du erläuterst, wofür die beiden Bäume stehen, und erkläre anschließend, was Paulus deutlich machen möchte. Du kannst auch den Text aus Nostra Aetate von S. 102 zur Hilfe nehmen.

Kennst du dich aus?

1. Versteigerung

Könnt ihr euch noch an alle Begriffe und Erklärungen erinnern? Testet euer Wissen!

1. Ihr braucht:
   - verschiedenfarbige Glassteine, die verschiedene Werte haben.
     rote Steine – 20 Punkte
     blaue Steine – 10 Punkte
     grüne Steine – 5 Punkte
     gelbe Steine – 1 Punkt
   - je nach Klassenstärke ca. 12 Wortkärtchen mit Begriffen aus dem Judentum. Die Begriffe werden im Laufe des Spiels von euch ersteigert.
   - einen Auktionator, der die Versteigerung leitet.

2. So verläuft die Versteigerung:
   - Ihr teilt euch in vier Gruppen auf.
   - Jede Gruppe erhält Glassteine im Wert von 250 Punkten.
   - Der Auktionator nennt einen Begriff, der nun ersteigert wird.
   - Die Gruppe, die den höchsten Betrag bietet, erhält den Begriff.

3. Kann jede Gruppe die ersteigerten Begriffe erklären?
   - Der Auktionator ruft nun die ersteigerten Begriffe auf und verlangt von den „Käufern" die richtige Erklärung.
   - Ist die Erklärung richtig, darf die Gruppe den Begriff behalten.
   - Ist die Erklärung falsch, erhält der Auktionator den Begriff zurück.
   - Die Gruppe, die die meisten Begriffe richtig erklärt hat, hat gewonnen.
   - Wenn noch ausreichend Zeit ist, können in einer neuen Runde die falsch beantworteten Fragen versteigert werden.

2. Stadtralley

Veranstaltet eine Stadtralley zum Thema „Jüdisches Leben in unserer Stadt". Findet heraus:
Gibt es jüdische Einrichtungen wie Schule, Synagoge, Friedhof, ...?
Gibt es Straßennamen, die an Juden erinnern?
Wie viele Juden lebten vor der Verfolgung durch die Nationalsozialisten hier?
Leben heute Juden hier?

3. Tagebucheintrag

Sicher beschäftigen dich noch viele Gedanken zur Verfolgung der Juden in der Geschichte und besonders der Zeit des Nationalsozialismus.
Gestalte einen persönlichen Tagebucheintrag dazu in deinem Heft, in dem du deine Empfindungen ausdrückst. Du kannst schreiben, kleben oder malen (vgl. Methode „Tagebucheintrag" S. 175).

4. Gebet

Der Dialog zwischen Juden und Christen ist ein wichtiges Anliegen, da sie eine gemeinsame Wurzel verbindet, deren Vergessen in der Geschichte viel Unglück mit sich gebracht hat. Formuliert ein Gebet, welches Juden und Christen gemeinsam beten könnten (vgl. Methode „Gebet verfassen" S. 171).

4. Jesus von Nazaret – die Nähe des Reiches Gottes erfahren

Das Reich Gottes ist mitten unter euch.
Lk 17,21

Es (das Reich Gottes) ist wie ein Senfkorn, das ein Mann in seinem Garten in die Erde steckte; (...)
Lk 13,19

Denn ich war hungrig, und ihr habt mir zu essen gegeben; (...) ich war fremd und obdachlos und ihr habt mich aufgenommen;
Mt 25,35

Die Zeit ist erfüllt, das Reich Gottes ist nahe. Kehrt um und glaubt an das Evangelium.
Mk 1,15

Selig, die arm sind vor Gott, denn ihnen gehört das Himmelreich.
Mt 5,3

Die Saat ging auf und wuchs empor und trug dreißigfach, ja sechzigfach und hundertfach.
Mk 4,8

Georges Ronault: Head of Christ, 1937.

1. Betrachte das Bild „Head of Christ" von Georges Ronault. Wenn Christus die Nähe des Reiches Gottes erfahren lässt, um welche Art von „Reich" wird es sich vermutlich handeln? Sammle mögliche Kennzeichen dieses Reiches.

2. Jesus zeigt den Menschen durch seine Worte und Taten die Nähe des Reiches Gottes. Lies die Bibelzitate. Wo ist das Reich Gottes erfahrbar und wirksam?

Der Jude Jesus und seine Botschaft

Wie lebte Jesus seinen Glauben?

Christen glauben an Jesus Christus und benennen sich nach ihm:
Christus → Christen
Der Name „Christus" ist griechisch und in der Bedeutung identisch

- mit dem hebräischen Wort „Messias".
- mit dem deutschen Wort „Gesalbter".

Im Alten Testament wurden wichtige Menschen wie Könige, Propheten und Hohepriester gesalbt, wenn sie in ihr Amt eingesetzt wurden. In der Spätzeit des Alten Testaments erwartete man den Gesalbten (Messias) als Erlöser, durch den allen Menschen Heil und Gerechtigkeit zuteil werden sollte. Die ersten Jünger erkannten in Jesus den erwarteten Erlöser. Deshalb nannten sie ihn „Christus".

Ist Jesus dann auch ein Christ? Nein! Er wurde als Kind jüdischer Eltern geboren, ist in der Religion seiner Eltern aufgewachsen und hat sich selbst dem Volk der Juden zugerechnet.

Religion prägt das Leben derer, die sich zu ihr bekennen. Das gilt für Christen, aber auch für Juden. Religion hat, wenn sie ernst genommen wird, Einfluss auf den Alltag und auf festliche Zeiten. Sie gibt der Zeit eine Struktur, gliedert den Tag, die Woche und den Jahreslauf durch Gebetszeiten und Feste. Sie vermittelt in ihren heiligen Schriften Weisungen Gottes. Sie gibt Orientierung, welcher Weg zu Gott führt und woran man sein Leben ausrichten kann. Gemeinsame Riten festigen den Glauben und fügen die Gläubigen zu einer Gemeinschaft zusammen.

1. Das Bild von Jesus stammt aus dem Film „Jesus von Nazareth" von Franco Zeffirelli und William Barclay. Erläutere, ob es deiner Vorstellung von Jesus entspricht.
2. Greife die Stichworte rund um das Jesus-Bild auf und erweitere sie zu einer Mindmap über den Juden Jesus. Ergänze die Stichworte mithilfe deines Wissens über das Judentum und Jesus (vgl. Methode „Mindmap" S. 170).
3. Erstelle eine Mindmap über dich und dein Christsein. Schreibe „Ich als Christ" in die Mitte und gruppiere alles, was für dich zum Christsein gehört, um diesen Mittelpunkt (vgl. Methode „Mindmap" S. 170).
4. Besprecht in Kleingruppen Unterschiede und Gemeinsamkeiten zwischen der Mindmap zu deinem Christsein und der über Jesus, den Juden.

Jesus wird nach jüdischem Brauch beschnitten

Als acht Tage vorüber waren und das Kind beschnitten werden sollte, gab man ihm den Namen Jesus, den der Engel genannt hatte, noch ehe das Kind im Schoß seiner Mutter empfangen wurde.
Dann kam für sie der Tag der vom Gesetz des Mose vorgeschriebenen Reinigung. Sie brachten das Kind nach Jerusalem hinaus, um es dem Herrn zu weihen, gemäß dem Gesetz des Herrn, in dem es heißt: Jede männliche Erstgeburt soll dem Herrn geweiht sein. Auch wollten sie ihr Opfer darbringen, wie es das Gesetz des Herrn vorschreibt: ein Paar Turteltauben oder zwei junge Tauben. (...) Als seine Eltern alles getan hatten, was das Gesetz des Herrn vorschreibt, kehrten sie nach Galiläa in ihre Stadt Nazaret zurück. Das Kind wuchs heran und wurde kräftig; Gott erfüllte es mit Weisheit und seine Gnade ruhte auf ihm.

Lk 2,21–24.39–40

Rembrandt: Simeons Prophezeiung an Maria, um 1628.

Wie bei allen jüdischen Jungen wird auch bei Jesus am achten Tag die Beschneidung vorgenommen. Dieser alte Brauch geht nach dem Zeugnis der Schriften des Alten Testaments auf den Bund zurück, den Gott mit Abraham geschlossen hat. Seither ist die Beschneidung der männlichen Nachkommen ein Zeichen für den Bund, den Gott mit Abraham und seinen Nachkommen eingegangen ist.
Nach der Beschneidung wird erstmals der hebräische Name des Kindes verkündet. Maria und Josef geben ihrem Kind den Namen Jesus. Die Bibel begründet dies damit, dass der Engel Gabriel Maria die Geburt ihres Kindes verheißen und ihr aufgetragen hat, das Kind Jesus zu nennen. Dabei weiß der Evangelist Lukas aber, dass die Erscheinung des Engels keine historische Tatsache ist, sondern eine religiöse Deutung von übernatürlichen Erfahrungen Marias, die niemand anders äußerlich sehen kann. Er will vielmehr dem Leser seines Evangeliums verdeutlichen: Jesus ist etwas Besonderes.
Auf der Ebene des Historischen liegt dann wieder die Erzählung, dass sich die Eltern Jesu an die Reinheitsvorschriften halten, die für die Juden verpflichtend sind: Gesetzestreu vollzieht Maria Riten, die für eine Frau nach der Geburt eines Kindes vorgeschrieben sind. Vierzig Tage nach der Geburt bringt sie deshalb ein Opfer im Tempel dar.
Der Evangelist Lukas erzählt von der Begegnung der heiligen Familie mit dem frommen Simeon und der Prophetin Hanna im Tempel. Beide weisen in ihren prophetischen Worten auf die überragende Bedeutung hin, die dem Kind Jesus später zukommen wird.

1. Welche Bedeutung hat die Beschneidung für einen Juden? Informiere dich, indem du im Kapitel „Die Juden – unsere älteren Geschwister im Glauben“ nachliest.
2. Welche Riten sind für eine jüdische Frau nach der Geburt ihres Kindes vorgeschrieben? Informiere dich in Lev 12,1–8.
3. Lies Lk 2,21–40. Welche Hinweise auf die spätere Bedeutung Jesu findest du?
4. Wie bist du Christ geworden? Frage deine Eltern, welche Riten deine Aufnahme in die Kirche begleitet haben. Bringe Fotos mit. Erzählt euch gegenseitig in der Klasse davon.

Jesus bringt Menschen zum Staunen

Mit 12 Jahren näherte sich Jesus seiner religiösen Volljährigkeit, denn mit 13 Jahren sollte er ein „Bar Mizwa", ein Sohn des Gesetzes werden und dann vollgültig der Gemeinde Israel angehören. In der Geschichte vom Besuch Jesu im Tempel von Jerusalem fiel der 12-jährige Jesus durch sein verständiges Verhalten und sein Wissen auf. Er saß mitten unter den Lehrern, den Rabbinern, und verfolgte den Verlauf ihrer Gespräche. Sie legten die Tora aus. Den Fragen Jesu konnte man entnehmen, dass er begriff, worum es ging. Alle staunten über sein Verständnis und das, was er sagte.

1. Lies den biblischen Text Lk 2,41–52. Betrachte das Bild von Max Liebermann in Ruhe und sehr genau. Überlege dir, was die auf dem Bild dargestellten Personen gesagt haben könnten (vgl. Methode „Bildbetrachtung" S. 171).

Max Liebermann: Der zwölfjährige Jesus im Tempel unter den Schriftgelehrten, 1879.

Das Gemälde von Max Liebermann

Max Liebermann hat die Szene ganz ähnlich wie im Lukasevangelium überliefert gemalt: sehr menschlich und vor allem sehr jüdisch. Es handelt sich hierbei aber nicht um eine historische Szene, sondern um ein nachösterliches, in die Kindheit Jesu zurückdatiertes Bekenntnis zu Jesus Christus, dem Sohn Gottes.
Als die erste Fassung des Bildes auf einer Münchner Kunstausstellung 1879 zum ersten Mal gezeigt wurde, fanden es viele zu menschlich und sogar gotteslästerlich. Ein jüdischer Maler wagte es, den Jesusknaben nach dem Modell eines Gassenjungen zu malen. Die Haare des Kindes waren strubbelig, sein Gewand schlicht und asymmetrisch. Die realistische Darstellung des Jungen verärgerte das christliche Publikum und erinnerte es daran, dass Jesus aus dem einfachen Volk stammte. Kirchliche Vertreter verlangten – jedoch ohne Erfolg – die Entfernung des „gemeinen“ Bildes. Liebermann zog das Bild aus dem Verkehr und machte aus dem rothaarigen Gassenjungen einen blondgelockten Knaben in besserer Kleidung.

Die Darstellung des Evangelisten Lukas

Der Evangelist Lukas war beim Besuch Jesu im Tempel nicht dabei. Er schrieb sein Evangelium erst ca. 70 Jahre später. Er kann also nicht wissen, ob sich die Ereignisse wirklich so zugetragen haben, wie berichtet wurde. Dennoch ist es ihm wichtig, die Geschichte vom Tempelbesuch des 12-jährigen Jesus in sein Evangelium aufzunehmen. Lukas wendet den Blick mit dem Wissen um Jesu Tod und Auferstehung zurück auf Jesu Kindheit. Er möchte zeigen, dass Jesus von Anfang an eine besondere Person war: Bereits das Kind Jesus steht in einer besonderen Gottesbeziehung. In ihm erfüllen sich Hoffnungen, die die Menschen damals mit dem Kommen des Messias verbunden haben. Für den Evangelisten Lukas war klar: Dies ist der lang ersehnte Gesalbte, der Christus. Dies ist ein Lehrer, dem die Menschen vertrauen und folgen können. Er ist der Sohn Gottes.

Im Lukasevangelium wird berichtet, was nach dem Tempelauftritt Jesu weiter geschah: Jesus kehrte mit seinen Eltern nach Nazaret zurück und war ihnen gehorsam. Er ging also auch weiterhin in die Synagoge und lernte die Heilige Schrift noch besser kennen. In einer jüdischen Familie bedeutete gehorsam zu sein nämlich nicht einfach nur brav zu sein, sondern auch das fleißige Studium der Tora und das genaue Kennen der jüdischen Gesetze.

1. Wie nimmst du die auf dem Bild dargestellte Situation wahr? Beschreibe.
2. Interpretiere das Bild.
3. Verfasse ein Interview mit dem Evangelisten Lukas. Kläre darin die Frage, was dem Evangelisten an Jesus besonders wichtig ist (vgl. Methode „Zeitungsinterview“ S. 174).
4. Das Lukasevangelium nennt Stichworte, die für das Leben frommer Juden wichtig waren:
   Pessachfest Festbrauch Jerusalem
   Formuliere zu diesen Stichworten Fragen. Suche die Antworten auf deine Fragen im Kapitel „Die Juden – unsere älteren Geschwister im Glauben“ und auf den nächsten Seiten.

Jesus im Tempel von Jerusalem

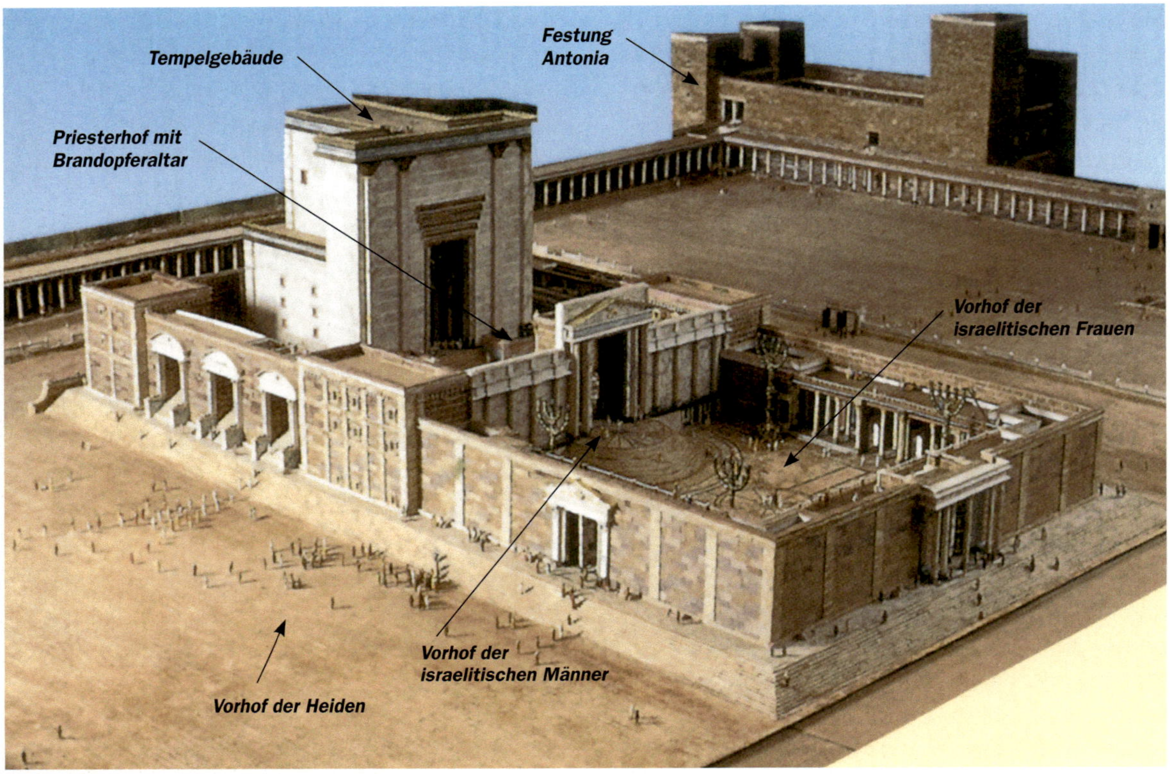

Der Tempel in Jerusalem zur Zeit Jesu

Als Jesus begann, öffentlich aufzutreten und seine Frohbotschaft zu verkünden, tat er dies zunächst in seiner Heimat Galiläa. Dann aber wandte er sich der Hauptstadt zu und zog nach Jerusalem hinauf. Das hatte seinen Grund: Bereits 1000 v. Chr. erhob König David Jerusalem zur Hauptstadt seines Reiches.
Seither hat diese Stadt für das Judentum eine herausragende Stellung eingenommen. Davids Sohn, König Salomo, ließ um 965 v. Chr. dort den ersten Tempel bauen. Bis zur Zerstörung des Tempels im Jahr 70 fanden dreimal jährlich Pilgerfahrten dorthin statt.

Mittelpunkt des Tempels war das Allerheiligste mit der Bundeslade und den steinernen Gesetzestafeln mit den Zehn Geboten, die Mose von Gott erhalten hatte.
Außerdem gab es einen großen Opferaltar, auf dem Tieropfer dargebracht wurden.

Als der Tempel 586 v. Chr. von den Babyloniern zerstört wurde, empfand das Volk dies als Katastrophe. Bei der Plünderung durch die Babylonier verschwanden große Teile des jüdischen Tempelschatzes, darunter auch die Bundeslade.
Es dauerte 60 Jahre, bis ihnen der Perserkönig Kyrus, unter dessen Herrschaft die Israeliten inzwischen lebten, erlaubte, den Tempel wieder aufzubauen. Der zweite Tempel wurde 515 v. Chr. fertiggestellt und war in den darauffolgenden Jahrhunderten Mittelpunkt des Kultes.

Fast 500 Jahre später erneuerte König Herodes die Tempelanlage. Ihre Größe wurde dabei fast verdoppelt. An der Nordwestecke des Tempelareals baute Herodes für sich die Festung Antonia, von der aus er direkten Zugang zum Tempel hatte.
Als Jesus nach Jerusalem kam, wurde am Tempel noch gebaut. Dennoch herrschte reges Treiben. Im Vorhof der Heiden konnte Geld in koscheres Tempelgeld gewechselt werden. Nur mit diesem Tempelgeld konnte man im Tempel Opfertiere kaufen oder Spenden tätigen. Händler boten dazu Tiere als Opfergaben an. Den inneren Tempelbezirk durften nur Juden betreten. Er untergliederte sich nochmals in den Vorhof der Frauen und den Vorhof der Israeliten, den nur jüdische Männer betreten durften. Vor dem Tempel befanden sich die Schlachtstätte und der Brandopferaltar. Das Tempelgebäude selber durften nur Priester betreten. Hier befand sich das Heilige: der siebenarmige Leuchter (die Menora) und der Weihrauchaltar. Das Allerheiligste, das vom Heiligen durch einen Vorhang getrennt war, war ein dunkler leerer Raum, den nur der Hohe Priester beim Versöhnungsfest betreten durfte.

Menora (siebenarmiger Leuchter)

Modell des inneren Tempelbezirks

1. Jesus knüpft an eine lange geschichtliche und religiöse Tradition an, indem er den Tempel in Jerusalem aufsucht. Erstelle eine Zeitleiste für die Zeit von 1000 v. Chr. bis in die Zeit Jesu. Trage die wichtigsten Ereignisse zum Tempel von Jerusalem ein.
2. Lies in der Bibel nach, was geschah, als Jesus den Tempel in Jerusalem besuchte: Mk 11,11; Mk 11,15–19; Mk 11,27–28. Vollende den Satz: „Für Jesus ist der Tempel …“
3. Führt ein Schreibgespräch in Kleingruppen durch. Schreibt in die Mitte eines Plakats „Heiliger Ort“. Sammelt Assoziationen dazu (vgl. Methoden „Schreibgespräch“ S. 170 und „Assoziationen sammeln“ S. 169).

Jesu Ankunft in Jerusalem und im Tempel war mehr als das Ende einer Wallfahrt in die Hauptstadt Judäas. Er kam in das Haus seines Vaters und machte dies auch deutlich, indem er auftrat wie der Hausherr. Als er die Händler und Geldwechsler aus dem Vorhof vertrieb, ging es ihm nicht um Vandalismus und Zerstörungswut. Es ging ihm um die Beziehung zu Gott. Er sah die Opfer, die die Menschen im Tempel darbrachten. Er sah, dass sie Geld dafür ausgaben und dass sie sich durch das Einhalten von Riten Nähe zu Gott „erkaufen" wollten. Jesus machte aber klar:
„Das reicht nicht! Es kommt nicht nur auf fromme Gesten an. Es kommt auf das persönliche Verhalten innerhalb und außerhalb des Tempels an. Die dargebrachten Opfer bringen die Gläubigen Gott nicht näher, wenn sie sich im Übrigen egoistisch und rücksichtslos benehmen." Jesus trat vor die Menschen im Tempel und lehrte sie, worauf es ankommt. Die Hohenpriester, Schriftgelehrten und Ältesten kamen, um ihm Fragen zu stellen:

Ein Schriftgelehrter (...) fragte ihn: Welches Gebot ist das erste von allen? Jesus antwortete: Das erste ist: Höre, Israel, der Herr, unser Gott, ist der einzige Herr. Darum sollst du den Herrn, deinen Gott, lieben mit ganzem Herzen und ganzer Seele, mit all deinen Gedanken und all deiner Kraft. Als zweites kommt hinzu: Du sollst deinen Nächsten lieben wie dich selbst. Kein anderes Gebot ist größer als diese beiden. Da sagte der Schriftgelehrte zu ihm: Sehr gut, Meister! Ganz richtig hast du gesagt: Er allein ist der Herr, und es gibt keinen anderen außer ihm, und ihn mit ganzem Herzen, ganzem Verstand und ganzer Kraft zu lieben und den Nächsten zu lieben wie sich selbst, ist weit mehr als alle Brandopfer und anderen Opfer. Jesus sah, dass er mit Verständnis geantwortet hatte, und sagte zu ihm: Du bist nicht fern vom Reich Gottes. Und keiner wagte mehr, Jesus eine Frage zu stellen.

Mk 12,28–34

Mit der Beziehung zu Gott ist es wie mit einer Beziehung zu einem guten Freund. Wenn ich mich nicht um die Beziehung bemühe, verkümmert sie.

1. Wähle aus dem folgenden Kasten Begriffe aus, die für eine gute Beziehung zu einem Freund oder einer Freundin wichtig sind und solche, die helfen, eine intensive Gottesbeziehung zu pflegen.

Zeit
Geduld
Vertrauen
um Verzeihung bitten
miteinander reden
Verabredungen
Gespräche
um Hilfe bitten
zuhören
sich nur im Notfall melden
loben
danken
von sich erzählen

2. Schreibe die beiden Hauptgebote, die Jesus in Mk 12,28–34 nennt, in dein Heft. Zeichne um sie herum Symbole, die verdeutlichen, was die Gebote bedeuten.
3. Pilger, Pharisäer, junge und alte Menschen hören Jesus bei seinem Gespräch mit dem Schriftgelehrten zu. Sogar dieser sagt im Tempel, dass Gottes-, Selbst- und Nächstenliebe „weit mehr als alle Brandopfer und anderen Opfer" seien. Zeichne Sprechblasen und fülle sie mit den Gedanken der Umstehenden. Sind ihre Gedanken zustimmend oder ablehnend (vgl. Methode „Sprechblasen verfassen" S. 175)?

Die Botschaft vom Reich Gottes

Jesus verkündet das Reich Gottes

Nachdem man Johannes ins Gefängnis geworfen hatte, ging Jesus wieder nach Galiläa; er verkündete das Evangelium Gottes und sprach: Die Zeit ist erfüllt, das Reich Gottes ist nahe. Kehrt um, und glaubt an das Evangelium!

Mk 1,14–15

Olaf Hanel

Dieser Satz steht am Beginn des Markusevangeliums, dem ältesten der vier Evangelien. In diesem Satz fasst Markus den Inhalt der Botschaft Jesu zusammen. Er ist eine Art Programm. Was hat Jesus wohl mit diesem Satz gemeint?
Reich Gottes ist für Jesus ein Zustand, in dem Gott den Menschen so nahe ist, dass für jegliche Not, jegliches Leid und den Tod kein Platz mehr ist. Was Jesus verkündet, ist ein von Gott geschenktes Glück, in dem Menschen Geborgenheit und Annahme erfahren. Daher ist es auch kein Wunder, dass Markus diese Botschaft „Evangelium“, d.h. „Gute Nachricht“ nennt.
Die Menschen, die sich von Jesus begeistern ließen, kamen aus allen Schichten, aber es waren in der Mehrheit nicht die Reichen und Mächtigen. Seine engsten Freunde waren einfache Fischer vom See Genezareth.
Was hat die Menschen dazu gebracht, sich Jesus anzuschließen? Es waren vor allem seine Person, seine Frohbotschaft, seine Zeichen und Heilungen.

Wo? Wer? Wann? Wem? Woher?
Wie? Wofür?
Wodurch?

REICH GOTTES

Welche? Wie viel? Wogegen?
Weshalb? Worüber?
Womit? Wieso?

1. Schreibt die Worte „Reich Gottes“ auf ein Plakat. Erstellt eine Fragenlandschaft, indem ihr W-Fragen auf Kärtchen schreibt. Sortiert die Kärtchen nach Zielrichtung und klebt sie um die Worte „Reich Gottes“. Nehmt euch am Ende der Einheit über das Reich Gottes das Plakat noch einmal vor und versucht, die Fragen zu beantworten (vgl. Methoden „Fragelandschaft“ S. 169 und „Plakat gestalten“ S. 173).
2. Setze die Begriffspaare zueinander in Beziehung.
   Reich Gottes – Evangelium,
   Taten Jesu – Botschaft Jesu,
   „Die Zeit ist erfüllt!“ – „Glaubt an das Evangelium!“
3. Betrachte die Karikatur. Erkläre ihre Aussage.

Die Botschaft vom Reich Gottes

Weil die Botschaft vom Reich Gottes als so wunderbar empfunden wurde, wollten es die Menschen damals genauer wissen und fragten: Wie entsteht das Reich Gottes und wie breitet es sich aus? Darauf antwortete Jesus nicht mit einer sachlichen Erklärung, sondern indem er Gleichnisse erzählte, Menschen heilte und verdeutlichte, worauf es im Reich Gottes ankommt.

Durch sein Verhalten zeigte Jesus, dass das Reich Gottes nichts mit Macht oder Gewalt zu tun hat. Es ist auch kein Reich, das für die Schönen und Mächtigen reserviert ist. Gerade die, die sonst in der Gesellschaft Außenseiter sind und am Rand stehen, sind hier willkommen. Dies verdeutlichte Jesus z. B. durch seinen Umgang mit den Zöllnern.

Zöllner waren nicht gerade beliebt. Viele Zöllner, die an den zahlreichen Grenzen saßen, waren dem Hass und der Verachtung der einheimischen Bevölkerung ausgesetzt, denn nicht selten trieben sie durch falsches Wiegen und Umrechnen der verschiedenen Währungen die Zölle in die Höhe. Daher wurden sie als Erpresser und organisierte Wegelagerer angesehen. Außerdem waren sie aus jüdischer Sicht ständig im Zustand der rituellen Unreinheit, da sie für die römische Besatzungsmacht arbeiteten. Dennoch suchte Jesus den Kontakt zu ihnen und gab sie nicht als verloren auf:

Als Jesus weiterging, sah er einen Mann namens Matthäus am Zoll sitzen und sagte zu ihm: Folge mir nach! Da stand Matthäus auf und folgte ihm. Und als Jesus in seinem Haus beim Essen war, kamen viele Zöllner und Sünder und aßen zusammen mit ihm und seinen Jüngern. Als die Pharisäer das sahen, sagten sie zu seinen Jüngern: Wie kann euer Meister zusammen mit Zöllnern und Sündern essen? Er hörte es und sagte: Nicht die Gesunden brauchen den Arzt, sondern die Kranken. (...) Denn ich bin gekommen, um die Sünder zu rufen, nicht die Gerechten.

Mt 9,9–13

Noch andere Fragen werden die Leute Jesus gestellt haben: Wo befindet sich das Reich Gottes? Beim Evangelisten Lukas findet sich ein Satz, der eine Antwort auf diese Frage sein könnte:

Man kann auch nicht sagen: Seht, hier ist das Reich Gottes!, oder: Dort ist es! Denn: Das Reich Gottes ist mitten unter euch.

Lk 17,21

Jesus war überzeugt, dass mit seiner Person und mit seinem Kommen das Reich Gottes beginnt. Diese Überzeugung beruhte auf seiner einzigartigen Beziehung zu Gott. Es gibt ein Wort, das Jesu Nähe zu Gott in besonderer Weise zum Ausdruck bringt. Jesus spricht Gott mit dem Wort „Abba“ (Mk 14,36) an. Abba bedeutet „Papa“ oder „Vati“ und ist ein Kosewort. Jesus ist mit Gott in einzigartiger Weise verbunden. Wenn er vom beginnenden Reich Gottes spricht, dann möchte er alle Menschen in diese tiefe Beziehung zu Gott mit einbeziehen. „Reich Gottes“ ist ein Angebot an alle Menschen, in den Bereich Gottes einzutreten und so geheiligt, ja „vergöttlicht“ zu werden. In der Person Jesu wird dieses bis dahin verborgene Angebot Gottes an die Menschen offenbar. Jesus ist so überzeugt davon, dass Gott Freund aller Menschen werden will, dass er für diese Botschaft von Gott auch noch mit seinem Leben einsteht, als es zum Konflikt um diese Botschaft kommt.

Die Berufung des Zöllners Matthäus

Endlich einer, der sagt:
Selig die Armen!
Und nicht: Wer Geld hat, ist glücklich!

Endlich einer, der sagt:
Liebe deine Feinde!
Und nicht: Nieder mit den Konkurrenten!

Endlich einer, der sagt:
Selig, wenn man euch verfolgt!
Und nicht: Passt euch jeder Lage an!

Endlich einer, der sagt:
Wer an mich glaubt, wird leben!
Und nicht: Was tot ist, ist tot!

Wenn wir das Leben teilen

Text und Musik: Hans Florenz

2. Wenn wir das Blut des Lebens teilen wie den Wein, wenn man erkennt: In uns wird Gott lebendig sein: Kv
3. Wenn wir uns öffnen für den Herrn in dieser Zeit, Wege ihm bahnen, dass er kommt und uns befreit: Kv
4. Wenn erst durch unsern Aufschrei Freiheit sichtbar wird, wenn Gott es ist, der uns in unserm Handeln führt: Kv
5. Wenn wir die Liebe leben, die den Tod bezwingt, glauben an Gottes Reich, das neues Leben bringt: Kv
6. Wenn wir in unsern Liedern loben Jesus Christ, der für uns Menschen starb und auferstanden ist: Kv

1. Überlege, wie die Welt aussehen würde, wenn das Reich Gottes nicht nur anfanghaft da wäre, sondern bereits überall Wirklichkeit geworden wäre. Gestalte dazu eine Collage. Anregungen für eine solche Zukunftsvision gibt dir das Lied „Wenn wir das Leben teilen“.

Mit dem Reich Gottes ist es wie … Das Gleichnis vom Sämann

Ein andermal lehrte Jesus wieder am Ufer des Sees und sehr viele Menschen versammelten sich um ihn. Er stieg deshalb in ein Boot auf dem See und setzte sich; die Leute aber standen am Ufer. Und er sprach lange zu ihnen und lehrte sie in Form von Gleichnissen. Bei dieser Belehrung sagte er zu ihnen: Hört! Ein Sämann ging aufs Feld, um zu säen. Als er säte, fiel ein Teil der Körner auf den Weg und die Vögel kamen und fraßen sie.
Ein anderer Teil fiel auf felsigen Boden, wo es nur wenig Erde gab, und ging sofort auf, weil das Erdreich nicht tief war; als aber die Sonne hochstieg, wurde die Saat versengt und verdorrte, weil sie keine Wurzeln hatte. Wieder ein anderer Teil fiel in die Dornen und die Dornen wuchsen und erstickten die Saat und sie brachte keine Frucht.
Ein anderer Teil schließlich fiel auf guten Boden und brachte Frucht; die Saat ging auf und wuchs empor und trug dreißigfach, ja sechzigfach und hundertfach. Und Jesus sprach: Wer Ohren hat zum Hören, der höre!

Mk 4,1–9

1. Auf welchen Boden fällt die gute Saat? Beschreibe die unterschiedlichen Untergründe mit verschiedenen Adjektiven.
2. Lege eine Tabelle mit zwei Spalten an. Über die eine Spalte schreibst du „Bildhälfte“. Hier trägst du ein, auf welchen Boden die Saat fällt. Verwende dazu auch die Adjektive aus Aufgabe 1. Über die zweite Spalte schreibst du „Sachhälfte“. Sie deutet die Bildhälfte. Hier trägst du ein, was Jesus deiner Meinung nach im Bild der Saat über den Glauben der Menschen und die Aufnahme der Botschaft vom Reich Gottes sagen will.
3. Vergleiche deine Deutung des Gleichnisses mit der Deutung, die der Evangelist Matthäus in sein Evangelium aufgenommen hat: Mt 13,18–23.

Mir ist der Glaube wichtig. Das ist auch der Grund, warum ich in der Jugendgruppe in meiner Gemeinde mitmache und mich für soziale Projekte einsetze.
Ella, 13 Jahre

Dadurch, dass ich an Gott glaube, gewinnt mein Leben an Tiefe. Für Gott zählen nicht nur die besten Klamotten und das neueste Handy. Er ist für mich da.
Nina, 14 Jahre

Vieles, was in der Welt passiert, gefällt mir nicht. Das möchte ich gerne verändern. Ich bin überzeugt: Das geht nur, wenn man weiß, warum und wofür. Ich hole mir Kraft und Orientierung aus der Botschaft Jesu.
Pietro, 13 Jahre

Als ich jünger war, habe ich mir Gott als alten Mann vorgestellt. Das passt irgendwie nicht mehr. Ist es nur mein Bild von Gott, das nicht stimmt? Oder soll ich gleich den ganzen Glauben über Bord werfen?
Noah, 15 Jahre

Meine Zeit ist verplant. Während der Woche muss ich zur Schule, meine Hausaufgaben erledigen, zum Sport, Gitarre üben. Sonntagmorgens gehe ich Fußball spielen. Glauben? Dafür habe keine Zeit.
Dominik, 14 Jahre

Der Jugendgottesdienst neulich war toll. Auch zu Kirchentagen fahre ich gerne. Aber im Alltag spielt das alles keine Rolle. Meine Begeisterung für die Frohe Botschaft versickert dann wieder. Ich vergesse, dass es Gott gibt.
Anna, 14 Jahre

1. Stelle zwischen den Aussagen der Jugendlichen und dem Gleichnis vom Sämann Zusammenhänge her. Welche Aussage könnte von dir sein?
2. Definiere den Begriff „Gleichnis", indem du sinnvolle Sätze aus dem „Wortsalat" formst:
   a) in Bildgeschichten denen Jesus Gleichnisse das abbildet Reich Gottes sind.
   b) Denken eröffnen Jesu Gleichnisse Fühlen Blick einen Hoffen auf und.
   c) in kommt Gleichnisse denen Sprache Sprachereignisse sind zur Gott.
   d) spiegeln Gleichnisse frommen sondern Alltag Geschichten keine sind den.
   e) zeigen der kann Mensch seine oder Existenz gewinnen Gleichnisse verlieren wie.
   f) Gleichnisse Schluss einen haben unbequemen.
   g) Frage beantworten Hörer eine der Gleichnisse kann die stellen eine nur.

Was sind „Gleichnisse"?
Für die Verkündigung seiner Botschaft hat Jesus sehr oft Gleichnisse verwendet.
Ein Gleichnis ist eine besondere Erzählform. Ähnlich wie bei Bildern kann man bei Gleichnissen zwischen dem Vordergrund und dem Hintergrund der Erzählung unterscheiden.
Im Vordergrund wird etwas aus dem Alltagsleben und der Erfahrungswelt der damaligen Zuhörer erzählt. Im Hintergrund ist aber etwas anderes gemeint.
Jesus erzählt von Unkraut, Sauerteig, Schafen, Fischen, Arbeitern, Hirten, Knechten und vielen anderen Dingen und Menschen.
Im Hintergrund geht es ihm aber immer nur um eine Sache: das Anbrechen des Reiches Gottes. Was es mit dem Reich Gottes auf sich hat, ist so groß und unvorstellbar, dass man es nicht in einem Satz sagen kann.
Dazu bedarf es vieler Verstehenshilfen, d. h. vieler verschiedener Gleichnisse. Gleichnisse können uns helfen zu verstehen, was Jesus mit dem Reich Gottes meint.

Klein, aber mit großer Wirkung

Lisa legte die Zeitung, in der sie gerade gelesen hatte, beiseite und seufzte. Ihre Tante, bei der sie die Ferien verbrachte, schaute auf und fragte: „Was ist los? Warum seufzt du so schwer?“ Lisa stöhnte: „In der Zeitung steht doch immer das Gleiche: Berichte über Mord und Totschlag, über Kriege, Umweltkatastrophen, Wirtschaftsflauten ... So viele Schwierigkeiten und Probleme! Und man kann einfach nichts machen.“ Erstaunt sah die Tante zu Lisa herüber: „Wie meinst du das: Man kann nichts machen?“ Lisa antwortete: „Na, kannst DU die Welt verändern?“ ...

Wenig, aber es hat gewirkt!

Da kann man doch nichts machen!

Wenn einer alleine träumt,
dann ist es nur ein Traum.
Wenn viele gemeinsam träumen,
dann ist das der Beginn,
der Beginn einer neuen Wirklichkeit.
Träumt unsern Traum!

Auch der längste Weg beginnt mit einem ersten Schritt!

Klein, aber oho!

Da könnte ja jeder kommen!

Das war schon immer so!

1. Was meinst du, kannst DU die Welt verändern? Kannst DU sie beeinflussen und dem Lauf der Welt eine andere Richtung geben? Führt ein Partnergespräch und teilt anschließend die Meinung eures Partners oder eurer Partnerin der Klasse mit.
2. Lies die oben aufgelisteten Sprüche. Was bringen sie zum Ausdruck? Überlege, in welchen Situationen du sie schon einmal gehört hast. Kennst du noch andere Sprüche, die in eine ähnliche Richtung weisen?

Er (Jesus) sagte: Womit sollen wir das Reich Gottes vergleichen, mit welchem Gleichnis sollen wir es beschreiben? Es gleicht einem Senfkorn. Dieses ist das kleinste von allen Samenkörnern, die man in die Erde sät. Ist es aber gesät, dann geht es auf und wird größer als alle anderen Gewächse und treibt große Zweige, sodass in seinem Schatten die Vögel des Himmels nisten können.

Mk 4,30–32

Die Senfpflanze war zur Zeit Jesu eine bekannte Pflanze. Senfkörner wurden schon in vorchristlicher Zeit als scharfes Gewürz geschätzt. Auch die Blätter dieser staudenartigen Pflanze wurden gekocht gegessen, weshalb man Senf schon früh anbaute.
Besonders der Schwarze Senf war für seine sehr kleinen Samenkörner bekannt. Die Samen haben eine dunkelbraune bis schwarze Farbe, sind kugelförmig und haben einen Durchmesser von höchstens einem Millimeter. Mehr als 700 dieser Samenkörner wiegen zusammen nur ein Gramm. In einer Zeit, in der es weder Lupe noch Mikroskop gab, verwundert es nicht, dass man die Samenkörner des Schwarzen Senfs für die kleinsten von allen Samenkörnern hielt.

Samenkörner des Schwarzen Senfs

Jesus hebt das großartige Wachstum des Senfkorns hervor. Dabei geht es ihm weniger um biologische Genauigkeit, sondern eher um den Gegensatz von „klein sein“ und „groß werden“. Die uns bekannte Senfpflanze wird nämlich nicht zu einem Baum, wie es das Gleichnis andeutet. Wohl aber wird die Senfpflanze zu einer bis zu zwei Meter hohen Staude.
Wenn Jesus das Senfkorn und sein Wachstum in den Mittelpunkt stellt, dann ist ihm das Zeichen und Symbol wichtig: Was unscheinbar und klein beginnt, kann große Kraft und Wirkung entfalten.

Das Reich Gottes beginnt so winzig wie ein Senfkorn. Dann aber wird es wachsen und wachsen, bis es das Gesicht der Welt verändert. Der Samen ist gesät. Wir dürfen zuversichtlich sein, dass er wächst und sich entfaltet.

Lisa und ihre Tante setzen ihr Gespräch fort:„Die Welt verändern“, überlegte die Tante, „ja, doch, ich denke, ich kann sie verändern.“ Lisa sah sie zweifelnd an. Ihre Tante fuhr fort: „Ich kann natürlich nicht alles umwerfen und neu gestalten, dazu bin ich tatsächlich nicht mächtig genug. Aber ich kann die Welt um mich herum beeinflussen und mitgestalten – und du auch.“ Lisa war nicht überzeugt: „Ich habe eher den Eindruck, in einem Hamsterrad zu laufen, in dem andere das Tempo vorgeben!“ Ihre Tante lachte: „Ja, manchmal kann das so sein. Aber unterschätze dich nicht! Auch kleine Schritte können etwas verändern. Habe ich dir schon mal die Geschichte von Antonio erzählt? Er ist Busfahrer und ein Blumenfreund. Stell dir vor, er hatte an seiner Endstation immer nur acht Minuten Pause. Und was hat er in dieser Zeit gemacht? Er hat dort am Wegesrand immer wieder Unkraut ausgerissen, jedes Mal, wenn er Pause hatte. Und dann fing er an, Blumen zu pflanzen, alles immer nur acht Minuten lang. Wenn du heute an diese Endstation kommst, kannst du einen wunderbaren Garten sehen.“ Lisa sah sie nachdenklich an: „Vielleicht hast du recht. Vieles beginnt klein. Wo könnte ich Samenkörner säen?“

1. Wo seht ihr das Reich Gottes wachsen? Sammelt Beispiele.
Was kannst du zum Wachstum des Reiches Gottes beitragen? Stelle eine Liste von Verben zusammen, die zum Ausdruck bringen, was für das Reich Gottes förderlich ist und was es am Wachsen hindert.

Dafür gebe ich alles!

Die Gleichnisse vom Schatz und der Perle
Mit dem Himmelreich ist es wie mit einem Schatz, der in einem Acker vergraben war. Ein Mann entdeckte ihn, grub ihn aber wieder ein. Und in seiner Freude verkaufte er alles, was er besaß, und kaufte den Acker. Auch ist es mit dem Himmelreich wie mit einem Kaufmann, der schöne Perlen suchte. Als er eine besonders wertvolle Perle fand, verkaufte er alles, was er besaß, und kaufte sie.

Mt 13,44–46

Gemeinschaft
Ausdauer
Glaube
Zärtlichkeit
Berühmtheit
Besitz
Frieden
Vertrauen
Kirche

Ehrlichkeit
Geld
Fleiß
Wissen
Essen
Selbstvertrauen
Ordnung
Liebe

1. Nehmt eure Stühle und setzt euch einander in einem Innen- und Außenkreis paarweise gegenüber. Besprecht in einem Karussellgespräch (vgl. Methode „Karussellgespräch“ S. 175) folgende Fragen:
   - Was ist mir so wichtig, dass ich das Taschengeld eines ganzen Monats dafür ausgeben würde?
   - Was ist mir so wichtig, dass ich all mein Geld dafür ausgeben würde?
   - Gibt es etwas, wofür ich alles, was ich habe, d. h. mein Handy, meine Bücher, meinen MP3-Player, mein Fahrrad, die Einrichtung meines Zimmers, ... hergeben würde?
2. Nicht jeder versteht das Handeln des Kaufmanns im Gleichnis. Stelle dir vor, die Nachbarschaft dieses Mannes würde mit Unverständnis reagieren. Verfasse eine Verteidigungsrede für den Kaufmann, der alles gibt, um die Perle zu bekommen, und halte sie vor der Klasse.
3. Was ist wichtig? Schreibe die rechts dargestellten Begriffe auf kleine Kärtchen und denke dir fünf zusätzliche Begriffe aus. Lege dann eine Pyramide aus den Kärtchen. Die unterste Reihe bilden die Begriffe, die dir am wenigsten wichtig sind, ganz oben stehen die wichtigsten. Wenn du sicher bist, dass alle Kärtchen richtig liegen, klebe sie in Form einer Pyramide in dein Heft. Tausche dich anschließend mit deinem Banknachbarn über die Platzierung deiner Begriffe aus. Welche Gemeinsamkeiten, welche Unterschiede entdeckt ihr?

Einer, der alles gab: Franz von Assisi

Alles geben für das eine, was man als richtig erkannt hat? Es muss sich lohnen, sonst tun wir das nicht. Franz von Assisi war einer, der den Schatz des Reiches Gottes für sich entdeckt und sein Leben entsprechend verändert hat.

Franz von Assisi

1182 wird Giovanni Bernadone, genannt Francesco, als Sohn reicher Eltern in Assisi geboren. Er hat Geld und lebt eine unbeschwerte Jugend. In seiner Heimatstadt ist er eine Art Jugendkönig. Er gibt den Ton an und alle finden ihn großartig. Bescheidenheit ist nicht seine Stärke.

Was zählt wirklich?

1202 gerät Franz bei einem Gefecht zwischen den Städten Assisi und Perugia in Gefangenschaft. Hier kommt er zum Nachdenken über sein bisheriges Leben. Ein sieben Jahre dauernder Prozess der Wandlung beginnt.
1206 begegnet er einem Aussätzigen und fängt an, alle bisherigen Werte seines Lebens infrage zu stellen.
1207 verzichtet er auf das väterliche Erbe und bricht alle Brücken zu seiner Vergangenheit ab.
1209 hört er das Evangelium von der Aussendung der Jünger (Mt 10,7–20). Beim Hören dieser Worte beschließt er, endgültig so zu leben, wie Jesus gelebt hat.

Zehn glückliche Jahre

Franziskus ist bettelarm, aber voller Freude. Er ist von Christus ergriffen und ganz offen für die Welt. Die Menschen spüren, dass hier einer „verrückt" nach Gott ist. Bald schließen sich ihm die ersten Brüder an und wandern nach Rom, um sich vom Papst die Erlaubnis zu holen, als bettelnde Wanderprediger zu leben.
1210 bestätigt der Papst die erste Ordensregel.
1212 schließt sich Klara dem Franziskus an und gründet einen Ordenszweig für Frauen.
1220 beginnen die Auseinandersetzungen über die Ordensregel.
1223 wird die endgültige Ordensregel durch den Papst bestätigt. Franziskus aber legt die Ordensleitung nieder, enttäuscht darüber, dass seine Brüder nicht so radikal arm leben können wie er selbst.

Franz von Assisi folgte Jesus radikal nach und galt schon zu Lebzeiten als Heiliger. Zu seinem Gebetsleben gehörte es, dass er zahlreiche Gebete und Gesänge verfasste, die wir auch heute noch gerne verwenden.
Der von Franz von Assisi gegründete Orden der Minderbrüder des hl. Franziskus (Ordo Fratrum Minorum) wurde auch für die nachfolgenden Jahrhunderte sehr prägend. Einzelne Männer und Frauen, wie auch ganze Gemeinschaften schlossen sich seiner Ordensregel an und lebten ein an der Heiligen Schrift orientiertes Leben in Armut und Besitzlosigkeit. So wurde die Ordensgemeinschaft, die sich auf Franz von Assisi beruft, die Franziskaner, zur größten in der katholischen Kirche.

Sei gelobt, mein Herr,
durch jene, die verzeihen in deiner Liebe
und Armut ertragen und Leid.
Selig, die das überwinden in Frieden.
Denn du, Höchster, wirst sie einst krönen.

Auszug aus dem Sonnengesang des Franz von Assisi

1. Gestaltet zwei Plakate mit den Überschriften „Vorher" und „Nachher". Haltet darauf mit Worten und Bildern fest, wie Franz von Assisi lebte, bevor er ganz seinem Glauben folgte. Beschreibt auch, wie er danach lebte. Was gewann und was verlor er (vgl. Methode „Plakat gestalten" S. 173)?

Wie Jesus Christus Menschen begegnet

Jesus nimmt die Blindheit

Reporter: Sehr geehrte Damen und Herren! Heute ist der 20. Mai im Jahre 32. n. Chr. Die neuesten Nachrichten kommen heute aus Jericho. Unser Gast im Studio ist Bartimäus, der Blinde, – Verzeihung – der ehemals Blinde. Herr Bartimäus, Sie haben heute für einigen Aufruhr gesorgt.
Bartimäus: Einen Aufruhr zu verursachen war nicht meine Absicht. Ich saß wie immer an der Hauptstraße vor den Toren der Stadt und versuchte, mir das Nötigste zum Leben zu erbetteln. Wenn man blind ist, bleiben nicht viele Möglichkeiten, um sich sein Essen zu verdienen. Eine reiche Familie habe ich nicht, und ein Handwerk konnte ich wegen meiner Blindheit nicht ausüben. Also war ich auf das Mitleid meiner Mitmenschen angewiesen.
Reporter: Was genau geschah an der Straße nach Jericho?
Bartimäus: Ich konnte zwar nicht sehen, aber dafür höre ich umso besser. In den letzten Tagen war viel von den Taten des Jesus aus Nazaret zu hören. Jesus gibt den Menschen Hoffnung und befreit sie von ihren Leiden. Ich begann zu glauben, dass es auch für mich eine Heilung geben könnte. Als Jesus mit seinen Jüngern die Stadt verließ, da ergriff ich die Gelegenheit. Ich konnte Jesus nicht sehen und zu ihm laufen, also schrie ich. Ich schrie ganz laut: „Sohn Davids, Jesus, hab Erbarmen mit mir!“
Reporter: Ja, das ist mir erzählt worden. Viele fanden es peinlich, dass Sie so laut gebrüllt haben. Man hat mir erzählt, dass die Leute sehr ärgerlich wurden und Ihnen befahlen zu schweigen.
Bartimäus: Das stimmt! Sie sagten, ich solle still sein, aber ich rief noch lauter. Ich dachte mir: Mein ganzes Leben bin ich als Blinder durch das Leben gegangen. Nun kommt einer, der die Macht und die Kraft hat, mich zu heilen! Da darf ich mich nicht zum Schweigen verurteilen lassen. Deshalb schrie ich so laut ich konnte.
Reporter: Jesus hat Sie gehört. Es heißt, er blieb stehen und rief Sie zu sich.
Bartimäus: Ja, und als man mir sagte, dass ich zu ihm kommen darf, da rannte ich hin. Und stellen Sie sich vor, er fragte mich, was er mir tun solle. Da nannte ich ihm meinen sehnlichsten Wunsch: Ich möchte sehen können!
Reporter: Sie glaubten also tatsächlich, dass Ihnen Jesus helfen könnte?
Bartimäus: Ja, das glaubte ich. Ich spürte sein Wohlwollen und seine Macht. Und er heilte mich tatsächlich! Er schenkte mir mein Augenlicht. Ich kann sehen!
Reporter: Was fangen Sie nun mit dieser neu erworbenen Fähigkeit an? Feiern Sie ein rauschendes Fest? Erfüllen Sie sich alte Wünsche? Jetzt sind Sie ja endlich Gleicher unter Gleichen.
Bartimäus: Auf einmal gibt es sehr viel Licht in meinem Leben. Ich kann die Farbe der Blumen sehen. Ich kann zählen, wie viel Geld in meiner Hand liegt. Ich kann Menschen ins Gesicht schauen. Das ist wunderbar! Doch das Wichtigste für mich ist, Jesus nicht mehr aus den Augen zu verlieren. Er hat Licht in mein Leben gebracht. Ich werde ihm auf seinem Weg folgen.
Reporter: Ja, meine sehr verehrten Damen und Herren, Bartimäus hat offensichtlich nicht nur sein Augenlicht gewonnen. Er krempelt nun sein ganzes Leben um. Jesus hat an ihm mehr verwandelt als nur das Augenlicht! Was wird sich nun in seinem Leben ändern? In ein paar Monaten werden wir wieder bei ihm nachfragen!

1. Lies in der Bibel die Geschichte von der Heilung des Bartimäus nach: Mk 10,46–52.
2. Zeichne eine Spannungskurve zu der Geschichte. Markiere entscheidende Stellen, indem du Gesichter von beteiligten Personen zeichnest und ihre Gedanken in Gedankenblasen schreibst (vgl. Methoden „Spannungskurve“ S. 173 und „Sprechblasen verfassen“ S. 175).

Beate Heinen: Blindenheilung

1. Erkläre, was es bedeutet, blind zu sein.
2. Führe in Partnerarbeit drei Experimente durch und beschreibe deine Erfahrungen:
   a) Schließe die Augen (oder verbinde sie) und lasse dich von einem Mitschüler oder einer Mitschülerin durch den Raum führen.
   b) Lasse dir mit verbundenen Augen verschiedene Gegenstände in die Hand geben. Beschreibe, was du fühlst und versuche zu erraten, was du in der Hand hältst.
   c) Lasse dir – immer noch mit verbundenen Augen – die Sätze „Ich bin blind. Ich möchte leben wie alle anderen." in unterschiedlicher Betonung (klagend, hoffend, traurig, vorwurfsvoll, fordernd, ...) vorsprechen und deute den Tonfall.

   Tausche dich anschließend mit deinen Mitschülern über deine Erfahrungen aus. Sammelt in einer Liste eure Erkenntnisse darüber, was es bedeutet, als Blinder zu leben.
3. Was bedeutet es, sehen zu können?
   für das Lernen
   für das Arbeiten
   für die Begegnung mit anderen Menschen
   für das Glauben und Beten
   für das Leben in einer Stadt
   Sammle dazu Stichworte. Unterscheide dabei zwischen deinem Alltag und dem von Bartimäus.
4. Erkläre, was Jesus für Bartimäus getan hat, indem er ihm das Augenlicht schenkte.
5. Was hat sich durch dieses Wunder in Bartimäus Leben verändert? Verfasse ein Interview, das der Reporter ein halbes Jahr später mit Bartimäus geführt haben könnte (vgl. Methode „Zeitungsinterview" S. 174).

Vernünftig will ich sein
und kritisch
und in allem glauben
dass du mich trägst

Erkennen will ich
und sehen
und in allem glauben
dass du mich trägst

Handeln will ich
und vorwärtsdrängen
und in allem glauben
dass du mich lenkst

Empfangen will ich
und mich führen lassen
und in allem glauben
dass du mich lenkst

Die Begegnung mit Jesus richtet auf

Sigmunda May: Die Gekrümmte

Jesus ist durch Galiläa gezogen und schließlich nach Jerusalem hinaufgewandert. Dabei traf er viele verschiedene Menschen, denen er das Reich Gottes nicht nur durch Worte, sondern auch durch Taten verkündete. Wie haben ihn die Leute erlebt?

Am Sabbat lehrte Jesus in einer Synagoge. Dort saß eine Frau, die seit achtzehn Jahren krank war, weil sie von einem Dämon geplagt wurde; ihr Rücken war verkrümmt und sie konnte nicht mehr aufrecht gehen. Als Jesus sie sah, rief er sie zu sich und sagte: Frau, du bist von deinem Leiden erlöst. Und er legte ihr die Hände auf. Im gleichen Augenblick richtete sie sich auf und pries Gott.

Lk 13,10–13

Als Ursache für die Erkrankung der Frau nennt der Bibeltext, dass die Kranke von einem Dämon geplagt wird. Im Verständnis der damaligen Zeit erklärte man mit diesem Bild Krankheiten, die einen Menschen heimsuchten, da man ihren Grund noch nicht wissenschaftlich erklären konnte. Man ging davon aus, dass Dämonen den Menschen daran hinderten, sich frei zu entfalten, und seine Wahl- und Lebensmöglichkeiten einschränkten.

1. Nimm eine gekrümmte Haltung ein und beschreibe, was du siehst, wenn du den Kopf nicht heben kannst.
2. Lass dich nun von deinem Nachbarn langsam aufrichten. Beschreibe die Veränderung, die du im Körper und deiner Wahrnehmung spürst. Erkläre, wie du die Hilfe durch die Hände deines Nachbarn empfunden hast.
3. Bestimmt einen Baumeister und stellt unter seiner Anleitung die Situation in der Synagoge in einem Standbild dar (vgl. Methode „Standbild" S. 172).
4. Fühle dich in die geheilte Frau ein und beschreibe, was sich durch die Begegnung mit Jesus in ihrem Leben ändert.
5. Sammle Ideen, wo du etwas für Menschen tun kannst, damit sie aufgerichtet werden.

gekrümmt
den Himmel schon lange nicht mehr gesehen
der Blick dem Boden zugekehrt
dem Anderen nur mit Mühe ins Gesicht
geschaut
18 Jahre eingeschränktes Leben
Jesus
und nun kommst du
richtest mich wieder auf
gepriesen sei der Name des Herrn

Eine Schwester aus dem Orden der Mutter Teresa teilt Essen an Obdachlose aus.

Viele Christen folgen dem Beispiel Jesu und setzen sich für Kranke und Notleidende ein.

Ein Mitarbeiter des Caritas Arztmobils kümmert sich in Berlin um Arme, Obdachlose und Kranke.

Der Herr segne uns und behüte uns vor allen,
die uns in die Ecke stellen wollen.
Er lasse sein Angesicht über uns leuchten,
wenn dunkle Aussichtslosigkeit uns umgibt.
Er lege seine Hand auf uns,
wenn wir niedergedrückt sind,
und richte uns auf.
Der Herr sei uns gnädig
und allen, die uns übelwollen,
und er mache uns alle zusammen heil.
Der Herr erhebe sein Angesicht über uns
und gebe uns seinen Frieden.

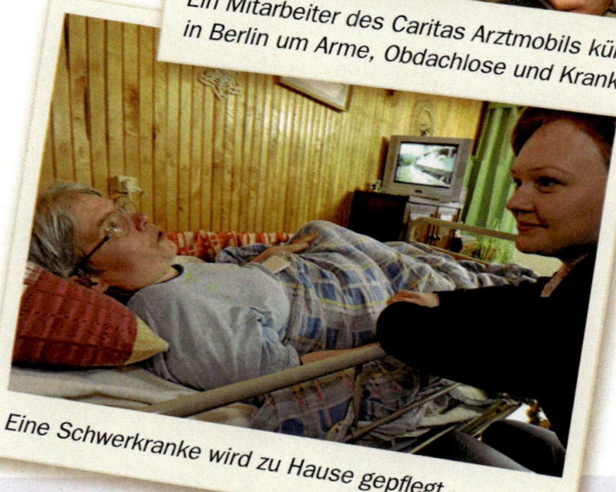
Eine Schwerkranke wird zu Hause gepflegt.

1. Die geheilte Frau aus dem Lukasevangelium pries Gott. Verfasse ein Lob- und Dankgebet, das jemand, der heilende Zuwendung erfahren hat, sprechen könnte (vgl. Methode „Gebet verfassen“ S. 171).
2. Schreibt auf ein Plakat das Verb „aufrichten“ und sucht Synonyme, die verdeutlichen, was es heißt, für Kranke und „Gekrümmte“ da zu sein (vgl. Methode „Synonyme suchen“ S. 174).
3. Christen folgen dem Weg Jesu und setzen sich für Kranke ein. Wo geschieht dies in deiner Kirchengemeinde? Erkundigt euch, ob es Krankenbesuchsdienste, Nachbarschaftshilfe, Krankenkommunion und Ähnliches gibt.
4. Informiere dich, ob und wo du selbst dich bei diesen Diensten der Kirchengemeinde engagieren kannst.

Zu neuem Leben befreit

In den Evangelien ist mehrfach überliefert, dass sich Jesus besonders den Menschen zugewandt hat, die Sünde und Schuld auf sich geladen hatten. So ließ er sich von dem Zöllner Zachäus einladen, der Reisenden immer zu viel Geld abgenommen hatte und bewegte ihn zur Umkehr. Er schreckte auch nicht vor der Berührung mit Kranken und Aussätzigen zurück. Gerade von diesen Menschen vermutete die damalige Bevölkerung, dass sie sich ihr Leiden als göttliche Strafe für begangene Vergehen zugezogen hatten. Jesus widerlegt diesen Zusammenhang, indem er zeigt, dass Gott auch und besonders für diese Menschen da ist.

Die Geschichte von der Sünderin, die Jesus bei einem Essen im Hause eines Pharisäers aufsuchte, erlangte besondere Berühmtheit. Eine Frau betrat uneingeladen den Raum, in dem sich Gäste, nach der Sitte der Zeit nur Männer, versammelt hatten. Sie salbte Jesus die Füße, benetzte sie mit Tränen und trocknete sie dann mit ihrem Haar ab. Fälschlicherweise hat man in dieser Frau oft Maria Magdalena vermutet. Das ist jedoch nicht zu beweisen. Auf jeden Fall handelte es sich bei dieser Frau um eine stadtbekannte Sünderin.

nach Merian, Matthäus d.Ä.:
Die Salbung durch die Sünderin, 1670.

Folgende Gedanken könnten den beim Gastmahl versammelten Menschen durch den Kopf gegangen sein:

- So ein wertvolles Öl. Welche Verschwendung!
- Sie sehen nur die Sünderin in mir. Für sie bin ich kein fühlender Mensch!
- Es ist wichtig, jedem Menschen zu zeigen, dass Gott ihn liebt.
- Das ist eine Sünderin. Durch die Berührung mit ihr wird auch er unrein!
- Wer unrein ist, darf nicht am Kult teilnehmen.
- Das ist hier ein Gastmahl unter Männern. Wie kann die Frau es wagen, hier herein zu kommen?
- Für ihn ist mir nichts zu kostbar. Auch nicht dieses Öl, von dessen Preis ich viele Tage hätte leben können!
- Könige werden bei uns gesalbt, aber doch nicht ganz normale Menschen.
- Jeder kennt diese Frau, aber wie heißt sie eigentlich?
- Sündigen, das heißt, mir selbst, anderen und meiner Beziehung zu Gott schaden.
- Ich gebe dich nicht auf, sondern ermögliche dir einen Neuanfang.
- Durch Jesu Verhalten merke ich, wer und was ich hätte sein können.

1. Lies im Lukasevangelium nach, was damals geschah: Lk 7,36–50.
2. Ordne die Gedanken einzelnen Personen in der Geschichte zu. Ergänze die Aussagen durch eigene Formulierungen.
3. Erarbeitet mithilfe der gesammelten Äußerungen ein Hörspiel. Verdeutlicht darin auch, warum Jesus sich der Frau zuwendet (vgl. Methode „Hörspiel" S. 171).

Die Lage der Frauen war zur Zeit Jesu eine ganz andere als heute. Welche Rechte hatten sie? Wovon lebten sie?

Der Evangelist Lukas:
In meinem Evangelium finden sich viele Geschichten, in denen Frauen vorkommen. Das hat seinen Grund: Mir war es wichtig, zu zeigen, dass Jesus besonders für die Schwachen, Armen und Unterdrückten da war. Er wandte sich daher auch den Frauen zu. Sie hatten in unserer Zeit nicht die gleichen Rechte wie die Männer. Das brachte sie oft in Schwierigkeiten. Jesus stand ihnen in verschiedenen Situationen bei. Leidende und an den Rand gedrängte Menschen gehörten für ihn zu denen, die die Botschaft vom Reich Gottes als erstes erfahren sollten.

Eine verheiratete Frau erzählt:
Von meinem Elternhaus ging ich sogleich in das Haus meines Mannes über. Es war undenkbar, dass ein junges Mädchen allein lebte. Sie muss zum Haushalt eines Mannes gehören, also entweder zum Haus ihres Vaters, zum Haus ihres Mannes oder zu dem ihres Sohnes. Mein Mann verwaltet das Vermögen, das ich mit in die Ehe gebracht habe. Später wird dies mein Sohn tun. Er wird für mich sorgen, wenn ich alt bin. Deshalb ist es für mich sehr wichtig, Kinder zu haben.

Eine kinderlose Witwe:
Es ist schwer für mich, denn ich habe keinen Mann, der für mich eintritt und mir Recht verschafft. Ich lebe von der Hand in den Mund, denn ich habe keinen Besitz. Ich bin darauf angewiesen, dass man mir Almosen gibt. Meine Rechte werden oft mit Füßen getreten. Jesus gehört aber zu den Männern, die meine Situation erkannt haben und für Schwache wie mich eintreten.

Eine Prostituierte:
Ich war auch einmal verheiratet, aber mein Mann hat mich entlassen. Er hat sich eine andere Frau genommen und mich mit einem Scheidebrief fortgeschickt. In mein Elternhaus konnte ich nicht zurückkehren, da mein Vater schon gestorben ist. Einen neuen Ehemann habe ich leider nicht gefunden. Also verdiene ich mir meinen Lebensunterhalt, indem ich mich verkaufe. Was soll ich sonst tun? Durch meine Lebensweise gelte ich als unrein. Wer mit mir zu tun hat und sich von mir berühren lässt, wird ebenfalls unrein. Er muss sich verschiedenen Riten unterwerfen, um wieder rein zu werden. Sonst darf er nicht am Kult teilnehmen.
Ja, ich kann von meinem Erwerb leben. Aber ich schäme mich dafür, dies tun zu müssen. Ich weiß, dass ich eine Sünderin bin. Gesellschaftlich bin ich natürlich nicht anerkannt. Jesus ist einer, der Frauen wie mich echt spüren lässt, dass wir die gleiche Würde haben wie alle anderen Menschen.

1. Warum wandte sich Jesus besonders den Frauen zu? Formuliere dazu fünf Sätze und trage sie deinem Sitznachbarn vor. Dieser beurteilt anschließend, ob deine Aussagen richtig oder falsch sind.
2. Wer sind die Menschen, die heute meine besondere Aufmerksamkeit als Christ brauchen? Wen kann ich unterstützen, wem helfen? Male dazu eine Zielscheibe mit vier Kreisen. In die Mitte schreibst du „ich“. In den kleinsten umgebenden Kreis trägst du ein, wer aus deiner nächsten Umgebung deine Unterstützung braucht. In die nächsten beiden Kreise schreibst du, für welche Menschen aus deiner ferneren Umgebung deine Zuwendung wichtig sein könnte.
3. Vergleicht eure Skizzen und überlegt, auf welche Weise Notleidenden, Schuldigen und Verzweifelten geholfen werden kann.

Live-Berichte aus dem Königshaus

Leider geht unsere heutige Sendung schon wieder zu Ende. In der nächsten Ausgabe unseres Magazins „Hello! Das Jugendmagazin" geht es um das Thema „Live-Berichte aus dem Königshaus". Auch wenn euch jetzt vielleicht zuerst Prince Charles einfällt, geht es beim nächsten Mal nicht nur um Adelige und die Klatschgeschichten, die sich um diese Leute ranken. Es geht auch darum, welche Macht Könige in früherer Zeit hatten und wie Könige heute herrschen. Warum kann man auch Jesus einen König nennen? Warum kann man sagen, er war ein „König der anderen Art"? Diesmal seid ihr an der Reihe! Schickt uns eure eigenen Radiobeiträge! Sicher habt ihr viele Ideen, was man über das Königtum damals und heute und über das Königtum Jesu im Besonderen sagen kann. Also: Wir zählen auf euch als Reporter für die nächste Ausgabe von „Hello, das Jugendmagazin!"

Damit ihr es bei den Reportagen etwas leichter habt, haben wir für euch schon ein paar Bilder und sogar Bibelstellen über Jesus herausgesucht. Jetzt sind eure Spürnasen gefragt: Wir sind gespannt auf eure Texte über Könige und insbesondere über den König „Jesus"! Ich bin sicher, ihr bekommt das hin!

Folgende Fragen können euch beim Schreiben eurer Reportagen weiterhelfen:

- Woran erkennen wir einen König? Welche Symbole weisen auf seine Macht und Würde hin?
- Jesus war ein „König der anderen Art". Welche Symbole passen zu seiner Art des Königtums?
- Roland Peter Litzenburger hat Jesus als König gemalt. Was fällt euch auf, wenn ihr die Farben und Formen des Bildes betrachtet? Was will Litzenburger damit über den König Jesus sagen?
- Jede Woche wird über Könige, Königinnen, Prinzen und Prinzessinnen in Zeitschriften berichtet. Was fasziniert so an ihnen?
- Wieso kann Jesus überhaupt von einem Reich Gottes und seinem Königtum reden? Was meint er damit?

Knifflige Fragen, aber euch fällt bestimmt einiges dazu ein. Viel Erfolg bei eurer Reportage!

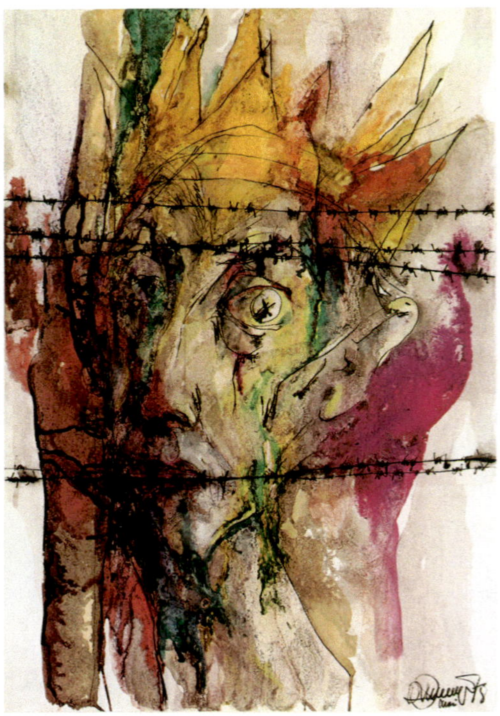

Roland Peter Litzenburger: Christus der Narr, 1987.

Jesus – ein König?

So kam Jesus auch nach Nazaret, wo er aufgewachsen war, und ging, wie gewohnt, am Sabbat in die Synagoge. Als er aufstand, um aus der Schrift vorzulesen, reichte man ihm das Buch des Propheten Jesaja. Er schlug das Buch auf und fand die Stelle, wo es heißt: Der Geist des Herrn ruht auf mir; denn der Herr hat mich gesalbt. Er hat mich gesandt, damit ich den Armen eine gute Nachricht bringe; damit ich den Gefangenen die Entlassung verkünde und den Blinden das Augenlicht; damit ich die Zerschlagenen in Freiheit setze und ein Gnadenjahr des Herrn ausrufe. Dann schloss er das Buch, gab es dem Synagogendiener und setzte sich. Die Augen aller in der Synagoge waren auf ihn gerichtet. Da begann er, ihnen darzulegen: Heute hat sich das Schriftwort, das ihr eben gehört habt, erfüllt.

Lk 4,16–21

Auch die Soldaten verspotteten ihn; sie traten vor ihn hin, reichten ihm Essig und sagten: Wenn du der König der Juden bist, dann hilf dir selbst! Über ihm war eine Tafel angebracht; auf ihr stand: Das ist der König der Juden.

Lk 23,36–38

Pilatus fragte Jesus: Bist du der König der Juden? Er antwortete ihm: Du sagst es.

Lk 23,3

Es entstand unter den Jüngern ein Streit darüber, wer von ihnen wohl der Größte sei. Da sagte Jesus: Die Könige herrschen über ihre Völker und die Mächtigen lassen sich Wohltäter nennen. Bei euch aber soll es nicht so sein, sondern der Größte unter euch soll werden wie der Kleinste und der Führende soll werden wie der Dienende. Welcher von beiden ist größer: wer bei Tisch sitzt oder wer bedient? Natürlich der, der bei Tisch sitzt. Ich aber bin unter euch wie der, der bedient. In allen meinen Prüfungen habt ihr bei mir ausgeharrt. Darum vermache ich euch das Reich, wie es mein Vater mir vermacht hat: Ihr sollt in meinem Reich mit mir an meinem Tisch essen und trinken, und ihr sollt auf Thronen sitzen und die zwölf Stämme Israels richten.

Lk 22,24–30

Jesus antwortete: Mein Königtum ist nicht von dieser Welt. Wenn es von dieser Welt wäre, würden meine Leute kämpfen, damit ich den Juden nicht ausgeliefert würde. Aber mein Königtum ist nicht von hier. Pilatus sagte zu ihm: Also bist du doch ein König? Jesus antwortete: Du sagst es, ich bin ein König. Ich bin dazu geboren und dazu in die Welt gekommen, dass ich für die Wahrheit Zeugnis ablege.

Joh 18,36–37

Als Jesus zurzeit des Königs Herodes in Betlehem in Judäa geboren worden war, kamen Sterndeuter aus dem Osten nach Jerusalem und fragten: Wo ist der neugeborene König der Juden? Wir haben seinen Stern aufgehen sehen und sind gekommen, um ihm zu huldigen.

Mt 2,1–2

1. Jesus spricht vom Reich Gottes: Beschreibe den Herrscher, der zu diesem Reich gehört.

2. Nenne Merkmale des Reiches Gottes, die man aus den Texten dieser Seite herauslesen kann.

Der Dienst der Kirche an den Menschen – Werke der Barmherzigkeit

Jesus verkündet das Reich Gottes

Als Jesus das Reich Gottes verkündete, sah er sich nicht als Einzelkämpfer. Vielmehr wollte er, dass alle, die seinen Glauben teilen, so leben, dass das Reich Gottes Wirklichkeit unter den Menschen wird. Worauf es dabei ankommt, verdeutlicht der Evangelist Matthäus als Mahnung und Drohung an seine Gemeinde, indem er in einer Bildgeschichte Jesus als König zum Gericht ankündigt. Dabei legt er Jesus Worte in den Mund, die von Verachtung und Strafe reden. Solche Worte hat Jesus nicht verwendet. Matthäus aber hat gemeint, er müsse auf diese Weise seine Gemeindemitglieder aufrütteln, weil sie damals noch an das unmittelbar bevorstehende Ende der Welt glaubten.

E: *In jener Zeit sprach Jesus zu seinen Jüngern:*

J: Wenn der Menschensohn in seiner Herrlichkeit kommt und alle Engel mit ihm, dann wird er sich auf den Thron seiner Herrlichkeit setzen. Und alle Völker werden von ihm zusammengerufen werden, und er wird sie voneinander scheiden, wie der Hirt die Schafe von den Böcken scheidet. Er wird die Schafe zu seiner Rechten versammeln, die Böcke aber zur Linken.

E: *Dann wird der König denen auf der rechten Seite sagen:*

K: Kommt her, die ihr von meinem Vater gesegnet seid, nehmt das Reich in Besitz, das seit der Erschaffung der Erde für euch bestimmt ist. Denn ich war hungrig, und ihr habt mir zu essen gegeben; ich war durstig, und ihr habt mir zu trinken gegeben; ich war fremd und obdachlos, und ihr habt mich aufgenommen; ich war nackt und ihr habt mir Kleidung gegeben; ich war krank, und ihr habt mich besucht; ich war im Gefängnis, und ihr seid zu mir gekommen.

E: *Dann werden ihm die Gerechten antworten:*

G: Herr, wann haben wir dich hungrig gesehen und dir zu essen gegeben, oder durstig und dir zu trinken gegeben? Und wann haben wir dich fremd und obdachlos gesehen und aufgenommen, oder nackt und dir Kleidung gegeben? Und wann haben wir dich krank oder im Gefängnis gesehen und sind zu dir gekommen?

E: *Darauf wird der König ihnen antworten:*

K: Amen, ich sage euch: Was ihr für einen meiner geringsten Brüder getan habt, das habt ihr mir getan.

E: *Dann wird er sich an die auf der linken Seite wenden und zu ihnen sagen:*

K: Weg von mir, ihr Verfluchten, in das ewige Feuer, das für den Teufel und seine Engel bestimmt ist! Denn ich war hungrig, und ihr habt mir nichts zu essen gegeben; ich war durstig, und ihr habt mir nichts zu trinken gegeben; ich war fremd und obdachlos, und ihr habt mich nicht aufgenommen; ich war nackt und ihr habt mir keine Kleidung gegeben; ich war krank und im Gefängnis, und ihr habt mich nicht besucht.

E: *Dann werden auch sie antworten:*

U: Herr, wann haben wir dich hungrig oder durstig oder obdachlos oder nackt oder krank oder im Gefängnis gesehen und haben dir nicht geholfen?

E: *Darauf wird er ihnen antworten:*

K: Amen, ich sage euch: Was ihr für einen dieser Geringsten nicht getan habt, das habt ihr auch mir nicht getan.

E: *Und sie werden weggehen und die ewige Strafe erhalten, die Gerechten aber das ewige Leben.*

1. Lest die Bibelstelle Mt 25,31–46 mit verteilten Rollen und stellt euch dazu an verschiedenen Orten im Klassenzimmer auf. Es gibt fünf Sprecher: **E**rzähler, **J**esus, **K**önig, **G**erechter (rechts vom König), **U**ngerechter (links vom König).
2. Lege eine Tabelle mit drei Spalten an. Trage in die linke Spalte ein, welche Bedürfnisse der König hatte, z. B. Hunger. In die mittlere Spalte schreibst du, auf welche Weise die Gerechten ihm geholfen haben und in die dritte Spalte, welche Menschen heute solche Hilfe nötig haben.
3. Matthäus beschreibt in seiner Bildgeschichte eine Gerichtssituation, um den Ernst und das Gewicht unseres Handelns zu verdeutlichen. Diskutiert, wie es sich auf unsere Welt auswirkt, wenn wir wie „Gerechte“ bzw. „Ungerechte“ handeln (vgl. Methode „Pro- und Kontra-Streitgespräch“ S. 176).

Barmherzigkeit beginnt im Alltag

Jeden Tag entscheiden wir uns, ob wir uns anderen zuwenden oder uns von ihnen abwenden. Einige Beispiele aus dem Alltag:

Fremde aufnehmen • Kranke besuchen • anderen beistehen • Hungernden essen geben • Durstenden zu trinken geben • erfülltes Leben ermöglichen • im Nächsten Jesus sehen

Situation 1:

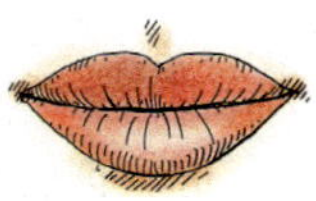

Johannes trifft Antonio. Antonios Vater ist gerade arbeitslos. Meistens begrüßt ihn Johannes mit den Worten: „Spaghettibruder, was geht?“ Antonio erwartet geradezu, dass er von ihm als Ausländer und Sohn eines Arbeitslosen gehänselt wird. Dabei weiß Johannes eigentlich: Antonio ist ganz in Ordnung. Johannes überlegt sich, dass er sein Verhalten ändern will. Er spricht Antonio an: „Hey, hast du Lust, mit mir mein neues Computerspiel auszuprobieren? Und zum Kicken könntest du auch mal mitkommen, dann hängst du hier nicht so alleine rum.“

Situation 2:

Seit einiger Zeit lebt Julians Oma mit im Haus. Sie kann nicht mehr für sich selber sorgen. Julians Mutter bittet ihren Sohn, der Oma immer wieder für eine Stunde Gesellschaft zu leisten, etwas mit ihr zu spielen oder ihr etwas zu erzählen. Julian denkt: „Auf dem Bett liegen und Musik hören ist cooler als mit Oma Halma zu spielen. Andererseits war es bis vor Kurzem Oma, die für mich da war. Sie hat, als ich jünger war, auf mich aufgepasst und sich um mich gekümmert. Jetzt bin ich dran, etwas für sie zu tun. Ich werde mir die Zeit nehmen, ihr etwas erzählen und sie aufmuntern.“

Situation 3:

Teresa plant ihre Zukunft. Nur noch zwei Jahre Schule, was dann? Sie möchte etwas für die Menschen tun, denen es nicht so gut geht wie ihr. Ihre Kirchengemeinde hat eine Partnergemeinde in Bolivien, wo sie eine Schule für arme Kinder unterstützt. Dort haben schon mehrere Jugendliche aus ihrer Gemeinde ein Freiwilliges Soziales Jahr absolviert. Sie haben bei der Betreuung von Kindern geholfen und sie sogar unterrichtet. Armen Kindern neue Lebenschancen vermitteln, das möchte Teresa auch gerne. Sie wird sich für so ein soziales Jahr bewerben.

Situation 4:

Die erste Woche im Jahr ist bei Lukas immer für die Sternsinger reserviert. Am Anfang hat er sich an dieser Aktion beteiligt, weil seine Freunde auch dabei waren. Mittlerweile findet er die ganze Aktion auch wichtig, weil mit dem gesammelten Geld tatsächlich etwas für Kinder in der weiten Welt getan werden kann: ein Zuhause für Straßenkinder und Aidswaisen, Essen für hungernde Kinder, Schulen für Kinder ohne Ausbildung, Unterstützung für Familien, die keinen Zugang zu sauberem Trinkwasser haben ... Lukas wird wieder dabei sein – bei der nächsten Sternsingeraktion.

Situation 5:

Über die Firmvorbereitung kam Anne zum ersten Mal in Kontakt mit behinderten Menschen. Da haben sie ein Projekt zusammen mit der Lebenshilfe durchgeführt. Zuerst hat Anne sich etwas gefürchtet, weil sie nicht wusste, wie sie mit den behinderten Menschen umgehen soll. Dann stellte sich heraus, dass es ganz einfach war, denn die Teilnehmer der Gruppe kamen ohne Scheu auf sie zu. Das Firmprojekt ist schon vorbei, aber Anne besucht immer noch regelmäßig die Gruppe und freut sich, dass sie helfen kann.

1. Ziehe Verbindungen zwischen den Stichworten im Kasten und den verschiedenen Situationen.
2. Benenne weitere Situationen, in denen das Handeln im Sinne Jesu konkret wird. Was davon kannst du tatsächlich in die Tat umsetzen?

Für andere da sein – Der Lebensweg von Ruth Pfau

Wie alles begann …
Ruth Pfau erinnert sich:

„Wir saßen im Ärztecasino, ich hatte gerade meinen Führerschein gemacht. Wir unterhielten uns, welche Kiste wir kaufen würden. Den Käfer? Orangefarben oder taubengrau? Oder doch besser einen Opel? Plötzlich dachte ich: Wenn das der Sinn des Lebens ist. Verdienen. Auto kaufen. Verdienen. Auto wechseln … Am Abend rief ich meine Provinzialin an: Ich wollte raus. Bald, möglichst sofort. Nach Asien – wo man am Tag noch von einer Handvoll Reis lebt."

Ruth Pfau als siebzigjährige Ärztin

Es dauerte noch einige Zeit, bis Ruth Pfau ihren Wunsch, nach Asien zu gehen, verwirklichen konnte. Dann aber wurde sie für das Land Pakistan zu einer Frau, die das dortige Gesundheitssystem einen großen Schritt voranbrachte.

Ruth Pfau als achtjähriges Mädchen

Stationen ihres Lebens

- 1929: Ruth Pfau wird als vierte von fünf Töchtern in Leipzig geboren
- 1951: Taufe in der evangelischen Kirche
- 1953: Übertritt zur katholischen Kirche
- 1956: Medizinisches Staatsexamen
- 1957: Eintritt in den Orden der „Töchter vom Herzen Mariä"
- 1960: Ausreise nach Karachi in Pakistan
- 1965: Beginn der offiziellen Lehrgänge für Leprahelfer
- 1978: Großes Bundesverdienstkreuz
- 1981: Erste Einreise nach Afghanistan zum Aufbau eines Gesundheitsdienstes
- 1988: Ernennung zur Ehrenbürgerin Pakistans
- 1996: Ein Meilenstein in der Geschichte der Leprabekämpfung: Die Zahl der Neuerkrankungen befindet sich auf einem historischen Tiefstand, erstmals ist die Lepra in Pakistan unter Kontrolle.
- 1998: Ruth Pfau und ihr Team entwickeln die Zukunftsvision für das nächste Jahrtausend: Operation 2020

Ruth Pfau mit einer geheilten Familie vor der Lepra-Station in Karachi

Ruth Pfau erzählt über ihre Arbeit mit Lepra-Kranken:

„Ich glaube, jeder, der dieses Elend gesehen hätte, als Ärztin, so wie ich, jeder hätte das Gleiche getan. Man kann nicht einfach danebenstehen, wenn Menschen, die wie wir ein Recht auf Würde und Glück haben, wenn Menschen einfach in Dreck und Krankheit verkommen wie ein Hund auf der Straße.
Hätte mir früher jemand gesagt, ich würde im Monat bis zu 2500 Patienten betreuen, ohne Krankenkasse im Rücken, ich hätte ihn ausgelacht … Heute weiß ich, dass es die einzig logische Antwort war auf dieses schreckliche Elend. Lepra ist eine schreckliche Krankheit, die den Körper zerfrisst, zerstört, allmählich zerfallen lässt, wenn nichts dagegen unternommen wird. Zunächst hat man nur einen hellen Flecken auf der Haut. Man sticht hinein: Es tritt Blut aus, aber der Kranke spürt keinen Schmerz. Gefühllosigkeit, das ist der Anfang.
Ich erinnere mich noch an die Anfangszeiten im Dispensary (Arzneiausgabe): Nachts krochen die Ratten durch die Wände der Holzhütten und fraßen die Kranken an …
Ein erschütterndes Schicksal war das von Adina, einem 14-jährigen Mädchen aus dem hohen Norden Pakistans. Adina, die von der Dorfbevölkerung zwei Jahre in einer Höhle gefangen gehalten wurde, weil sie Lepra hatte. In einer Felsenhöhle, zweimal zwei Schritte im Geviert. Davor eine übermannshohe Steinmauer. Der Vater hatte seine eigene Tochter aus dem Haus verstoßen. Von der Familie und den Bewohnern ihres Dorfes wurde sie hier eingemauert, in Serbal, einem Weiler nahe der Grenze zu Battistan. Hier haben wir sie gefunden. Ich kletterte auf einen Steinvorsprung. Im Höhleneingang erschien ein Wuschelkopf und verschwand gleich wieder. Ich streckte meine Hand über die Mauer. Drüben legte sich eine heiße Kinderhand hinein. ‚Wie komme ich da hinein?‘, fragte ich Abdullah, unseren Leprahelfer. Er entgegnete: ‚Ich fürchte, es gibt keinen anderen Weg, als über die Mauer zu klettern.‘ Ich kletterte auf die Mauer und sprang in die Grube hinab. Und da lag Adina auch schon in meinen Armen, gerade dem Kindesalter entwachsen, halbnackt, zitternd vor Kälte. Dann bemühten wir uns um einen Jeep, um das Mädchen nach Gilgit mitzunehmen. Ja, Adina, es war ein Drama.
Das Mädchen konnte kaum noch laufen, seine Muskeln waren durch die lange erzwungene Ruhe so geschwächt. In der Zwischenzeit hat sie sich in Abdullahs Familie eingewöhnt und lernt eisern das Laufen. Adina ist ein Beispiel dafür, was möglich ist, was Unkenntnis anrichten kann, was Hilfe vermag. Doch sie ist nur ein Beispiel. Es gibt Tausende.“

1. Informiere dich im Internet über die Krankheit Lepra und über die Ärztin Ruth Pfau (vgl. Methode „Internetrecherche“ S. 169).
2. Ruth Pfau hätte eine wohlhabende Ärztin in Deutschland werden können. Überlege, was sie aufgegeben hat und was sie stattdessen gewonnen hat.
3. Vergleiche das Handeln von Ruth Pfau mit dem Verhalten, zu dem Jesus mit der Erzählung in Mt 25,31–46 auffordert (vgl. S. 124). Beschreibe mit eigenen Worten, wie Ruth Pfau zur Verwirklichung des Reiches Gottes beiträgt.

Kindergarten in der Kirchengemeinde – jedem eine Chance geben

Tanja erzählt:
„Unsere Kirchengemeinde hat einen Kindergarten, eure auch? Wir haben das immer für ganz normal und selbstverständlich gehalten – bis wir dann in der Firmvorbereitung die Gemeinde erkundet haben. Und auf ein Mal stellte sich in unserer Firmgruppe die Frage: Warum eigentlich? Warum investiert eine Kirchengemeinde in einen Kindergarten? Warum nimmt die Kirche die Arbeit mit kleinen Kindern so wichtig? Das kann man doch den Eltern und der Stadt überlassen. Wir waren neugierig und haben bei der Kirchenpflegerin, die für die Verwaltung und Betreuung der Kindergärten in der Kirchengemeinde zuständig ist, nachgefragt. Von diesem Gespräch möchten wir euch gerne berichten."

Firmgruppe: „Guten Tag, Frau Koppenborg."

Kirchenpflegerin: „Hallo zusammen! Schön, dass ihr vorbeikommt."

Firmgruppe: „Wir möchten Ihnen gerne ein paar Fragen über den Kindergarten stellen."

Kirchenpflegerin: „Was interessiert euch denn? Ich nehme an, manche von euch waren selbst im Kindergarten der Kirchengemeinde?"

Firmgruppe: „Das stimmt. Sven und Tanja sind hier in den Kindergarten gegangen. Die anderen waren im städtischen Kindergarten. Und da sind wir schon bei unserer Frage: Warum investiert die Kirchengemeinde in einen Kindergarten und überlässt das nicht der Stadt?"

Kirchenpflegerin: „Dafür gibt es gleich mehrere Gründe. Als Kindergärten gegründet wurden, ging es zunächst darum, Kinder zu betreuen, für die zu Hause keiner da sein konnte, z. B. weil die Eltern arbeiteten. So wurden die Eltern entlastet und die Kinder waren nicht nur beaufsichtigt, sondern wurden auch noch gefördert."

Firmgruppe: „Und heute?"

Kirchenpflegerin: „Heute geht die Zielsetzung noch viel weiter. Heute ist der Kindergarten ein wichtiger Zwischenschritt zwischen der Zeit zu Hause bei der Mutter und der Zeit in der Schule, wo das Kind Teil einer Klassengemeinschaft wird. Dazwischen gibt es viel zu lernen."

Firmgruppe: „Lernen, wie langweilig!"

Kirchenpflegerin: „Du denkst beim Lernen an Vokabeln pauken oder Mathe üben. Ich meine aber viel mehr. Ich meine Klettern lernen, miteinander singen, malen, basteln, sich streiten und vertragen lernen, warten können, sich einigen können, die Welt erforschen, an einer Sache dranbleiben und sich konzentrieren können ..."

Firmgruppe: „Das ist aber eine ganze Menge!"

Kirchenpflegerin: „Stimmt! Und es ist Voraussetzung dafür, dass das Lernen und das Miteinander-Auskommen später nicht so schwer fällt. Für uns als Kirchengemeinde geht es darum, dass alle Kinder gute Startbedingungen bekommen. Auch die Kinder, für die zu Hause keiner Zeit hat oder die die deutsche Sprache noch nicht richtig können.

Firmgruppe: „Geht es im katholischen Kindergarten auch um Gott und Glauben?“

Kirchenpflegerin: „Wer zu uns kommt, muss nicht katholisch sein. Aber natürlich feiern wir die christlichen Feste, besuchen auch mal einen Gottesdienst und beschäftigen uns mit Geschichten aus der Bibel.“

Sven: „Ja, ich erinnere mich, da gab es immer ein Sankt-Martins-Spiel. Und eine Osterfeier! Das hat mir gut gefallen. Und es wurde aus der Kinderbibel vorgelesen. Irgendwie waren das die ersten Glaubensgespräche, die ich geführt habe.“ – *Alle lachen* –

Tanja: „Und jetzt setzen wir das in der Firmgruppe fort!“

Kirchenpflegerin: „Fast noch wichtiger als die christlichen Feste ist uns aber der Gedanke, dass jeder Mensch ein Geschöpf Gottes ist. Deshalb wollen wir ihn achten und dabei unterstützen seine Fähigkeiten und Fertigkeiten zu entfalten. Wir wollen ihn annehmen mit seinen guten und schwierigen Seiten und ihn in seiner Entwicklung fördern.“

Firmgruppe: „Das klingt ja richtig anspruchsvoll. Auf der anderen Seite ist es toll, wenn man als Kind so wichtig und ernst genommen wird.“

Kirchenpflegerin: „Wie ihr selbst gemerkt habt, wirken Erfahrungen, die ihr im Kindergarten gemacht habt, noch lange fort. Wenn ihr wissen wollt, wie der Kindergartenalltag abläuft, dann macht doch mal ein Praktikum bei uns. Da könnt ihr zusammen mit den Kindern die Welt entdecken.

Firmgruppe: „Vielen Dank für das Gespräch!“

In der Erzdiözese Freiburg gibt es ca. 1000 Tageseinrichtungen für Kinder, die von katholischen Kirchengemeinden getragen werden, hinzu kommen 900 in der Diözese Rottenburg-Stuttgart.

1. Skizziert den Körperumriss eines Kindes auf einem Plakat und führt dort ein Schreibgespräch darüber, welche Fähigkeiten ein Kind entwickeln sollte, bis es in die Schule kommt (vgl. Methode „Schreibgespräch“ S. 170).
2. Beschreibe die Auswirkungen, die Förderung und Zuwendung im Kindesalter auf die Entwicklung und das weitere Leben eines Menschen haben können.
3. Vollende den Satz „Die Kirche unterhält Kindergärten und Tageseinrichtungen, weil …“

Schule als Ort, den Glauben zu leben

In vielen Schulen sind Glauben und Kirche nicht nur Thema für den Religionsunterricht, sondern sie prägen auch das Leben in und um die Schule mit. Da gibt es jahreszeitliche Feiern wie Advents- oder Weihnachtsfeiern, da gibt es Orientierungstage im Kloster, da gibt es Schulgottesdienste zum Schuljahresbeginn oder -ende oder zu weiteren besonderen Anlässen.

Zur Schulseelsorge gehört aber noch mehr, nämlich die Begleitung von Menschen in Lebens- und Sinnfragen. Besonders wichtig wird das, wenn Lebensumbrüche zu bewältigen sind, wie zum Beispiel bei Verlusterfahrungen (Trennung oder Erkrankung der Eltern, Arbeitslosigkeit), bei Tod und Trauer. Dann sind Religionslehrer/innen in der Begleitung besonders gefragt.

Missionsprojekt starten • Schulgottesdienste vorbereiten • Tage im Kloster abhalten • Meditation durchführen • Kreuzweg gestalten • Segensfeier für einen neuen Schülerjahrgang gestalten • Besinnungstage planen • Trauergottesdienst mitgestalten • Sozialpraktika durchführen • Atem holen • an Besinnungsangeboten in der großen Pause teilnehmen • eine Wallfahrt durchführen • Verantwortung für ein Patenschaftsprojekt übernehmen

Aber auch bei Konflikten spielt die Schulseelsorge eine wichtige Rolle, indem sie die Ausbildung von Streitschlichtern anstößt und fördert oder Klassentage und Veranstaltungen zur Verbesserung des Klassenklimas anbietet. Sie trägt zu einem guten Miteinander in der Schule bei und kann so viel zu einer guten Schulkultur und Schulentwicklung beitragen.

Nicht zuletzt ist die Schulseelsorge immer dann ein wichtiger Partner, wenn es um soziales Engagement geht, denn Christ sein und christliches Handeln gehört zusammen. Deshalb fördert die Schulseelsorge das soziale Lernen und das Verständnis für andere Menschen, Religionen und Kulturen.

1. Schulseelsorge geschieht in vielfältigen Formen. Tragt zusammen, was es an eurer Schule alles gibt.
2. Lasst euch von den Ideen im Kasten inspirieren und gestaltet die Schulseelsorge durch einen eigenen Beitrag mit.

Compassion – Für andere da sein

Compassion bedeutet Mitleidenschaft. Ich nehme andere Menschen wahr, sehe und höre hin, was sie brauchen und helfe ihnen, damit sie bekommen, was sie zum Leben brauchen. Compassion hat mit Mitgefühl für andere zu tun, mit Wohlwollen, Zuwendung und Hilfsbereitschaft.
Es gibt heute viele Menschen, die Hilfe brauchen. Wir wissen das, handeln aber oft nicht danach, weil Mitgefühl und Handeln für andere nicht unbedingt selbstverständlich sind. Deshalb fördern Schule und Religionsunterricht, dass junge Menschen Compassion-Erfahrungen im Sozialpraktikum sammeln können. Schülerinnen und Schüler arbeiten dabei für eine bestimmte Zeit in sozialen Einrichtungen mit. Das können z. B. Altenheime, Krankenhäuser, Behinderteneinrichtungen, Obdachlosenheime, Kindergärten, Flüchtlingsheime oder Bahnhofsmissionen sein. Die Schülerinnen und Schüler wählen selber aus, wo sie sich engagieren möchten. Welche Erfahrungen können sie dabei sammeln?

Anna erzählt: „Ich habe in den letzten zwei Wochen bei der Sozialstation mitgearbeitet und eine Krankenschwester bei Hausbesuchen begleitet. Ehrlich, ich hätte nicht gedacht, dass es so viele einsame und pflegedürftige Menschen gibt. Sie alle brauchen Zuwendung und Aufmerksamkeit. Keiner darf vergessen werden. Ich habe gemerkt, dass ich jetzt eine andere Einstellung gegenüber kranken und alten Menschen habe. Ich kann viel besser verstehen, wie es ihnen geht und was sie brauchen.“

Nadine erzählt: „Nächstenliebe, Barmherzigkeit – das waren für mich immer nur fromme Worte. Aber seit ich in den vergangenen Wochen mein Sozialpraktikum in einem Seniorenzentrum gemacht habe, sehe ich das anders. Da habe ich gemerkt: Es kommt auf mich an! Ich kann etwas für andere tun! Und wenn ich nicht helfe, dann fehlt etwas. Natürlich gibt es im Seniorenzentrum Personal, aber die Pflegerinnen und Pfleger können immer Unterstützung brauchen. Als mich die alten Leute kannten, haben sie richtig darauf gewartet, dass ich komme.Ich habe in dieser Zeit gelernt, mit alten Leuten umzugehen, sie zu füttern und ihnen zu helfen. Am Anfang dachte ich, dass ich das gar nicht kann. Aber wenn du siehst, wie hilflos manche Menschen sind, dann greifst du einfach mit zu. Insgesamt war es eine gute Erfahrung.“

Florian berichtet: „Menschen in Not – die kannte ich hauptsächlich aus dem Fernsehen. Als ich für ein paar Wochen bei der Flüchtlingsberatungsstelle mitgearbeitet habe, habe ich gemerkt, was es heißt, ein Flüchtling zu sein. Die eigene Heimatstadt ist vielleicht zerstört, dort herrscht Krieg oder Verfolgung. Doch das heißt noch lange nicht, dass man einfach nach Deutschland kommen und hier leben darf. Da gibt es viele rechtliche Hürden. Ich verstehe jetzt besser, wie sich Menschen in Not fühlen. Ich habe mir vorgestellt, wie es wäre, wenn ich in einem fremden Land, dessen Sprache ich nicht richtig spreche, um Hilfe bitten müsste ... Seit diesen Erfahrungen habe ich mehr Verständnis für Asylbewerber. Heute verfolge ich die Nachrichten mit einem anderen Interesse und achte mehr auf die politische Situation in der Welt.“

1. Die Praktikanten haben wichtige Erfahrungen und Erkenntnisse gewonnen. Beschreibe diese.
2. Jesus war für Menschen in Not da. Berichte, wo du dich schon einmal von der Not anderer hast anrühren lassen.

Soziales Engagement – Und was tust du?

Sich für andere einzusetzen ist nicht nur ein schönes Zeichen von Gemeinschaft und Solidarität. Es ist auch die praktische Konsequenz meines Glaubens an Gott. Glauben nur für mich und ohne Folgen, das wollte Jesus nicht von uns. Er wollte, dass wir als Christen erkennbar sind – auch in unserem Handeln. Als Christ kann es mir nicht gleichgültig sein, wie es anderen geht. Ich fühle mich mitverantwortlich für unsere Welt und wie es auf ihr zugeht. Die Armen, die Schwachen, die Benachteiligen sind mir nicht gleichgültig. Wenn ich daher meinen Glauben leben will, dann gehört soziales Engagement dazu. Wenn es um soziales Engagement geht, geht es immer um die menschliche Gemeinschaft und das Zusammenleben. Wer sich sozial engagiert, setzt sich so ein, dass es dem Gemeinwohl nutzt. Wir erkennen soziales Verhalten positiv an, wenn wir jemanden als hilfsbereit bezeichnen oder den persönlichen Einsatz loben, den jemand zeigt.

Wenn ich mich für andere einsetze und engagiere, kann ich verschiedene Erfahrungen sammeln:

- gebraucht werden
- Grenzen überwinden
- Neues erleben
- Fremdes an sich heranlassen
- Verantwortung übernehmen
- für andere da sein
- den Horizont erweitern
- mit Menschen in Kontakt kommen
- Scheu überwinden
- merken, was man alles kann
- Freundschaften schließen
- für jemanden wichtig sein
- helfen können

> „Im Entdecken,
> im Sehen von Menschen,
> die im alltäglichen Gesichtskreis unsichtbar bleiben,
> beginnt die Sichtbarkeit Gottes,
> öffnet sich seine Spur."
>
> *Johann Baptist Metz*

Soziales Engagement hat viele Facetten:

Kranke pflegen

für …

Kontakt zu Menschen mit Behinderung aufbauen

Menschen am Rande der Gesellschaft begegnen

… sein

Asylsuchende kennenlernen

mit kleinen Kindern Neues entdecken

Streitschlichter sein

Jüngere Schüler anleiten und unterstützen

Obdachlose betreuen

Mentor werden

alte Menschen besuchen

Pate sein

bei der Eine-Welt-Initiative mitmachen

Ein bisschen Mut gehört dazu

Als Praktikant oder Praktikantin mitzuarbeiten, heißt für jeden, der es versucht, sich auf eine neue Situation einzulassen. Das ist zum einen sehr spannend, zum anderen spielt die Frage mit: Was kommt da auf mich zu? Kann ich das?

Cosima geht in die Klasse 8a der Gerhart-Hauptmann-Realschule. Sie hat ihr Sozialpraktikum bei einer kleinen Firma namens „Pfiffikus" absolviert. Die Integrationsfirma Pfiffikus ist eine Wasch-Bügel-Mangelstube, deren Arbeitskräfte hauptsächlich aus jungen Menschen mit einer geistigen Behinderung und Langzeitarbeitslosen besteht. Für Cosima ging es also nicht nur darum, Wäsche zu bügeln und zu falten. Die andere große Herausforderung bestand darin, mit der Belegschaft des Pfiffikus zusammenzuarbeiten.

In ihrem Praktikumsbericht schreibt Cosima:

„Mir hat die Arbeit bei Pfiffikus viel Spaß gemacht. Die Arbeitsatmosphäre war sehr angenehm und ich wurde sofort aufgenommen und eingebunden."

Cosima hatte in ihren 20 Stunden Praktikantenzeit alle Hände voll zu tun. Gemeinsam mit den anderen Mitarbeitern bediente sie die Mangel, nahm Wäsche entgegen, lernte, die Waschmaschine anzustellen und erlebte die Mitarbeiter mit Behinderung als Kollegen, mit denen es sich gut zusammen arbeiten ließ. Die anfänglichen Befürchtungen, dass sie unnütz herumstehen würde oder nicht wüsste, wie sie mit den Menschen mit Behinderung umgehen sollte, lösten sich schnell in Luft auf. Ihre Mitarbeiter kamen freundlich und ohne Scheu auf sie zu. So war es ganz einfach, ein Gespräch zu beginnen oder miteinander an der großen Mangel zu arbeiten.
Für Cosima war die wichtigste Erkenntnis, dass „Menschen mit Behinderung auch nicht dümmer sind als wir, sondern eben nur mehr Unterstützung benötigen." Ihr Fazit ist: „Im Großen und Ganzen war mein Praktikum eine gute Erfahrung. Ich würde es wieder machen!"

Durchführung eines Praktikums – einige Punkte, auf die es ankommt!

Erkundung

Welche sozialen Einrichtungen gibt es in meiner Stadt?
Wer ist der Träger der Einrichtung: Schule, Kirche, Stadt, Verein, ...?
Was tut die soziale Einrichtung?
Wofür setzt sie sich ein?

Entscheidung

Wo könnte ich ein Sozialpraktikum absolvieren?
Was kenne ich schon, was wäre mir neu?
Wo sehe ich für mich Herausforderungen?
Was müsste ich in meinem Sozialpraktikum in dieser Einrichtung tun?
Was sind meine Stärken, was traue ich mir nicht zu?

Praktikum

Ich komme pünktlich.
Ich erledige zuverlässig die Aufgaben, die mir zugeteilt werden.
Ich beobachte aufmerksam, frage nach und informiere mich über meine Praktikumsumgebung.
Ich halte in einem Bericht fest, was ich jeden Tag erlebe.

Auswertung

Wo habe ich mein Praktikum abgeleistet?
Was gehörte zu meinen Aufgaben?
Wie ging es mir?
Was fiel mir leicht? Was war schwer?
Was habe ich gelernt?
Wie bin ich mit den Menschen, die mir begegnet sind, zurechtgekommen?
Was war meine wichtigste Erfahrung in Hinblick auf die Arbeit, auf die Mitarbeiter, auf mich selbst und meine Fähigkeiten?
Würde ich das Praktikum wieder machen?

1. Erkläre mit eigenen Worten die Aussage von Johann Baptist Metz (vgl. Kasten S. 132).
2. Überlege, an welchem Praktikumsplatz du dich und deine Fähigkeiten am besten einbringen könntest.
3. Erläutere, wo du dich auch in Zukunft als Christin bzw. Christ für andere einsetzen willst.

Kennst du dich aus?

1. Stelle ein Abc des Reiches Gottes auf.
Schreibe den Satz „**D**urch **J**esu **W**orte **u**nd **H**andeln **w**ird **d**as **R**eich **G**ottes **e**rfahrbar“ in dein Heft. Notiere darunter Stichworte zum Reich Gottes, die die Anfangsbuchstaben der Wörter als Anfangsbuchstaben haben.

Bei der Suche nach Stichworten helfen dir die Fragen, die du dir in Aufgabe 1 auf Seite 115 überlegt hast oder folgende Fragen:

Wie redet die Bibel vom Reich Gottes?

Was verstehst du unter „Reich Gottes“?

Wer kommt in das Reich Gottes?

Wo liegt das Reich Gottes?

„Das Reich Gottes ist nur ein anderer Name für das Jenseits.“ Wieso ist dieser Satz nicht richtig?

Wie hängt das Reich Gottes mit der Person Jesu zusammen?

Zähle Lebensweisen auf, die dem Reich Gottes entsprechen.

Vergangenheit, Gegenwart und Zukunft – Erkläre, wie diese Zeiten mit dem Reich Gottes zusammenhängen.

Warum spricht Jesus in Gleichnissen vom Reich Gottes?

Wann beginnt das Reich Gottes?

Welche Beziehungen bestehen zwischen Wundern und dem Reich Gottes?

„Nur wer im Leben alles richtig macht, kommt ins Reich Gottes.“ Wieso ist dieser Satz nicht richtig?

Welche Gleichnisse kennst du?

Wann beginnt das Reich Gottes?

2. Sammelt Ideen, wie ihr zu einer „Kultur der Barmherzigkeit“ beitragen könnt:
a) in der Schulgemeinschaft,
b) in der eigenen Familie und bei Freunden,
c) für arme und benachteiligte Menschen in Deutschland und weltweit.

3. Versetze dich in ein Mitglied einer Not leidenden Familie hinein. Beschreibe aus seiner Sicht, was die Familie sich von den anderen Menschen wünscht. Denke dabei nicht nur an materielle Güter, sondern auch an Formen des Umgangs und der Wertschätzung.

4. Ergänze folgenden Satz: Jesu Handeln und sein Einsatz für das Reich Gottes sind für mich ein Vorbild, weil …

5. Gewissen – wonach soll ich mich richten?

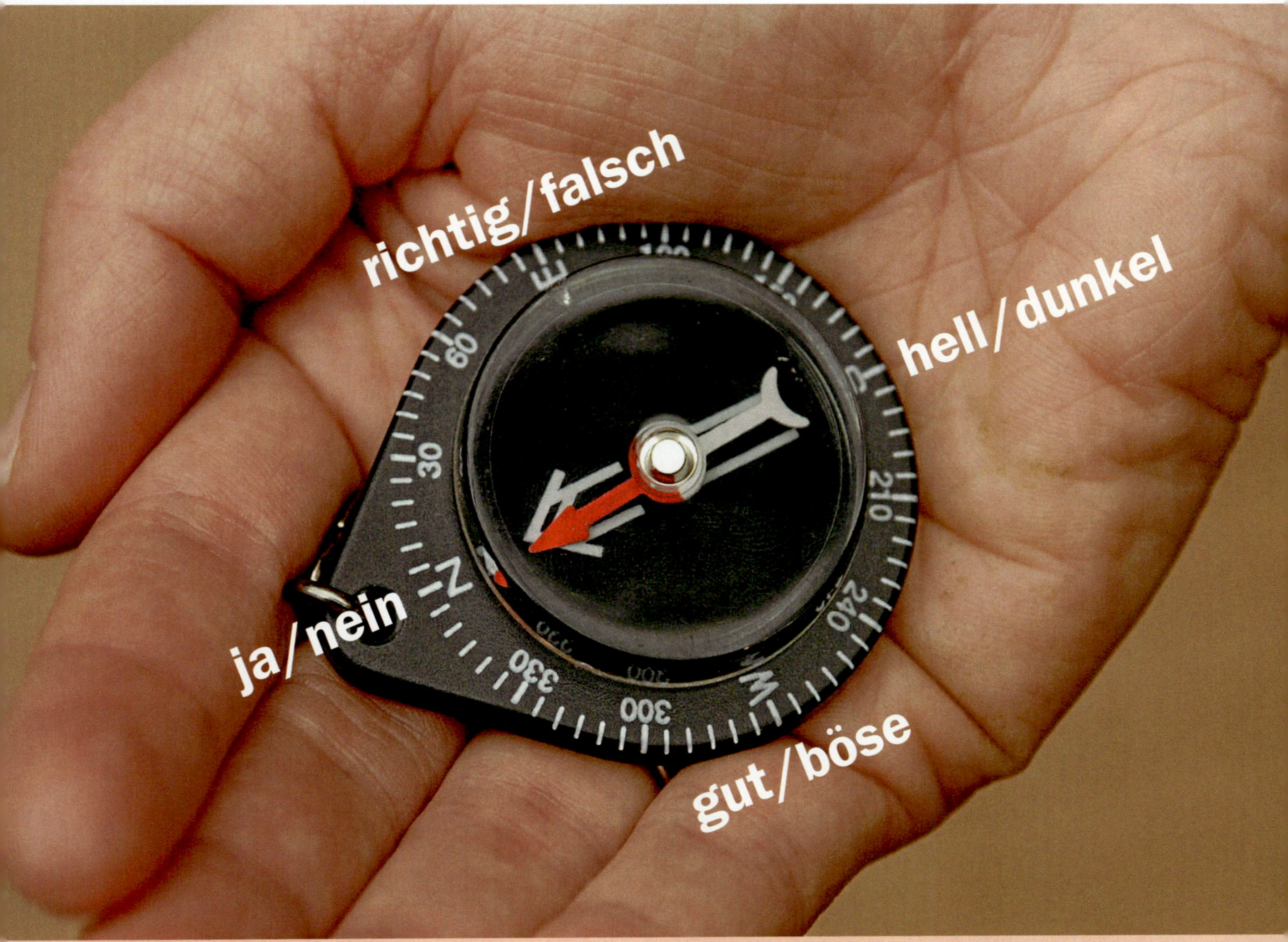

1. Überlege dir, in welchen Situationen deines Lebens du dich zwischen ja oder nein, richtig oder falsch, hell oder dunkel, gut oder böse entscheiden musstest. Notiere fünf Situationen.
2. Sprecht in kleinen Gruppen über eure Ergebnisse und erweitert eure Liste um Beispiele aus dem Leben anderer.
3. Beschreibe eine Situation ausführlicher in Form eines fiktiven Tagebucheintrags (vgl. Methode „Tagebucheintrag“ S. 175).

Mein Gewissen entwickelt sich – ich brauche Orientierung

Gewissen im Alltag

Oft denken wir bei dem Begriff „Gewissen" nur an das „schlechte Gewissen", das uns bedrückt, wenn wir etwas falsch gemacht haben.

Gewissen
Ich bin immer hinter dir,
jeden Tag von früh bis spät.
Ich bin in deiner Nähe,
ganz egal,
wohin du gehst.
Ich bin das schlechte Gefühl,
das du hin und wieder kriegst,
und das du ohne Schwierigkeit
einfach zur Seite schiebst.

An deinem letzten Tag hol ich dich ein,
nehm dich fest in meinen Griff.
Dann kommst du nicht mehr an mir vorbei.

Ich zeig dir dein wahres ICH.
Den tausend Lügen von dir wirst du dich stell'n,
all den Tricks und Spielereien.
Ich bin dein Gewissen,
ich lass dich nicht mehr allein.
Ich bin die Zecke,
die in deinem Nacken sitzt.
Mich wirst du nicht los,
ob du willst oder nicht.

Dein Schlaf ist heut noch tief und fest,
weil du meinst,
du kommst auch ohne mich aus.

Aber glaube mir,
selbst du wachst irgendwann mal auf.

Andreas Frege

Auf das Gewissen hören meint: Bei einer Entscheidung über das eigene Verhalten das Gewissen als Maßstab anzulegen, um über Richtig und Falsch urteilen zu können. Das Gewissen setzt also nicht erst dann ein, wenn eine Entscheidung falsch getroffen wurde, es hilft vielmehr, die richtige Entscheidung zu fällen.

- Bevor du ein Versprechen abgibst, überlege, ob du es auch halten kannst.
- Behaupte nichts, was du nicht genau weißt.
- Recht haben und rechthaberisch sein ist ein Unterschied.
- Die Argumente und Gründe der anderen sind genauso wichtig wie deine.
- Bedenke die möglichen Folgen deines Tuns.
- Was viele tun, muss noch lange nicht richtig sein.
- Überlege mit deinem eigenen Kopf und lass dich in nichts hineinziehen.
- Wichtige Entscheidungen sind es wert, dass du darüber nachdenkst und in Ruhe entscheidest.

1. Arbeite aus dem Gedicht von Andreas Frege die thematisierten Aspekte des Gewissens heraus.
2. Stelle dar, welche Aspekte unberücksichtigt bleiben, beziehungsweise welche im Gedicht überbetont werden. Begründe.
3. Gestalte eine Mindmap zum Thema „Gewissen" (vgl. Methode „Mindmap" S. 170).

Was rät dir dein Gewissen?

Markus leidet an Neurodermitis. Besonders sein Gesicht ist schwer davon betroffen. Niemand will sich zu ihm setzen.

Jens findet auf dem Pausenhof einen Fünfzig-Euro-Schein.

Michaela und Jenny wollen ins Kino. Für die Eintrittskarte reicht das Taschengeld noch, den Fahrpreis für den Stadtbus bringen sie aber nicht mehr zusammen.

Auf dem Nachhauseweg vom Supermarkt bemerkt Hannes, dass man ihm zehn Euro zu viel herausgegeben hat.

Anna entdeckt auf den Ständern vor einem Bekleidungsgeschäft in der Fußgängerzone coole T-Shirts, die ihr ungemein gefallen. In einer Fernsehsendung hat sie kürzlich einen Bericht gesehen, dass solche Textilien von Kindern in der Dritten Welt gefertigt werden.

Die U-Bahn, mit der Eli fährt, ist dünn besetzt. Ihr gegenüber sitzt ein etwa 10-jähriges Mädchen. An der Haltestelle steigt ein Mann ein, der das Mädchen belästigt.

Petra fragt Jenny, ob sie am Nachmittag mit ihr zum Bummeln in die Stadt geht. Jenny hat ihrer Mutter versprochen, heute auf ihren kleinen Bruder aufzupassen, damit ihre Mutter dringende Termine erledigen kann.

Florian fährt mit dem Rad durch den Stadtpark. Er sieht, dass zwei Skinheads auf einen farbigen Passanten zugehen und diesen bedrängen.

Im Keller stehen noch immer die Eimer mit Farbresten von der letzten Renovierung. Holger soll jetzt endlich ausmisten. Es gibt viele Möglichkeiten der „Entsorgung“.

Benedikt ist ein guter Schüler. Bei einer Probearbeit erhält die Lehrerin zwei Arbeiten unter seinem Namen. Auf einer sind mit verstellter Schrift fehlerhafte Ergebnisse aufgezeichnet, die die Note ungenügend verdienen.

Mein Gewissen entwickelt sich – ich brauche Orientierung

Richard findet in der Turnhalle ein Paar nagelneue Turnschuhe, die er sich selbst nie leisten könnte.

Kerstin hat aus Unachtsamkeit das neue Mountainbike ihres Mitschülers Ralf beschädigt. Niemand hat sie dabei beobachtet.

Beim Rennen auf dem Pausenhof rutscht Judith aus und zerschlägt sich dabei die neue Brille. Sofort bietet ihr die Freundin an, den Schaden über ihre Haftpflichtversicherung zu regeln.

Monika hat einige Bewerbungen für eine Lehrstelle geschrieben. Sie kann sich jetzt zwischen zwei Lehrstellen entscheiden.

Auf dem Weg zum Sportplatz beobachtet Marie, wie zwei Jugendliche ihrem Mitschüler Martin auflauern und ihn in den „Schwitzkasten" nehmen. Schon seit einiger Zeit ist ihr aufgefallen, dass Martin bedrückt und verängstigt wirkt.

Jochen und Oliver streiten sich. Jochen behauptet, dass er Oliver sein neuestes Computerspiel geliehen habe und dieser es ihm noch nicht zurückgegeben hat. Oliver jedoch versichert, dass er es ihm schon vor einer Woche gegeben habe. Er wendet sich an Tobias. „Du hast doch gesehen, dass ich es zurückgegeben habe!" Tobias ist Olivers bester Freund. Er kann sich erinnern, dass die beiden über das Spiel gesprochen hatten, aber er war mit seiner Mathehausaufgabe beschäftigt und ist sich nicht sicher.

Julia macht eine Ausbildung zur Krankenschwester. Bei der Vorbereitung einer Operation erfährt sie, dass bei der nächsten Patientin eine Schwangerschaft im siebten Monat abgebrochen werden soll.

Kevin ist der Mittelstürmer seiner Schulmannschaft. Beim Spiel um den Turniersieg fällt er im Strafraum des Gegners hin, weil der Rasen ein Loch hat. Der Schiedsrichter entscheidet auf Elfmeter, weil der meint, dass Kevin von einem Verteidiger umgestoßen wurde.

Louisa ist seit einiger Zeit mit Chris näher befreundet. Bei einer Party interessiert sich Tobias für sie und lädt sie am nächsten Tag zu einem Kinobesuch ein.

Maria sah im Fernsehen eine Reportage über das Elend der Tiertransporte und der Massentierhaltung. Sie ist sehr aufgewühlt.

1. Überlege, was dir in den einzelnen Situationen dein Gewissen raten würde.
2. Setzt Beispiele, bei denen es mehrere Lösungsmöglichkeiten gibt, in Rollenspielen um.
3. Beschreibe weitere Konfliktsituationen, in die Jugendliche geraten können.

Gewissen – was ist das überhaupt?

„Du bist sehr gewissenhaft!“ – „Er hat Gewissensbisse!“ – „Das kann ich mit meinem Gewissen nicht vereinbaren.“ – Diese oder ähnliche Redensarten kann man immer wieder hören. Offensichtlich hat das Gewissen unterschiedliche Bedeutung für uns Menschen. Es kann zu einer Tat ermutigen oder vor ihr warnen und nach einer Tat dem Menschen sagen, ob sein Handeln gut oder schlecht war.

Aber was ist das Gewissen genau?
Das Gewissen ist die eigentlich entscheidende Instanz, die es dem Menschen möglich macht, als verantwortungsvoller Mensch zu handeln. Es ist das Bewusstsein für Gut und Böse, das Gespür der Übereinstimmung oder des Gegensatzes zu einem Gebot. Sokrates sprach von einer „inneren Stimme“, die ihn leite und warne.

Christen hören im Gewissen die Stimme Gottes. Jeder einzelne kann sich mit seinem Gewissen immer wieder neu und anders entscheiden und sich dabei an moralischen Maßstäben orientieren oder nicht.
Nach Paulus ist das Gesetz Gottes allen Menschen ins Herz geschrieben (Röm 2,15). Es besagt, das Gute zu lieben und das Böse zu meiden. Die Liebe Gottes stellt die Verbindung Gottes zu jedem Menschen her. Aus der Liebe Gottes, also aus der erfahrenen Gottesbeziehung heraus, können Menschen sich in ihrem Gewissen für das Gute entscheiden.

Eine Gewissensentscheidung ist eine Entscheidung, die der Mensch als für sich bindend und unbedingt verpflichtend empfindet. Er kann nicht gegen sie handeln. Handelt ein Mensch entsprechend seinem Gewissen, fühlt er sich gut und zufrieden und gibt üblicherweise an, ein gutes oder reines Gewissen zu haben. Handelt er aber gegen sein Gewissen, fühlt er sich oft angeklagt oder sogar verfolgt. Manche verspüren ein nagendes Gewissen, andere fühlen sich von Gewissensbissen geplagt oder geradezu gepeinigt.

Wie sich der Mensch in einer bestimmten Situation tatsächlich verhält und wie er sein Gewissen erfährt, hängt von der persönlichen Entscheidungsbereitschaft und -fähigkeit ab, die sich im Lauf unseres Lebens entwickelt hat. Diese „Gewissensbildung“ verläuft bei jedem Menschen anders, Christen werden zudem durch ihren Glauben beeinflusst. Christsein und christliches Handeln gehören zusammen.

1. Fasse wichtige Aussagen über das Gewissen zusammen.

Wie das Individuum seine Entscheidungsfähigkeit entwickeln kann

Im „normalen" Leben, auch im Schulalltag, läuft in der Regel alles so, dass sich die Frage nach dem Gewissen nicht ausdrücklich stellt. Dennoch gibt es immer wieder Situationen, in denen man sich fragen muss, ob man das mit seinem Gewissen vereinbaren kann. Was hat es also mit dem Gewissen auf sich? Wann kann ich sagen, dass ich etwas vor meinem Gewissen verantworten kann oder dass ich etwas nicht vor meinem Gewissen verantworten kann? Wann habe ich mit Recht ein „schlechtes" oder ein „gutes" Gewissen?
Menschen werden nicht mit einem „fertigen" Gewissen geboren. Die Fähigkeit, Recht und Unrecht, Richtiges und Falsches zu unterscheiden, muss entfaltet und entwickelt werden. Auf dem langen Weg der Bildung des Gewissens hat man einige typische Entwicklungsstufen festgestellt.

Das frühkindliche Gewissen

Das Kleinkind ist auf die Liebe und Fürsorge der Eltern und Bezugspersonen angewiesen. Es liebt sie bedingungslos. Um die Liebe der Eltern nicht zu verlieren, passt es sich den Verboten und Geboten der Umwelt an. Es hat Angst, die Zuwendung der Eltern zu verlieren und/oder bestraft zu werden. So gewöhnt es sich an bestimmte Verhaltensweisen.
Es gibt auch ältere Kinder, Jugendliche und sogar Erwachsene, die auf dieser Entwicklungsstufe stehen bleiben. Sie verhalten sich nach den Vorschriften und Gesetzen nur so lange, wie sie sich kontrolliert fühlen. Ansonsten leben sie nach dem Grundsatz: „Du darfst alles, du darfst dich nur nicht erwischen lassen."

Das autoritäre Gewissen

Das ältere Kind richtet sich nach der Stimme der Eltern: „Tu dies!" oder „Lass das!" Es fühlt sich sicher, wenn es gehorcht. Es stellt aber auch schon Forderungen an sich, indem es die Forderungen einer Autorität als „Über-Ich" verinnerlicht. Der Begriff „Über-Ich" stammt von dem Tiefenpsychologen Sigmund Freud (1856–1939). In diesem Über-Ich sammeln sich die Wertvorstellungen und Gebote der Umwelt. Sie prägen das Verhalten des Kindes. Aus Gehorsam der Autorität oder dem Über-Ich gegenüber vermeidet es zum Beispiel das Stehlen oder das Spielen mit Feuerzeugen. Jugendliche und Erwachsene, die auf dieser Stufe stehen geblieben sind, erkennt man an der Abhängigkeit von Autoritäten. Sie fragen sich nicht, ob ihr Tun richtig oder falsch ist, sondern nur, ob es zum Beispiel dem Willen eines Cliquenführers oder der Mode entspricht.

Das mündige personale Gewissen

Das mündige personale Gewissen sollte das Ziel eines jeden Menschen sein. Auf dieser Stufe folgt der Mensch der Einsicht in die Verantwortung für sich und die anderen. Er denkt über die Folgen nach, die sein Handeln für andere haben könnte. Er ist fähig, sich in andere einzufühlen.
Eine vernünftige Entscheidung erfordert aber auch Maßstäbe. Dazu gehört die Unterscheidung von Gut und Böse, ebenso das Wissen um Werte und Normen. Das Individuum lernt, sich mündig zu entscheiden, Werte zu erkennen und ein Gespür für die Rangordnung der Werte zu entwickeln. Es ist auch fähig, den Anspruch einer Autorität zu prüfen und kann menschliche Gebote und Verbote kritisch hinterfragen. Nicht alle Menschen erreichen dieses Ziel. Es gibt Situationen, in denen Erwachsene ihrem mündigen Gewissen folgen und andere Gelegenheiten, in denen sie auf das autoritäre oder sogar auf das frühkindliche Gewissen zurückfallen.
Andererseits gibt es auch schon sehr junge Menschen, die ein erstaunlich mündiges Gewissen zeigen.

Habe ich als Christ ein anderes Gewissen?

Der Moraltheologe Eberhard Schockenhoff beschäftigt sich mit der Frage nach dem menschlichen Gewissen. Einen Unterschied zwischen dem Gewissen bei einem Christen und einem Nicht- oder Andersgläubigen gibt es seiner Meinung nach nicht. Trotzdem kann man von einer unterschiedlichen Orientierung in der Gewissensbildung sprechen:

> Die Gewissensbildung der Christen orientiert sich (...) an dem Liebesgebot Jesu, dessen Forderungen in der Goldenen Regel zusammengefasst und im Gleichnis vom barmherzigen Samariter exemplarisch erkennbar sind.
>
> *Eberhard Schockenhoff*

1. Das Foto zeigt eine Anti-Atomkraft-Demonstration. In München demonstrierten am 26. März 2011 über 25.000 Anti-Atomkraft-Gegner am Odeonsplatz gegen Atomenergie und forderten die Abschaffung der alten AKWs. Weitere Demonstrationen fanden in Köln, Hamburg und Berlin statt. Überlege, wie diese Demonstrationen mit der Herausbildung des Gewissens zusammenhängen können.
2. Erkläre, an welche Stufen der Gewissensbildung du dich in deinem Leben erinnerst. Welche hast du noch vor dir?
3. Bildet Kleingruppen von drei oder vier Schülern und erzählt euch gegenseitig von den verschiedenen Stufen der Gewissensbildung.
4. Erläutere das Zitat des Moraltheologen Eberhard Schockenhoff.

Vorbilder des Gewissens

Die Apostel vor dem Hohen Rat

Währenddessen kam der Hohepriester mit seinen Begleitern. Sie riefen den Hohen Rat und alle Ältesten der Söhne Israels zusammen; man schickte Boten zum Gefängnis, um die Apostel vorführen zu lassen. Die Diener gingen, fanden sie aber nicht im Gefängnis. Sie kehrten zurück und meldeten: Wir fanden das Gefängnis sorgfältig verschlossen und die Wachen vor den Toren stehen; als wir aber öffneten, fanden wir niemand darin. Der Tempelhauptmann und die Hohenpriester waren ratlos, als sie das hörten, und wussten nicht, was nun werden sollte. Da kam jemand und meldete ihnen: Die Männer, die ihr ins Gefängnis geworfen habt, stehen im Tempel und lehren das Volk. Da ging der Tempelhauptmann mit seinen Leuten hin und holte sie, allerdings nicht mit Gewalt; denn sie fürchteten, vom Volk gesteinigt zu werden. Man führte sie herbei und stellte sie vor den Hohen Rat. Der Hohepriester verhörte sie und sagte: Wir haben euch streng verboten, in diesem Namen zu lehren; ihr aber habt Jerusalem mit eurer Lehre erfüllt; ihr wollt das Blut dieses Menschen über uns bringen. Petrus und die Apostel antworteten: Man muss Gott mehr gehorchen als den Menschen. Der Gott unserer Väter hat Jesus auferweckt, den ihr ans Holz gehängt und ermordet habt. Ihn hat Gott als Herrscher und Retter an seine rechte Seite erhoben, um Israel die Umkehr und Vergebung der Sünden zu schenken. Zeugen dieser Ereignisse sind wir und der Heilige Geist, den Gott allen verliehen hat, die ihm gehorchen. Als sie das hörten, gerieten sie in Zorn und beschlossen, sie zu töten.

Apg 5,21b–33

Georges Rouault: Verspottung Christi, 1932.

1. Trage zusammen, was dich an den Aposteln beeindruckt.
2. Arbeite im biblischen Text von der Verhaftung und Verurteilung der Apostel (Apg 5,21b–33) die zentrale Aussage über das Gewissen heraus.
3. Niemand weiß, wie er sich in einer solch extremen Situation, in der sich die Apostel befanden, verhalten würde. Aber es gab immer wieder Menschen, die ihrem Gewissen bis in den Tod treu blieben. Recherchiere nach weiteren Beispielen.

Die Geschwister Scholl

Die Geschwister Hans und Sophie Scholl wurden am 22. Februar 1943 in München zum Tode verurteilt und hingerichtet. Sophie war 21, Hans 25 Jahre alt. Wie kam es dazu? Die beiden Geschwister wuchsen im nationalsozialistischen Deutschland auf, wie die meisten Kinder ihrer Zeit. Sie verbrachten ihre Zeit in der Hitler-Jugend, Sophie wirkte im „Bund Deutscher Mädel“ mit und das sogar mit Begeisterung. Kurz und gut: Sie taten das, was üblich war, was alle taten, sie befolgten die Regeln der damaligen Zeit. Allmählich entwickelten die Geschwister aber eine eigenständige Meinung zu dem, was um sie herum geschah. Sie waren als junge Erwachsene nach München gekommen, um dort an der Universität zu studieren. Ihnen wurde immer klarer, dass sie in einem Unrechtstaat lebten, in dem die Freiheit und die Würde des Menschen missachtet wurden. In vielen Gesprächen und Diskussionen mit ihren Freunden fanden sie zu der Überzeugung, dass sie nicht länger zu diesem Unrecht schweigen durften. Gemeinsam mit ihren Freunden organisierten sie im Sommer 1942 eine Widerstandsgruppe, die sie „Die Weiße Rose“ nannten. Bis zu ihrer Verhaftung im Frühjahr 1943 riefen sie in sechs Flugblättern zum Widerstand gegen den nationalsozialistischen Terror auf. Für ihre Überzeugung waren die Mitglieder der „Weißen Rose“ bereit, ihr Leben zu opfern.

1. Informiere dich in Büchern (Lexika, Biografien, ...) und im Internet über die Lebensgeschichte der Geschwister Scholl. Fasse die erhaltenen Informationen unter der Überschrift „Entwicklung des Gewissens bei den Geschwistern Scholl“ in einem aktuellen Zeitungsartikel zusammen (vgl. Methoden „Internetrecherche“ S. 169 und „Zeitungsartikel“ S. 175).
2. Wenn du die Möglichkeit hättest, mit Hans und Sophie Scholl zu reden, was würdest du sie fragen? Bereitet in Gruppen Fragen für dieses „Interview“ vor (vgl. Methode „Zeitungsinterview“ S. 175).
3. Schreibe einen Brief an Hans und Sophie Scholl, in dem du ihnen mitteilst, weshalb sie für dich heute ein Vorbild sind (vgl. Methode „Brief schreiben“ S. 176).
4. Die Geschwister Scholl nannten ihre Widerstandsgruppe „Die Weiße Rose“. Versuche den Namen der Gruppe zu deuten und recherchiere die Bedeutung im Internet (vgl. Methode „Internetrecherche“ S. 169).

Hans Scholl

Sophie Scholl

Die Weiße Rose

1943, kurz vor dem Ende der Nazidiktatur, wurden die Geschwister Sophie und Hans Scholl und vier weitere Mitglieder der Widerstandsbewegung „Die Weiße Rose" in München hingerichtet. Ihnen und all denen, die sich auch heute noch dem Faschismus entgegenstellen, ist dieses Lied zugeeignet.

Jetzt haben sie euch zur Legende gemacht
und in Unwirklichkeiten versponnen,
denn dann ist einem – um den Vergleich
gebracht –
das schlechte Gewissen genommen.

Ihr wärt heute genauso unbequem
wie alle, die zwischen den Fahnen stehn,
denn die aufrecht gehn, sind in jedem System
nur historisch hochangesehn.

Ihr wärt hier so wichtig, Sophie und Hans,
Alexander und all die andern,
eure Schlichtheit und euer Mut,
euer Gottvertrauen – ach, tät das gut!
Denn die Menschlichkeit, man kann's verstehn,
ist hierzuland eher ungern gesehn
und beschloß deshalb auszuwandern.

Ihr habt geschrien,
wo andre schwiegen,
obwohl ein Schrei nichts ändern kann,
ihr habt gewartet, ihr seid geblieben,
ihr habt geschrien,
wo andre schwiegen –
es ging ums Tun und
nicht ums Siegen!

Vielleicht ist das Land etwas menschlicher
seitdem
doch noch wird geduckt und getreten.
Der Herbst an der Isar ist wunderschön,
und in den Wäldern lagern Raketen.

Ich würd mal mit euch für mein Leben gern
ein paar Stunden zusammensitzen,
doch so nah ihr mir seid, dazu seid ihr zu fern,
trotzdem werd ich die Ohren spitzen.

Ihr wärt hier so wichtig, Sophie und Hans,
Alexander und all die andern,
eure Schlichtheit und euer Mut,
euer Gottvertrauen – ach, tät das gut!
Denn die Menschlichkeit, man kann's verstehn,
ist hierzuland eher ungern gesehn
und beschloß deshalb auszuwandern.

Ihr habt geschrien,
wo andre schwiegen,
obwohl ein Schrei nichts ändern kann,
ihr habt gewartet,
ihr seid geblieben,
ihr habt geschrien,
wo andre schwiegen –
es geht ums Tun
und nicht ums Siegen!

Ihr habt geschrien,
wo andre schwiegen,
obwohl ein Schrei nichts ändern kann,
ihr habt gewartet,
ihr seid geblieben,
ihr habt geschrien,
wo andre schwiegen –
es geht ums Tun
und nicht ums Siegen!

Konstantin Wecker

1. Konstantin Wecker schrieb 1993 den Song „Die Weiße Rose". Wie versucht Wecker die Arbeit der Geschwister zu würdigen?

2. „Es geht ums Tun und nicht ums Siegen!", so lautet der Refrain des Liedes. Sicher fallen dir auch heute Situationen ein, auf die diese Aussage zutrifft. Gestalte eine Bild-Text-Collage dazu.

Biblische Weisungen ins Leben

Dekalog

In der Bibel lassen sich an vielen Stellen Weisungen ins Leben finden, die für uns Christen sehr hilfreiche Vorgaben sein können, wenn es darum geht, in unserem täglichen Leben Gewissensentscheidungen zu treffen.

Im Buch Exodus finden sich an einer Stelle (Ex 20,2–17) ausführliche Weisungen, die das Zusammenleben der Menschen untereinander und das Verhalten Gott gegenüber regeln.
In der Frühzeit der christlichen Kirche formulierten verschiedene Schriftsteller dafür den Begriff „Dekalog“. Mit dieser Bezeichnung, die von griechisch „deka“ = zehn und „logos“ = Wort kommt, fassten sie die in diesem Text enthaltenen „Zehn Worte“ zusammen. Im deutschsprachigen Raum sind daraus die Zehn Gebote geworden.
Doch wenn wir diesen Text genau lesen, stellen wir rasch fest, dass die darin enthaltenen Gebote nicht als Verbote oder Einschränkungen gemeint sind, sondern als Hilfestellungen fürs Leben. Daher wäre es besser, heute von den „Zehn Weisungen“ zu sprechen, wenn wir die Zehn Gebote meinen.

Die moderne Forschung geht davon aus, dass die Zehn Weisungen im Volk Israel lange Zeit von Generation zu Generation mündlich weitererzählt wurden. Im 8. oder 7. Jahrhundert vor Christus schließlich hielt man sie schriftlich fest. Aus dieser Zeit stammt auch unsere Textvorlage. Dabei waren die Israeliten nicht das erste Volk, das für sich eine Sammlung von Geboten aufgeschrieben hat. Die biblischen Schriftsteller konnten auf alte Vorbilder zurückgreifen, die sie in anderen Kulturen vorfanden. Bereits ihnen bekannt und noch heute berühmt, ist die Gesetzessäule Hammurabis von Babylon (ca. 1792–1730 v. Chr.).

Er ließ eine lange Sammlung von Geboten auf eine Säule einmeißeln. Die Spitze der Säule zeigt, wie Hammurabi durch den babylonischen Schöpfergott Marduk als Gesetzesmittler beauftragt wird. Die Füße der Gottheit ruhen auf einem Berg. Diese Szenerie macht deutlich: Die Gesetze sind eine Gabe des auf dem Weltenberg thronenden Schöpfergottes.
In der Königszeit lebten die Israeliten nicht mehr in der Wüste, sondern waren inzwischen im Land Kanaan sesshaft geworden. Im Dekalog-Text erkennt man das daran, dass einige Gebote, wie z. B. „Du sollst nicht nach dem Haus deines Nächsten verlangen, nach seinem Sklaven oder seiner Sklavin, seinem Rind oder seinem Esel oder nach irgendetwas, das deinem Nächsten gehört“, besser in ein bäuerliches oder handwerkliches Milieu eines Kulturlandes passen, als in eine Wüstensituation. Dennoch reichen die Wurzeln des Dekalogs in die nomadische Frühzeit des Volkes Israel zurück. Wie er ursprünglich lautete, wissen wir nicht.

Schon die Bibel spricht von zwei Tafeln,auf die die Zehn Gebote verteilt sind (Ex 31,18).
Seit Augustinus (354–430 n. Chr.) besteht diese Aufteilung: Die erste Tafel enthält die ersten drei, die zweite Tafel die weiteren sieben Gebote. Augustinus greift dabei auf eine Bibelstelle zurück, nach der Mose auf Befehl JHWHs (Ex 32,15 f.) die Gebote auf steinerne Tafeln geschrieben hat.

Stele mit dem Kodex Hammurabi, gefunden in Susa, im heutigen Iran, 18. Jh. v. Chr.

Biblische Weisungen ins Leben

Die Zehn Gebote

Dann sprach Gott alle diese Worte:
Ich bin JHWH, dein Gott, der dich aus Ägypten geführt hat, aus dem Sklavenhaus.
Du sollst neben mir keine anderen Götter haben.
Du sollst dir kein Gottesbild machen und keine Darstellung von irgendetwas am Himmel droben, auf der Erde unten oder im Wasser unter der Erde.
Du sollst dich nicht vor anderen Göttern niederwerfen und dich nicht verpflichten, ihnen zu dienen. Denn ich, der Herr, dein Gott, bin ein eifersüchtiger Gott: (...)
Du sollst den Namen des Herrn, deines Gottes, nicht missbrauchen; denn der Herr lässt den nicht ungestraft, der seinen Namen missbraucht.
Gedenke des Sabbats: Halte ihn heilig!
Sechs Tage darfst du schaffen und jede Arbeit tun. Der siebte Tag ist ein Ruhetag, dem Herrn, deinem Gott, geweiht. An ihm darfst du keine Arbeit tun: du, dein Sohn und deine Tochter, dein Sklave und deine Sklavin, dein Vieh und der Fremde, der in deinen Stadtbereichen Wohnrecht hat.
Denn in sechs Tagen hat der Herr Himmel, Erde und Meer gemacht und alles, was dazugehört; am siebten Tag ruhte er. Darum hat der Herr den Sabbattag gesegnet und ihn für heilig erklärt.
Ehre deinen Vater und deine Mutter, damit du lange lebst in dem Land, das der Herr, dein Gott, dir gibt.
Du sollst nicht morden.
Du sollst nicht die Ehe brechen.
Du sollst nicht stehlen.
Du sollst nicht falsch gegen deinen Nächsten aussagen.
Du sollst nicht nach dem Haus deines Nächsten verlangen. Du sollst nicht nach der Frau deines Nächsten verlangen, nach seinem Sklaven oder seiner Sklavin, seinem Rind oder seinem Esel oder nach irgendetwas, das deinem Nächsten gehört.

Ex 20,1–17

Rembrandt: Mose zerschmettert die Gesetzestafeln, 1659.

Frühmorgens (ab 2 Uhr) pilgern jeden Tag mehrere hundert Gläubige auf den Moseberg, Jabal Mûsâ (2285 m), um dort den Sonnenaufgang über dem Sinai zu erleben. Auf diesem Berg soll Mose die Zehn Gebote empfangen haben.

1. Lies den Text aus Ex 20,1–17 sorgfältig durch und versuche, die Zehn Weisungen herauszufinden. Schreibe sie in den dir bekannten Worten in dein Heft.

2. Auf Rembrandts Bild ist Mose dargestellt, der die Gesetzestafeln zerschmettert. Begründe das Handeln des Mose. Lies gegebenenfalls in Exodus 32,1–20 nach.

Du hast dir sicher schon einmal Gedanken über Regeln unseres Zusammenlebens gemacht. Die Zehn Gebote gelten als Grundregeln für das Miteinander von Menschen und als Regeln für eine gute Beziehung zu Gott. Um sie als biblische Weisungen ins Leben besser verstehen zu können, wollen wir sie nun genauer unter die Lupe nehmen, und zwar indem wir sie in die Sprache der heutigen Zeit übersetzen.

Ich bin der Herr, dein Gott, der dich trägt und für dich da ist. Ich sage dir:

- Denke darüber nach, worauf es im Leben wirklich ankommt! Laufe Geld, Kleidung und Erfolg nicht hinterher, als ob sie das Wichtigste im Leben wären.
- „Oh Gott ...!“ – „Mein Gott, ...“ – „Ach Gott, ...!“ – Manchmal spricht man den Namen Gottes ganz gedankenlos aus. Versuche in diesen Situationen, wirklich an Gott zu denken.
- Gib dem Sonntag ein Gesicht. Überlege dir immer wieder neu, was du aus „deinem Sonntag“ machen kannst.
- Geh mit jedem in deiner Familie liebevoll um.
- Mache nichts unnötig kaputt, sondern beschütze alles, damit es sich entfalten kann.
- Geh mit Freundschaften behutsam um.
- Lebe nicht auf Kosten anderer und nimm niemandem etwas weg.
- Rede nicht schlecht über andere. Lege niemanden herein und bleibe bei der Wahrheit.
- Jeder Mensch ist etwas Besonderes. Lasse andere neben dir gelten.
- Du hast alles, was du zum Leben brauchst. Beneide andere nicht um das, was sie besitzen.

1. Überarbeitet in Kleingruppen die „Übersetzung“ der Zehn Gebote und erstellt eine eigene Version der „Zehn Weisungen“ für euer Leben.
2. Suche in verschiedenen Tageszeitungen nach Artikeln, in denen davon berichtet wird, dass die Zehn Gebote eingehalten oder missachtet wurden.
3. Schneide die Artikel aus, suche nach passenden Fotos oder erstelle eigene Zeichnungen und gestalte damit ein Plakat (vgl. Methode „Plakat gestalten“ S. 173).

Hauptgebot der Liebe

Im Alten Testament finden sich die Weisungen zur Gottes-, Selbst- und zur Nächstenliebe an verschiedenen Stellen. Im Buch Deuteronomium können wir in einem Glaubensbekenntnis Israels nachlesen:

> Höre, Israel! JHWH, unser Gott, JHWH ist einzig.
> Darum sollst du den Herrn, deinen Gott, lieben mit ganzem Herzen, mit ganzer Seele und mit ganzer Kraft.
>
> Dtn 6,4–5

Im Buch Levitikus finden sich an zwei Stellen Aussagen zur Selbst- und Nächstenliebe:

> An den Kindern deines Volkes sollst du dich nicht rächen und ihnen nichts nachtragen. Du sollst deinen Nächsten lieben wie dich selbst. Ich bin der Herr.
>
> Lev 19,18

> Der Fremde, der sich bei euch aufhält, soll euch wie ein Einheimischer gelten und du sollst ihn lieben wie dich selbst; denn ihr seid selbst Fremde in Ägypten gewesen. Ich bin der Herr, euer Gott.
>
> Lev 19,34

Diese im Alten Testament getrennt aufgeführten Weisungen verbindet Jesus im Neuen Testament zu einer einzigen Weisung, zum Hauptgebot der Gottes-, Selbst- und Nächstenliebe.
Jesus wurde nämlich einmal von einem Schriftgelehrten gefragt, welches Gebot das Wichtigste, das Erste von allen sei. Auf diese Frage antwortete er:

> Das erste ist: Höre, Israel, der Herr, unser Gott, ist der einzige Herr.
> Darum sollst du den Herrn, deinen Gott, lieben mit ganzem Herzen und ganzer Seele, mit all deinen Gedanken und all deiner Kraft.
> Als zweites kommt hinzu: Du sollst deinen Nächsten lieben wie dich selbst. Kein anderes Gebot ist größer als diese beiden.
>
> Mk 12,29–31

1. Kannst du dir vorstellen, was es bedeutet, Gott zu lieben? Versuche diese Frage zu beantworten, indem du folgenden Satz zu Ende führst:
   „Die Menschen lieben Gott, wenn sie ...“
   Nenne verschiedene Beispiele.
2. Erkläre, worin für das Volk Israel der Unterschied zwischen dem „Nächsten“ und dem „Fremden“, von dem in Lev 19 die Rede ist, besteht.
3. Lies dir das von Jesus formulierte Hauptgebot noch einmal durch. Welche drei Weisungen für das Leben aller Menschen sind darin enthalten? Sprecht mit eurem Partner darüber, in welchen Situationen eures Lebens ihr das Gebot be- oder missachtet.

Die Goldene Regel

Mit anderen Menschen gut zusammenzuleben, ist gar nicht so einfach. Das ging den Menschen schon zur Zeit Jesu so. Deswegen wandten sie sich an ihn mit der Frage: Was sollen wir tun, damit unser Zusammenleben gelingt? Jesus antwortete mit einem einzigen Satz:

> Alles, was ihr von anderen erwartet, das tut auch ihnen!
>
> *Mt 7,12*

Diesen Satz nennt man die „Goldene Regel“. Auf den ersten Blick klingen diese Worte sehr einfach. Wenn man sie aber in die Tat umsetzen will, taucht eine Frage auf: Was erwarte ich von anderen? Dies muss als Erstes geklärt werden.

1. Vergleiche die Erwartungen in den Pfeilen mit deinen eigenen. Übertrage die Skizze in dein Heft und ergänze sie mit deinen eigenen Erwartungen.
2. Wenn du die Goldene Regel anwendest, dann zeigen die Pfeile der Skizze in die andere Richtung. Wandle deine Wünsche in Vorsätze um und notiere, wie du zu anderen sein möchtest.
3. Was würde geschehen, wenn sich alle Menschen an die „Goldene Regel“ halten würden? Lasse deiner Fantasie freien Lauf und tausche dich mit deinen Mitschülern darüber aus.
4. Sollte ich die Goldene Regel in jeder Situation anwenden, oder darf ich auch Ausnahmen machen? Diskutiert darüber (vgl. Methode „Pro- und Kontra-Streitgespräch“ S. 176).
5. Lies Lk 6,27–36. Arbeite aus diesem Abschnitt christliche Lebensregeln heraus.
6. Suche im Internet, ob es die Goldene Regel auch in anderen Kulturen und Religionen gibt. Was fällt dir auf (vgl. Methode „Internetrecherche“ S. 169)?

Wie wird aus den Erwartungen die „Goldene Regel“? Ganz einfach: Das, was ich von anderen erwarte, tue ich ihnen.

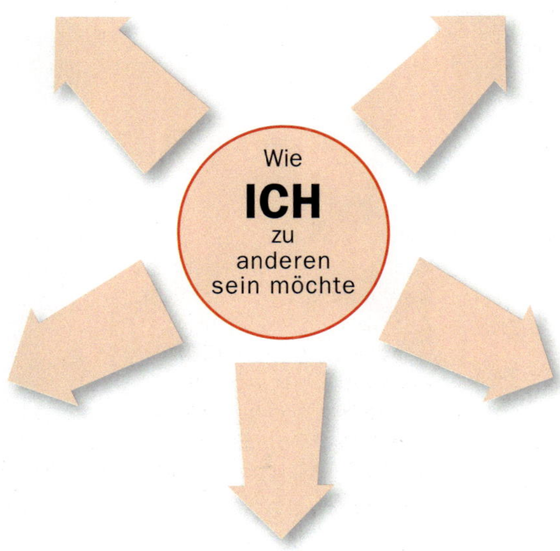

Schöpfungstexte

Im Alten Testament am Anfang der Bibel finden sich zwei sehr unterschiedliche Darstellungen der Schöpfung. Diese sind weder historisierende Beschreibungen noch Tatsachenberichte, sondern das Ergebnis einer Jahrhunderte dauernden literarischen Entwicklung biblischer Schriften.
Wer die Bibel aufschlägt, stößt zuerst auf die Schöpfungserzählung in Gen 1,1–2,4a, die als Hymnus, als „Lied von der Schöpfung" gelesen werden kann. Dieses Schöpfungslied erzählt in sieben Strophen, wie Gott die Welt durch sein Wort geschaffen hat: zuerst Himmel und Erde, Licht und Dunkelheit, danach Wasser und Land sowie Pflanzen und Bäume; dann die Gestirne am Himmel, Lebewesen im Wasser und in der Luft. Danach schuf er das Vieh, die Tiere des Feldes und die Kriechtiere. Erst danach schuf Gott den Menschen als sein Abbild.
Das Schöpfungslied – unter Übernahme des babylonischen Weltbildes von den Tempelpriestern Judas im oder nach dem Exil (vor/nach 538 v. Chr.) verfasst – versteht sich als Loblied auf JHWH als Schöpfer von Himmel und Erde. Das Volk der Juden (in der Fremde/nach der Rückkehr in ein verwüstetes Land) sollte durch diesen Text im Glauben an seinen Gott gestärkt werden.
Nach diesem Lied folgt eine weitere Schöpfungserzählung in Gen 2,4b–25, der sogenannte „Schöpfungsbericht". Nach ihm wurde zuerst der Mensch aus Erde vom Ackerboden geformt, dann legte Gott einen Garten mit Pflanzen und Bäumen an, danach formte Gott die Tiere des Feldes und die Vögel des Himmels (von Tieren im Wasser oder Meer ist nicht die Rede) und aus der Rippe des Menschen eine Frau.
Dieser Text stammt aus der „jahwistischen" Überlieferung und ist wahrscheinlich um 950 v. Chr. am Hof von König Salomo entstanden. Der Verfasser dieser ältesten Teile der Tora ist unbekannt und verwendet für „Gott" stets „JHWH".
Diese Doppelüberlieferung der Schöpfung weist auf die literarische Entwicklung biblischer Texte in mehreren Stufen hin.

Max Klinger: Adam, 1880.

1. Schlage die beiden Darstellungen der Schöpfung in der Bibel unter Gen 1,1–2,4a und Gen 2,4b–25 nach und vergleiche sie. Zeichne dazu eine Tabelle ins Heft mit folgenden Überschriften im Tabellenkopf: Handeln Gottes, Aufgaben und Stellung des Menschen.
2. Sprecht in der Klasse darüber, was euch beim Lesen der Texte und beim Vergleich der darin enthaltenen Aussagen aufgefallen ist.
3. Versucht zu klären, warum Max Klinger Adam und Eva auf eine untypische Weise darstellt. Was wird damit über die Beziehung zwischen Mann und Frau ausgedrückt? Welche Überlegungen könnten den Künstler dazu veranlasst haben, sich mit seinem Bild nicht an den Bibeltext zu halten?

In beiden Schöpfungstexten lassen sich Weisungen ins Leben finden, dazu einige Beispiele:

Dann sprach Gott: Lasst uns Menschen machen als unser Abbild, uns ähnlich. Sie sollen herrschen über die Fische des Meeres, über die Vögel des Himmels, über das Vieh, über die ganze Erde und über alle Kriechtiere auf dem Land.
Gott schuf also den Menschen als sein Abbild; als Abbild Gottes schuf er ihn. Als Mann und Frau schuf er sie.
Gott segnete sie und Gott sprach zu ihnen: Seid fruchtbar und vermehrt euch, bevölkert die Erde, unterwerft sie euch und herrscht über die Fische des Meeres, über die Vögel des Himmels und über alle Tiere, die sich auf dem Land regen.
Dann sprach Gott: Hiermit übergebe ich euch alle Pflanzen auf der ganzen Erde, die Samen tragen, und alle Bäume mit samenhaltigen Früchten. Euch sollen sie zur Nahrung dienen.

Gen 1,26–29

Sieger Köder: Schöpfung

Mein Umgang mit unserer Umwelt als Gottes Schöpfung

Wir Menschen sind dazu aufgefordert, Gottes Schöpfung, die uns anvertraut wurde, zu bewahren. Die folgenden Fragen helfen uns, unseren Umgang mit der Umwelt bewusst zu machen und unser Verhalten gegebenenfalls zu ändern.

- Wie behandle ich das Eigentum anderer Leute?
- Habe ich absichtlich Dinge beschädigt oder zerstört, die mir nicht gehört haben?
- Gehe ich mit Dingen, die ich in die Hand nehme, sorgfältig um? Oder bin ich ein eher nachlässiger Typ, der viel verliert und dem so manches kaputt geht?

Gott hat den Menschen die Erde anvertraut. Täglich verbraucht die Menschheit riesige Mengen an Energie, Wasser und Lebensmitteln.

- Wo kann ich Strom sparen, damit ich unserer Umwelt nicht unnötigen Schaden zufüge? Wodurch?
- Wo kann ich Wasser sparen, um die Umwelt nicht unnötig zu belasten? Wodurch?
- Kann ich das Wegwerfen von Lebensmitteln vermeiden?
- Durch welche Abfälle trage ich zum Müllberg bei, den die Menschheit jeden Tag produziert?

Wenn ich darüber nachdenke: Was fällt mir auf? Kann ich etwas besser machen als bisher? Wie kann ich die von Gott geschaffene Welt schützen?

1. Schreibe die Weisungen, die du aus den Schöpfungstexten entnehmen kannst, in dein Heft. Unterstreiche die Verben. Was fällt dir auf?
2. Sammle weitere Verben, die zu den Verben aus dem Bibeltext im Gegensatz stehen.
3. Diskutiert über die möglichen Konsequenzen bei Befolgung bzw. Nichtbefolgung dieser Weisungen (vgl. Methode „Pro- und Kontra-Streitgespräch" S. 176).

Biblische Weisungen ins Leben

Mein Umgang mit mir selbst

- Ich habe ein bestimmtes Aussehen. Fühle ich mich wohl, so wie ich bin? Bin ich zufrieden mit mir? Stört mich etwas an mir?
- Meine Fähigkeiten und Begabungen: Was kann ich besonders gut? Worin bin ich nicht so gut? Ist das schlimm?
- Mein Lebensweg: Habe ich Ziele? Was möchte ich erreichen? Warum will ich es erreichen?
- Konkurrenz: Gibt es jemanden, den ich beneide wegen seiner Fähigkeiten oder den Dingen, die er/sie besitzt? Warum muss ich darauf eigentlich gar nicht neidisch sein?
- Vorbilder und Ratgeber: Wessen Meinung ist mir wichtig? Von wem lasse ich mich beeinflussen? Auf wen sollte ich besser nicht hören? Warum?
- Selbst- und Fremdbestimmung: Ich habe Einfluss auf meine Lebensgestaltung! Bin ich mir dessen immer bewusst oder lasse ich andere zu sehr über mich bestimmen?
- Stress und schwierige Zeiten: Was nervt mich? Wie verhalte ich mich, wenn ich genervt bin? Warum? Was kann ich in diesen Situationen an meinem Verhalten ändern?
- Als Mensch bin ich von Gott ihm ebenbildlich geschaffen. Bin ich mir dessen immer bewusst? Weiß ich das zu schätzen und bin Gott dafür dankbar, dass ich so wunderbar geschaffen bin?

Wenn ich über mich nachdenke: Was fällt mir auf? Kann ich etwas besser machen als bisher?

Mein Umgang mit meinen Mitmenschen

- Ich habe eine Familie. Welche Rolle habe ich innerhalb meiner Familie? Bin ich die Große, der Kleine, der Sensible/Einfühlsame ...? Wie komme ich mit meinen Eltern und Geschwistern aus?
- Ich habe Freunde. Wer steht mir besonders nahe? Was ist mir wichtig an meinen Freunden? Bin ich ein verlässlicher Freund/eine verlässliche Freundin? Oder wende ich mich bei Schwierigkeiten schnell ab?
- Miteinander auskommen auch bei Schwierigkeiten: Habe ich Eigenschaften, die andere stören?
- Was erwarte ich von anderen? Würde ich Gleiches für andere tun?
- Wenn mich jemand verletzt, beleidigt, übergeht, gemein zu mir ist: Kann ich vergeben? Oder fällt es mir schwer, mich wieder mit jemandem zu versöhnen?
- Jesus sagt, ich soll meinen Nächsten so sehr lieben, wie mich selbst. Wer ist mein Nächster? Schaffe ich es ihn zu lieben? Wodurch zeige ich das?

Wenn ich über mich nachdenke: Was fällt mir auf? Kann ich etwas besser machen als bisher?

Mein Umgang mit Gott

- Gott wünscht sich eine Beziehung zu uns Menschen.
- Kommt Gott in meinem Alltag vor? Wann denke ich an ihn?
- Für Gott bin ich wichtig. Kann ich das glauben? Welche Rolle spielt Gott in meinem Leben?
- Beten ist wie eine Verabredung mit Gott. Welche Orte und Zeiten sind zum Beten besonders günstig? Was möchte ich Gott gerne sagen?
- Habe ich Glaubenszweifel? Gibt es Menschen meines Vertrauens, mit denen ich über Glaubensfragen und Glaubenszweifel reden kann?
- Nutze ich den Religionsunterricht, um mich im Glauben weiterzuentwickeln? Oder sitze ich die Stunden nur ab?
- Was bedeutet es mir, dass ich zur Gemeinschaft der Christen und zur Kirche gehöre?

Wenn ich darüber nachdenke: Was fällt mir auf? Kann ich etwas besser machen als bisher?

Jesus Christus nachfolgen: Nächstenliebe

Das Beispiel vom barmherzigen Samariter (Lk 10,25–37)

Nach dem „Gleichnis vom verlorenen Sohn" (Lk 15,1–24) gilt das „Beispiel vom barmherzigen Samariter" als eine der bekanntesten Geschichten Jesu. Als ihm einmal ein Gesetzeslehrer die Frage stellt: „Und wer ist mein Nächster?" (Lk 10,29), antwortet Jesus darauf mit der Beispielerzählung vom „barmherzigen Samariter" und zielt damit auf das bereits in der Tora grundgelegte Gebot der Nächstenliebe (Lev 19,18).

Ein Mann wird von Räubern überfallen und halb totgeschlagen. Zwei Männer gehen am Opfer des Überfalls vorbei, erfüllen also das Gebot der Nächstenliebe nicht. Denn der erste, der den Verletzten liegen lässt, ist Priester am Tempel von Jerusalem. Seine Aufgabe besteht im Tempeldienst. Auch der in der Tempelhierarchie unter ihm stehende Levit geht am Opfer des Überfalls vorüber.

Erst ein Samariter wird zum „barmherzigen Samariter" und hilft. Ausgerechnet ein Angehöriger des Volkes, auf das die Juden zur Zeit Jesu verächtlich hinabsehen und das sie zudem als gottlos bezeichnen. Denn die Samariter sind die Nachkommen der Bewohner des Nordreiches Israel. Nach der Eroberung ihrer Hauptstadt Samaria und des Reiches im Jahr 722 v. Chr. begannen sich religiöse Bräuche zu mischen, da das Judentum und die Religionen der Besatzer in einem Land gelebt wurden. In den Jahrhunderten danach hatten sich die Samariter dann kulturell und religiös ganz vom Judentum gelöst. Nach den Worten Jesu kennt so ein als gottlos beschimpfter Samariter nicht nur das in der Tora stehende Gottesgebot der Nächstenliebe, sondern er wendet es – im Gegensatz zu Priester und Levit – in seinem Alltag auch tatsächlich an. Der Mann aus Samaria leistet nicht nur die medizinisch notwendige „Erste Hilfe", sondern bringt als weiteren Samariterdienst den Verletzten auf seinem Reittier in eine Herberge. Und dort hinterlässt er auch noch Geld für weitere Kosten, die dem Gastwirt mit der Versorgung des Überfallenen entstehen.

Vincent van Gogh: Der barmherzige Samariter, 1890.

Der Gesetzeslehrer wusste nach dieser Erzählung Jesu, wer der Nächste des Opfers war: „Der, der barmherzig an ihm gehandelt hat" (Lk 10,37). Er wird von Jesus aufgefordert, sich an diesem Beispiel zu orientieren.

1. Informiert euch im Lexikon oder Internet über die drei Akteure in der Geschichte – den Priester, den Leviten und den Samariter. Stellt die Ergebnisse eurer Nachforschungen auf einem Plakat zusammen und präsentiert dieses vor der Klasse (vgl. Methode „Plakat gestalten" S. 174).
2. Betrachte das Gemälde von Vincent van Gogh. Erläutere, was der Künstler mit seiner Darstellung der Szene zum Ausdruck bringen möchte. Beachte auch die verwendeten Farben (vgl. Methode „Bildbetrachtung" S. 171).
3. Erstellt in kleinen Gruppen Texte für ein Rollenspiel und spielt die Geschichte vom barmherzigen Samariter nach. Ihr könnt sie auch in die Gegenwart verlegen: Wer wäre dann ein Priester, ein Levit, ein Samariter (vgl. Methode „Rollenspiel" S. 172)?

Vinzenz von Paul

Viele Menschen versuchten im Lauf der Jahrhunderte in die Fußstapfen Jesu zu treten und das Liebesgebot zu erfüllen. Unter ihnen ist einer, der dabei herausragte: Vinzenz von Paul. Er wurde am 24. April 1581 in der Gascogne (Südfrankreich) als Bauernsohn geboren. Mit 15 Jahren besuchte er das Franziskanerkolleg und wurde mit 19 Jahren zum Priester geweiht. Nach einigen abenteuerlichen Erlebnissen konnte er schließlich im Jahre 1612 die Pfarrei Clichy in Paris übernehmen. Dort geriet er in eine Glaubenskrise. Er erkannte, dass er sein bisheriges Leben auf der Suche nach Geld und Karriere verbracht hatte und entdeckte nun seine eigentliche Aufgabe, den Armen und Hilfsbedürftigen zu helfen und die Frohe Botschaft zu bringen.

Vinzenz von Paul begnügte sich nicht damit, Armen und Kranken persönlich zu helfen, sondern er begann die Nächstenliebe zu organisieren. Im Jahr 1617 gründete er zusammen mit Louise Marillac eine Gemeinschaft von Laienschwestern. Sie sollten Arme und Kranke betreuen. 1620 folgte die Gründung einer Gemeinschaft für männliche Laienkräfte. Aus der 1617 gegründeten Frauengemeinschaft wurde 1633 der größte Frauenorden der Kirche, die „Vinzentinerinnen“. Dieser Orden war etwas völlig Neues: Die Schwestern lebten nicht hinter Klostermauern, auch gingen sie ohne Ordenstracht von Haus zu Haus, um kranke und alte Menschen zu pflegen oder Kindern Unterricht zu erteilen. Schon zu Vinzenz' Zeiten betreuten sie Kranke sowohl zu Hause als auch in Hospitälern, sorgten sich um Galeerensträflinge, Waisen, Schulkinder, Findelkinder, hilfsbedürftige alte Menschen und Geisteskranke. Als sogenannte „Barmherzige Schwestern“ pflegten sie auch Verwundete auf den Schlachtfeldern.

Neue Wege beschritt Vinzenz auch in der Pflege von Geisteskranken, die bis dahin nicht behandelt wurden. Ferner gründete er unzählige Bruderschaften, Vereine, Priesterseminare, Asyle für Geisteskranke, Kinderheime und Krankenhäuser. Für von ihren Müttern ausgesetzte Säuglinge errichtete er Findelhäuser und Waisenhäuser. Dort sorgte er für Ernährung, Erziehung und Ausbildung. So konnte er mit seinen Helferinnen zehntausende Findelkinder vor dem sicheren Tod retten. Hunderttausende Arme und Hungrige wurden in seinen Suppenküchen gespeist und getröstet.

Vinzenz starb 1660 im achtzigsten Lebensjahr und wurde 1737 heilig gesprochen. Noch heute wird er in Frankreich als eine Art Nationalheiliger verehrt. Weltweit gilt er als Begründer der neuzeitlichen Caritas.

In der Erzdiözese Freiburg und in der Diözese Rottenburg-Stuttgart gibt es noch heute Niederlassungen der „Barmherzigen Schwestern“. Die „Vinzentinerinnen“ kümmern sich um arme, alte, kranke und andere hilfsbedürftige Menschen, um nach Hilfe Suchenden sowie um Kinder und Jugendliche. Damit sie den damit verbundenen Aufgaben besser nachkommen können, unterhalten die Schwestern und ihre Mitarbeiter Krankenhäuser, Altenheime, Hospize, ambulante Dienste sowie Kindergärten.

1. Zähle alle im Text angeführten Aktivitäten des Heiligen Vinzenz von Paul stichwortartig auf.
2. „An Vinzenz von Paul beeindruckt mich ...“ Vervollständige den Satz und begründe deine Meinung.
3. Besuche die Homepage der Vinzentinerinnen von Freiburg bzw. Untermarchtal. Informiere dich über die verschiedenen von den Schwestern angebotenen Hilfen christlicher Nächstenliebe im Geist des hl. Vinzenz von Paul (vgl. Methode „Internetrecherche“ S. 169).
4. Erstelle ein „Werbeplakat“, auf dem du Gleichaltrige als Nachwuchs für die Barmherzigen Schwestern wirbst (vgl. Methode „Plakat gestalten“ S. 174).

Gemeinschaft von Sant'Egidio

Weihnachten feiern alle Menschen mit ihren Familien. Wer niemanden mehr hat oder wessen Familie weit weg ist, spürt an diesem Tag besonders, dass ein warmer Ort, ein Wort der Zuneigung, eine Umarmung eines Freundes fehlen. Deshalb feiert die Gemeinschaft Sant'Egidio seit 1982 das Weihnachtsfest zusammen mit denen, die keine Familie mehr haben: Obdachlose, Einsame, Flüchtlinge, alte Menschen, ... Allen sieht man die Freude des Festes an. Ein Freund aus Afghanistan sagte: „So müsste die Welt sein, eine Welt, in der Menschen, die so verschieden sind, sich respektieren, sich kennenlernen, sich anfreunden. Dann würde die Welt anders aussehen und wir hätten nicht aus unseren Ländern fliehen müssen."

Jesus Christus nachfolgen: Nächstenliebe

Im Jahre 1968 gründete eine Gruppe von Schülern eines Gymnasiums in Rom die Gemeinschaft Sant'Egidio. Darunter war auch ein gewisser Andrea Riccardi. Er und seine jugendlichen Mitstreiter hatten vor der Gründung viel im Evangelium gelesen und richteten daraufhin ihren Blick besonders auf die Armen in ihrer Umgebung. Dass daraus einmal eine weltweite Laienbewegung entstehen würde, zu der im Jahre 2009 mehr als 50 000 Menschen in 70 verschiedenen Ländern zählen würden, ahnten sie damals noch nicht.

Die Mitglieder der Gemeinschaft treffen sich heute regelmäßig zum gemeinsamen Abendgebet. Hier finden sich Christen zusammen, die angesichts von Ungerechtigkeiten nicht resignieren, die den Versuchungen der Intoleranz und Ausgrenzung widerstehen – ob nun in den Elendsvierteln in Buenos Aires, im Hafen von Antwerpen, in Altenheimen in Würzburg, in den Flüchtlingslagern in Zaire oder in Kinderheimen in Russland.

Die Gemeinschaft Sant'Egidio setzt sich weltweit für die Verbreitung des Evangeliums ein und leistet Dienste an den Armen. Alle Gemeinschaften sind durch dieselbe Spiritualität und dieselben Grundlagen miteinander verbunden, die den Weg von Sant'Egidio kennzeichnen:

- Fundament und Mittelpunkt der Gemeinschaft bildet das Gebet.
- Die Weitergabe des Evangeliums dient allen Menschen, die auf der Suche sind und nach einem Sinn im Leben fragen.
- Nach Papst Johannes XXIII. ist die Kirche eine „Kirche aller und besonders der Armen". Diese Freundschaft mit den Armen wird in Sant'Egidio als ehrenamtlicher Dienst im Geiste des Evangeliums und im Geist der „armen" Kirche verwirklicht.
- Die Gemeinschaft lebt die Ökumene in der Freundschaft, im Gebet und in der Suche nach der Einheit unter den Christen auf der ganzen Welt.
- Die katholische Kirche zu einer weiteren Öffnung für die heutigen Verhältnisse im Sinne des II. Vatikanums zu ermutigen, ist ein weiteres Anliegen von Sant'Egidio.

Das Zentrum der Gemeinschaft befindet sich in der römischen Kirche Sant'Egidio, die ihr auch den Namen gegeben hat. Seit ihren Anfängen ist sie im Stadtviertel Trastevere und in Rom durch das Abendgebet und die Gastfreundschaft gegenüber den Armen und den Pilgern bekannt. Die Medien haben vor allem die Schritte der Gemeinschaft auf diplomatischem Parkett verfolgt, aufgrund derer sie mehrfach für den Friedensnobelpreis vorgeschlagen wurde. Die Gemeinschaft war als Vermittler bei den Friedensverhandlungen zur Beendigung des 16 Jahre dauernden Bürgerkrieges in Mosambik tätig und konnte die Verhandlungen zur Beilegung des 30 Jahre langen Krieges in Guatemala wieder in Gang bringen. Von ihr ging auch der schwierige Versuch aus, einen gewaltlosen politischen Ausweg aus der Krise in Algerien zu finden. Im Frühjahr 2009 erhielt der Gründer, der heutige Professor Dr. Andrea Riccardi, den Internationalen Karlspreis zu Aachen. Und doch sind damit nicht alle Seiten von Sant'Egidio beleuchtet.

1. Informiere dich im Internet über die Gemeinschaft Sant' Egidio (vgl. Methode „Internetrecherche" S. 169 f.).
2. Die Mitglieder der Gemeinschaft Sant' Egidio versuchen, „Freunde der Armen" zu sein. Erklärt anhand von Beispielen, was das bedeutet.
3. Erkläre die Bedeutung des Gebets und der Weitergabe des Evangeliums für die Gemeinschaft.
4. Andere Beispiele für gelebte Nächstenliebe sind Lea Ackermann, Ruth Pfau, aber auch Menschen in eurer Nähe. Stellt sie in Kurzreferaten oder auf Plakaten vor (vgl. Methode „Plakat gestalten" S. 173).

Ninas Geheimnis

„Wir kommen natürlich alle kostümiert zum Klassenfest", sagte Achim. „Prima Idee!", riefen einige. „Krass!" Jeder hatte eine andere Idee. Dominik überlegte noch, wie er sich verkleiden sollte, da schrie Achim, um den Krach zu übertönen: „Dienstag ist der beste Tag für die Fete!" Einige hatten schon etwas anderes vor, aber das ließ er nicht gelten. „Und dass alle kommen!", rief Achim. Er kommandierte gern. „Nein!", sagte da jemand hinter Dominik. „Ich kann nicht kommen." Dominik drehte sich um. Das war Ninas Stimme. Nina saß ganz ruhig auf ihrem Platz. „Ich kann nicht", sagte sie noch einmal. „Warum nicht?", fragte Achim unfreundlich. „Ich muss auf ein Kind aufpassen", antwortete Nina ganz selbstverständlich. „Bist du blöd!", sagte Achim. „Da passt eben jemand anders auf." Nina schüttelte den Kopf. „Die spinnt doch!", brüllte einer. Ein paar andere lachten. Achim lachte am lautesten. Dominik lachte nicht. Er musste immer zu Nina hinübersehen. Dominik dachte: Eigentlich kenne ich sie gar nicht so recht. Nur dass sie nichts in Mathe konnte, dass sie klein war und Sommersprossen hatte, das wusste er. Aber sonst? Keiner wollte sie mitspielen lassen oder sich neben sie setzen. Jetzt schrieen alle: „Nina, die Blöde, Nina, die Blöde!"
Auf dem Heimweg ging Dominik ein Stück neben Nina her. „Vielleicht kannst du doch kommen", sagte er. Aber Nina schüttelte den Kopf. Da ärgerte sich Dominik und ließ sie stehen. Bis Dienstag, da dachte er wieder an Nina. Das heißt, zuerst dachte er überhaupt nicht an sie. Das Fest war nämlich toll. Achim hatte natürlich das schönste Kostüm an, jedenfalls behaupteten das ein paar Mädchen. Achim war toll. Er war immer so witzig und frech zu den Lehrern. Sie redeten auch noch über andere Kinder. Da fiel ihnen Nina ein. Sie war tatsächlich nicht da. „Ist die unkameradschaftlich", regten sich ein paar auf. „Hütet lieber Kinder, als zur Klassenfete zu kommen. Mit der spiel ich überhaupt nicht mehr." Es spielte sowieso nie einer mit ihr, dachte Dominik. Auf einmal machte ihm das ganze Fest keinen Spaß mehr. Am liebsten wäre er gegangen, aber was hätten dann die anderen von ihm gedacht?
Als Dominik am nächsten Morgen die Schultreppe hinaufrannte, sah er Nina. Im gleichen Augenblick tauchte auch Achim auf. „He!", schrie er, „da ist sie ja, die Blöde!" Und ehe Nina merkte, was geschah, packte er ihre Schultasche und warf sie übers Geländer. Bücher und Hefte fielen kreuz und quer. „Es regnet!", rief ein Witzbold. Die anderen lachten. Nina sagte nichts und sammelte ihre Sachen wieder ein. Achim grinste. „Du bist gemein", sagte Dominik. „Hört, hört!", schrie Achim. „Findet mich noch einer gemein?" Es meldete sich keiner.
Ein paar Tage später ging Dominik zur Stadtbücherei. Er schlenderte gut gelaunt und vor sich hinpfeifend durch den Park. Da sah er Nina. Sie saß auf der Bank bei einem kleinen Teich und sie redete ganz laut mit sich selber. „Nicht ans Wasser", hörte er sie sagen, „kalt!" Dominik dachte: Vielleicht war sie wirklich nicht gescheit. Langsam ging er auf die Bank zu. Da sah er, dass Nina nicht allein war. Ein Junge hockte auf dem Boden neben dem Teich und warf Steinchen ins Wasser.

Jesus Christus nachfolgen: Nächstenliebe

Dominik blieb stehen und sah ihm zu. Der Junge war schon ziemlich groß. Er hatte ein ganz ulkiges Gesicht, kleine Augen und sein Mund stand offen. Mit langsamen, tapsigen Schritten ging er auf Nina zu. Er lachte. Dominik sah verwundert, wie der Junge Nina etwas gab. Es war ein weißer Kieselstein, so wie sie um den Teich herum lagen. „Danke", sagte Nina, „der ist schön!" Da lachte der Junge wieder so seltsam. Er ging wieder zum Teich zurück und fing wieder an, Steinchen hineinzuwerfen. Dominik ging langsam bis zur Bank. „Hallo Nina!", grüßte er unsicher. Nina lächelte. „Ich passe auf Andy auf", sagte sie. „Was wollte er mit dem Stein?", fragte Dominik. Nina betrachtete den Kieselstein in ihrer Hand. „Er findet ihn schön. Er wollte mir etwas schenken. Wenn er denkt, dass jemand ihn mag, dann schenkt er ihm etwas." Komisches Geschenk, dachte Dominik. „Er findet alles schön, was glatt oder bunt ist" erklärte Nina. „Alle kleinen Kinder finden das schön". Da musste Dominik doch lachen. Kleine Kinder! Der Junge war ja fast so groß wie Nina. „Er ist aber noch wie ein Kind", sagte Nina. „Und seine Mutter hat mir erklärt, dass er immer wie ein Kind bleiben wird, auch wenn er groß ist. Down Syndrom – so nennt man das."
„Warum passt du denn auf den auf?", fragte Dominik. „Seine Mutter muss oft zum Arzt. Sie ist krank. Und sonst will keiner in der Nachbarschaft auf ihn aufpassen." Jetzt riss Andy seine Wollmütze vom Kopf und warf sie ins Wasser. Nina rannte hin und fischte die Mütze heraus. „Und am Dienstag?", fragte Dominik. „Habe ich auch auf ihn aufgepasst. Man kann ihn nie allein lassen." Dominik fiel auf einmal

alles ein, was die anderen über Nina gesagt hatten: „Blöd, plemplem" und „unkameradschaftlich". Andy war aufgestanden. Er kam mit seinen unsicheren Schritten herbei. Vor Dominik blieb er stehen. „Na", sagte Dominik, „pass mal auf!"
Er pflückte einen Grashalm und fing an, darauf zu pfeifen. Das konnte er gut. Da lachte Andy ganz laut. Er streckte Dominik seine Hand hin. Eine große blaugrüne Glasscherbe lag darin. Sie glitzerte in der Sonne. „Er will sie dir schenken", flüsterte Nina. „Danke", sagte Dominik. Auf dem Heimweg nahm er die Glasscherbe aus der Tasche und ließ sie in der Sonne blitzen. Morgen, dachte er, morgen ... Ganz egal, was die anderen von mir denken.

Susanne von Schroeter

1. Die Geschichte kann viele Gefühle wachrufen. Entwerft in Partnerarbeit zu den Abschnitten der Geschichte eine Spannungskurve (vgl. Methode „Spannungskurve" S. 174).
2. Erzähle die Geschichte aus der Sicht Dominiks.
3. Gab es Situationen in deinem Leben, in denen du dir gewünscht hättest, „gegen den Strom zu schwimmen"?
4. Auch an deiner Schule kämpfen viele Mitschülerinnen und Mitschüler gegen Vorurteile an. Es gibt viele Jugendliche, die sich in Jugendgruppen oder Vereinen engagieren. Manche Schulabgänger leisten ein „Freiwilliges soziales Jahr" oder machen Zivildienst. Sammelt weitere Beispiele dafür, wie ihr euch engagieren könnt.

Feindesliebe: Papst Johannes Paul II. vergibt seinem Attentäter

Als am 13. Mai 1981 Papst Johannes Paul II. Tausende von Menschen auf dem Petersplatz zur Generalaudienz empfängt, ahnt er nicht, dass ein Attentäter in der Menge auf ihn lauert. Schüsse fallen, zwei Kugeln treffen. Wie durch ein Wunder überlebt das Opfer schwer verletzt. Unmittelbar nach der Tat wird der Schütze gefasst, der Türke Ali Agca. Im Schnellverfahren wird er zu lebenslanger Haft verurteilt.
Zwei Jahre später, am 27.12.1983, lässt eine Nachricht aus Rom aufhorchen. Der Papst besucht seinen Attentäter im Gefängnis. Auch wenn über Einzelheiten des Gesprächs nichts bekannt wurde, so weiß man doch, Johannes Paul II. hat mit Ali Agca gemeinsam in der Gefängniszelle gebetet und ihm seine Tat verziehen.

Der Papst ließ die italienischen Behörden wissen, dass er einen möglichen Gnadenakt begrüßen würde. Nach 19-jähriger Haft schließlich unterzeichnete der italienische Präsident Campi im Juni 2000 die Begnadigung Agcas und wies zugleich seine Ausweisung in die Türkei an. Der Gnadenakt war für den Papst, der seinem Attentäter längst vergeben hatte, ein besonderer Anlass zur Freude.

Das Opfer verzeiht dem Attentäter am 27. Dezember 1983.

Fehlen ist menschlich, verzeihen ist göttlich.

(Sprichwort)

Das Attentat auf Papst Johannes Paul II. am 13. Mai 1981

1. Begründe, weshalb es sich bei der Vergebung um eine besonders anspruchsvolle Form der Konfliktbewältigung handelt.
2. Informiere dich über andere Ereignisse in Vergangenheit und Gegenwart, in der Feindesliebe im Geist Jesu praktiziert wurde oder wird.
3. Versuche, den Sinn des obigen Sprichworts zu erklären. Sammle dazu Situationen aus eurem Alltag.
4. Erstellt zu einer der von euch gesammelten Situationen ein Drehbuch mit verschiedenen Rollen und spielt diese Szene vor der Klasse vor (vgl. Methode „Rollenspiel“ S. 172).

Schuldig werden und neu anfangen

Was soll ich nur tun?

Immer wieder werden wir Menschen schuldig – an unseren Mitmenschen, an der Schöpfung und auch an Gott. Anhand eines Beispiels aus der Bibel wollen wir nach Antworten suchen, wie wir aus dem Kreislauf von Schuld und Sühne ausbrechen können.

Ich sitze hier bei den Schweinen. So weit habe ich es gebracht! In den letzten Tagen war ich mit meinen Gedanken oft zu Hause bei meinem Vater. Ich sehe ihn vor meinen Augen. Ob er mich überhaupt noch kennt? Oder kennen will?

Damals bin ich von ihm weggegangen. Eigentlich wollte er es nicht. Aber ich sehnte mich nach Freiheit, ich wollte machen, was mir gefällt. Endlich sagt niemand mehr: „Du musst ...!", „Du sollst ...!", „Mach dies und das!" Nein, mein Leben wollte ich selbst bestimmen. Ja, und dann bin ich weg, weit weg, habe Nächte durchgefeiert, mein Zuhause vergessen, in Saus und Braus gelebt, mein Geld für mein Vergnügen ausgegeben. Ich meinte, ich müsste anderen zeigen, was für ein toller Kerl ich bin.
Aber dann war mein Geld weg und meine Freunde auch. Und ich hatte nichts mehr, nichts! Was sollte ich nur machen? Ratlos, niedergeschlagen, verzweifelt lebte ich in den Tag hinein. Warum bin ich nur weggelaufen? Warum habe ich mich auf so ein Leben eingelassen? Diese Fragen bedrängten mich Tag und Nacht. Um nicht zu verhungern, machte ich mich auf die Suche nach einer Arbeit. Jetzt bin ich hier gelandet – als Schweinehirt! Manchmal wäre ich froh, mir ginge es so gut wie diesen Schweinen.
Wie geht mein Leben nun weiter? Immer wieder kommt mir das Bild von meinem Vater in den Sinn. Soll ich zurückkehren? Ob er mich wohl wieder aufnimmt? Oder ist er wütend und schickt mich weg? Will er mich – seinen heruntergekommenen Sohn – nie, nie mehr sehen?

Ich weiß es nicht.
Was soll ich bloß tun?

Ja, ich wage es! Ich gehe zurück zu meinem Vater! Ich sage ihm, dass mir alles leidtut. Ich versuche es! Egal, wie er reagieren wird. Ich will einfach nach Hause! Die Sehnsucht nach Versöhnung, nach Vergebung, nach einem neuen Leben wird immer stärker. Ich gehe heim zu meinem Vater.

1. Lasse den Inhalt der Geschichte auf dich wirken und versetze dich in die Situation des Sohnes. Schreibe die Geschichte zu Ende.
2. Schlage im Neuen Testament Lk 15,11–32 nach. Lies die Bibelstelle und vergleiche deine Version der Geschichte mit dem Originaltext.
3. Lk 15 erzählt auch vom älteren Bruder. Wie würdest du an seiner Stelle reagieren?

Wo Menschen sich vergessen

2. Wo Menschen sich verschenken,
die Liebe bedenken
und neu beginnen, ganz neu,
da berühren sich ...

3. Wo Menschen sich verbünden,
den Hass überwinden
und neu beginnen, ganz neu,
da berühren sich ...

T: Th. Laubach; M: Chr. Lehmann

1. Der Vater im Gleichnis Jesu ist ein Bild für Gott. Was der Vater tut, kann man auf Gott übertragen. Gestaltet als Schreibgespräch: „Gott ist einer, der ..." (vgl. Methode „Schreibgespräch" S. 170).
2. Am Sohn kannst du ablesen, wie die Menschen Gott lieben sollen. Ergänzt euer Schreibgespräch: „Die Menschen lieben Gott, wenn sie ..." (vgl. Methode „Schreibgespräch" S. 170).
3. Bereitet ein Rollenspiel zum „Gleichnis vom barmherzigen Vater" vor und führt es auf.
4. Arbeite die Botschaft heraus, die du im Hinblick auf das Thema „Schuldig werden und neu anfangen" aus dem Gleichnis herauslesen kannst (vgl. Methode „Rollenspiel" S. 180).

Schuld und Vergebung

In den Schriften des Alten und Neuen Testaments gibt es zahlreiche Geschichten, die davon erzählen, wie Menschen vor anderen Menschen und vor Gott schuldig geworden sind, wie Menschen, wenn sie ihrem Gewissen folgen, ihr falsches Handeln einsehen, es bereuen, um Entschuldigung bitte. Es wird berichtet, wie Menschen Vergebung ihrer Schuld oder Sünde erfahren, durch ihr Gegenüber, durch Jesus, durch Gott, wie Menschen manchmal für ihre Worte oder Taten Buße tun.
Einige dieser Erzählungen, in denen sich Menschen von Gott abwenden, sind dir sicher bekannt: Adam und Eva, Kain und Abel, Jakob und Esau, Mose und das goldene Kalb, Jesus und die Ehebrecherin, das Gleichnis Jesu vom verlorenen Sohn.

Petrus
Simon Petrus gehört zu den Menschen, die versucht haben, ihren Glauben an Jesus Christus in Wort und Tat zu leben und dies auch zu zeigen:

- Er folgt Jesus als einer der ersten Jünger nach (Joh 1,24),
- er bezeichnet Jesus als Messias und Sohn Gottes (Mt 16,16),
- er verteidigt Jesus bei der Gefangennahme mit dem Schwert (Joh 18,10),
- er verkündet in seiner Pfingstpredigt die Auferstehung Jesu (Apg 2,24).

Petrus ist aber auch jemand, der in manchen Situationen seines Lebens scheitert, versagt, Schuld auf sich lädt, sündigt.

- Er bezeichnet sich selbst als Sünder, weil er Jesu Worten nicht geglaubt hat, nach denen seine Kameraden und er viele Fische fangen würden (Lk 5,8f.).
- Er leugnet nach der Verhaftung Jesu sogar drei Mal, Jesus überhaupt zu kennen. (Mk 14,66–72).

Diese Widersprüche in seinem Leben, diese zutiefst menschlichen Verhaltensweisen machen Simon Petrus trotzdem zu einem sympathischen Menschen. Seine Einstellung zum Glauben kann dir vielleicht als Vorbild dienen, ob du nun Björn oder Maike heißen solltest. Denn ein Stück Petrus steckt auch in dir.

1. Schlage im Glossar „Schuld“ und „Sünde“ nach. Erkläre den Unterschied zwischen beiden Begriffen.
2. Finde Beispiele für Schuld und Sünde und ordne sie in eine zweispaltige Tabelle ein.
3. Erzählt euch gegenseitig diese und andere Geschichten von Schuld und Sünde aus der Bibel. Wenn ihr nicht mehr weiter wisst, könnt ihr nachschlagen und nachlesen, z. B. unter Gen 3,1–24; Gen 4,1–16; Gen 25, 27–34; Joh 7,53–8,11; Lk 15,11–32.

Luis Borrassá: Jesus rettet den untergehenden Petrus, er zieht ihn aus dem Wasser, 1411.

Jeder kennt das dumme Gefühl, dass einen das, was man falsch gemacht hat, oft wie ein Schatten verfolgt. Wie gerne hätte man diesen Schatten los. Aber wie? Manchmal gelingt einem das ganz gut, etwa dann, wenn man die Schuld zugibt, den anderen um Entschuldigung bittet und der andere nimmt die Entschuldigung an – dann ist alles wieder in Ordnung. Auch wenn der angerichtete Schaden wieder behoben werden kann, ist das erleichternd. Aber geht das nicht – was dann?
Muss ich mich dann damit abfinden und mir sagen: Es ist halt alles so gelaufen – Pech gehabt? Oder soll ich das dumme Gefühl einfach wegschieben, wenn es kommt? Ich möchte einfach nicht mehr daran denken wollen – aber irgendwie ist es doch wieder da! Anderen etwas Gutes tun, ihnen helfen, dem anderen verzeihen, auch wenn es schwer fällt, das ist eine Möglichkeit, Versöhnung zu erfahren. Trotzdem, manchmal hilft alles nichts! Dann spüre ich, dass mir Menschen weder verzeihen wollen noch können, noch ich mit mir selbst im Reinen bin. In solchen Situationen kann ich Gott alles sagen. In der Bibel wird immer davon erzählt, dass er mir zuhört und vergibt. Das zu wissen und darauf zu vertrauen, das tut gut!
Wir können über unsere Fehler und über unsere Schuld auch zusammen mit anderen nachdenken und sie gemeinsam bekennen.
Am Beginn jeder Eucharistiefeier steht das allgemeine Schuldbekenntnis. Wenn wir dies innerlich mit vollziehen, erfahren wir Nachlass, Vergebung und Verzeihung unserer Sünden.
Eine andere Form der Versöhnung ist der Bußgottesdienst. Hier findet jeder Gelegenheit, über sein Leben, die eigenen Grenzen und Schwächen nachzudenken. Wir erkennen, dass alle Menschen schuldig werden und Vergebung und Neuanfang nötig haben.
Es gibt allerdings auch Situationen, da möchte ich unbedingt mit jemandem über mein Leben oder mein falsches Handeln sprechen. Das kann ich sicher mit guten Freunden oder mit einem Menschen, dem ich vertrauen kann. Oft hilft mir das. Es tut einfach gut, mit jemandem darüber zu reden.
Eine Möglichkeit dieser Aussprache ist die Beichte bei einem Priester, in der wir alles loswerden können, was uns belastet, und sei es noch so schlimm. Keiner erzählt es weiter.
Wenn Christus dann – repräsentiert durch den Priester – sagt: „Ich spreche dich los von deinen Sünden!“, so bedeutet das: Gott hat dir alle Schuld vergeben. Du bist frei. Du kannst neu anfangen. – Ist das nicht ein tolles Gefühl? Eine wirkliche Chance, auch für uns heute?

1. Es gibt verschiedene Möglichkeiten zur Versöhnung. Nenne sie. Betrachte dazu auch die Bußlandschaft.

Kennst du dich aus?

1. Wortsalat zum Thema Gewissen erstellen
Erstellt in kleinen Gruppen einen Wortsalat zum Thema Gewissen. Legt eure Sätze den anderen Gruppen als Rätsel vor (vgl. Methode „Wortsalat“ S. 174).

2. Rollenspiel Jugendschöffengericht

Drei Schüler im Alter von 14, 16 und 17 Jahren haben vor einigen Monaten eine alte Frau, die am frühen Abend im Stadtpark spazieren ging, mit einem Messer bedroht und sie zur Herausgabe ihres in der Handtasche mitgeführten Bargeldes (43,25 €) gezwungen. Nach Zeugenaussagen konnten die Täter rasch ermittelt werden. Am kommenden Montag ist die Verhandlung gegen die Jugendlichen anberaumt. Vor dem Jugendschöffengericht, bestehend aus einem Berufsrichter und zwei ehrenamtlichen Richtern (Schöffen), muss in der Verhandlung geklärt werden, ob es sich um „Raub“ nach § 249 StGB handelt (Mindeststrafe 6 Monate) oder um „schweren Raub“ nach § 250 StGB, für den eine Mindestfreiheitsstrafe von 3 Jahren vorgesehen ist.

Für das Rollenspiel braucht ihr folgende Akteure: Einen Berufsrichter, zwei Schöffen, den Staatsanwalt, einen Verteidiger, die drei Angeklagten sowie Beobachter des Prozesses. Jede der handelnden Personen sollte ihre Rolle gut vorbereiten und in Stichpunkten oder ganzen Sätzen notieren, was sie vor Gericht sagen möchte. Dabei sind ihr jeweils zwei oder drei Klassenkameraden behilflich (vgl. Methode „Anklage-/Verteidigungsrede“ S. 174). Spielt anschließend den Prozess vor Gericht durch. Achtet darauf, dass ihr dafür ausreichend Zeit einplant. Lasst euch bei all euren Gedanken und Worten von eurem Gewissen leiten. Anschließend erzählen die Beobachter, wie sie den Prozess erlebt haben. Die Hauptdarsteller (Richter und Angeklagte) berichten von ihren Gefühlen während der Verhandlung (vgl. Methode „Rollenspiel“ S. 172).

3. Umsetzung der Gebote im Alltag
Entwirf zu einer der Schlagzeilen ein Flugblatt, auf dem du dazu aufrufst, etwas gegen die Katastrophe zu unternehmen und die Gebote umzusetzen.

Unfallflucht:
Radfahrer lebensgefährlich verletzt –
Autofahrer verschwunden

Selbstmordanschlag fordert Tote und Verletzte

Tsunami in Asien fordert viele Hundertausend Tote

Rentner von Jugendlichen in der S-Bahn zu Tode geprügelt

Müllskandal:
Giftmüll aus Deutschland in Kamerun gefunden

6. Evaluation

Die Evaluation soll dazu dienen, das unterrichtliche Handeln aller am Unterricht Beteiligten (Lehrer und Schüler) zu überdenken und so die Qualität des Unterrichts nachhaltig zu verbessern.
Das Wort „Evaluation" kennst du vielleicht schon aus anderen Fächern oder aus dem Religionsunterricht der vergangenen Schuljahre. Es bedeutet „bewerten" bzw. „im Wert einschätzen" – und genau darum soll es im Folgenden gehen: Du als Schüler/-in darfst und sollst deinen Religionsunterricht bewerten und dir überlegen, was du in diesem Schuljahr im Religionsunterricht gelernt hast oder wo noch Fragen offen sind.
Daher wollen wir dir und deinen Lehrern im Folgenden einige Methoden vorstellen, mithilfe derer die Evaluation des Religionsunterrichts durchgeführt werden kann.

Natürlich gibt es daneben zahlreiche andere Möglichkeiten, den Unterricht zu evaluieren, zum Beispiel mithilfe des einfachen Rückblicks, bei dem verschiedene Aspekte einzelner Themen noch einmal vertieft werden können. Auch durch Rückfragen oder Wiederholung kann das Erreichen der angestrebten Kompetenzen noch einmal überprüft werden.

Die Methoden 1, 2 und 4 sollen es dir ermöglichen, dich als Schüler selbst einzuschätzen (Selbstevaluation). Mithilfe der Methoden 3, 5 und 6 kannst du sowohl deinen eigenen Lernerfolg einschätzen und reflektieren als auch deinem Lehrer Rückmeldung zu seinem Unterricht zu geben.

1. Das Lerntagebuch

Mithilfe eines Lerntagebuchs kannst du deinen Lernprozess genau beschreiben. Du kannst erkennen, was du zu einem bestimmten Thema gelernt hast, indem du darüber ein Tagebuch führst.

So legst du ein Lerntagebuch an:

- Besprecht in der Klasse, zu welchem Thema ihr ein Lerntagebuch führen wollt.
- Trefft Vereinbarungen mit eurem Lehrer:
  - In welcher Form wird das Tagebuch geführt?
  - Wie oft wird in das Tagebuch eingetragen?
  - Soll es für die Einträge besondere Vereinbarungen geben?
  - Wie oft und wie werden Auswertungen vorgenommen?
- Dein Lerntagebuch gehört nur dir. Es wird nicht korrigiert und auch nicht benotet.
- So kannst du dein Lerntagebuch beginnen:

Mein Lerntagebuch

Ich schreibe das Lerntagebuch in erster Linie für mich selbst! Ich kann mit diesem Lerntagebuch etwas über mich in Erfahrung bringen.
Ich kann erkennen, wie das Lernen bei mir am besten klappt. Wenn ich es regelmäßig benutze, kann ich sehen, ob sich etwas verändert hat: ob ich besser oder schlechter geworden bin, ob ich anders lerne als vorher. Ich kann nachlesen, was ich gelernt habe, wie ich lerne und was ich lernen will.
Ich kann mit meiner Lehrerin oder meinem Lehrer über mein Lerntagebuch sprechen. Ich kann auch mit meinen Mitschülern über mein Lerntagebuch sprechen. Wir können uns austauschen, wie wir lernen, was uns leicht fällt und was schwer.
Dadurch können wir voneinander lernen.

Deine Tagebucheinträge können sich an folgenden Fragen orientieren:

- Was habe ich gerne gemacht?
- Was habe ich nicht gerne gemacht?
- Was habe ich heute gelernt?
- Wo habe ich noch Fragen?
- Woran will ich weiterarbeiten?
- Was möchte ich noch über das Thema erfahren?

2. Selbsteinschätzung in der Gruppenarbeit

Zeichne zuerst eine Tabelle mit drei Spalten in dein Heft. Schreibe in die linke Spalte die Worte „trifft zu", in die mittlere Spalte „trifft manchmal zu" und in die rechte „trifft überhaupt nicht zu".
Lies dir nun die folgenden Aussagen durch und beantworte sie wahrheitsgemäß, indem du ein großes X in die jeweilige Spalte machst:

- Ich befolge die Arbeitsanweisungen.
- Ich beteilige mich aktiv an der Planung der Gruppenarbeit.
- Ich arbeite mit meinen Mitschülern zusammen.
- Ich übernehme Verantwortung für die Fertigstellung einer Aufgabe.
- Ich nehme die Meinungen anderer in der Gruppe ernst.
- Ich plane und beteilige mich an der Präsentation der Gruppenarbeit.

Ihr könnt diesen Fragebogen auch für eure Mitschüler ausfüllen und anschließend miteinander besprechen.

3. Zielscheibe

Vorbereitung:
Zeichne auf ein Plakat eine Zielscheibe mit einem kleinen Kreis in der Mitte und fünf weiteren, nach außen führenden Kreisen. Zeichne in die Zielscheibe vier über die Mitte führende gerade Striche, die über den äußersten Kreis hinausragen. Stelle dir dabei einen zu teilenden Kuchen vor, der insgesamt aus 8 Kuchenstücken bestehen soll.

Jedes Kuchenstück beschriftest du am Rand mit einer der nachfolgenden Aussagen:

- Der Unterricht hat mir Spaß gemacht.
- Ich habe etwas dazugelernt.
- Ich weiß nun besser Bescheid als noch vor einigen Wochen.
- Ich habe mich im Unterricht angestrengt.
- Das Thema hat mich interessiert.
- Wir konnten gut zusammenarbeiten.
- Der Unterricht war abwechslungsreich.
- Ich konnte meine eigene Meinung einbringen.

Durchführung:
Hängt das Plakat mit der Zielscheibe gut sichtbar im Klassenzimmer auf. Nach jeder Religionsstunde könnt ihr den Unterricht bewerten, indem jeder von euch in jedem Kuchenstück eine Markierung anbringt (z. B. einen Punkt oder ein X). Je näher du deine Markierung zur Mitte hin setzt, desto mehr stimmst du der Aussage am Rand zu.

Hinweis:
Das Plakat kann jeden Monat gewechselt werden. Ein Vergleich der Plakate zum Schulhalbjahr ist sinnvoll.

4. Wiederholen anhand von Symbolen

- Sammelt während der Lernsequenz Symbole, Bilder, Gegenstände, die zum Thema passen.
- Bildet einen Stuhlkreis und gestaltet die Mitte mit diesen Symbolen.
- Jeder von euch bekommt nun grüne und rote Zettel.
- Auf den grünen Zetteln erklärt ihr, was die Symbole bedeuten. Legt die Zettel anschließend zum entsprechenden Symbol.
- Auf den roten Zetteln notiert ihr offene Fragen und legt sie ebenfalls zum entsprechenden Symbol.
- Besprecht miteinander eure Zettel.

5. Feedback zu einzelnen Stunden

Zu einzelnen Stunden könnt ihr eurem Lehrer oder eurer Lehrerin folgendermaßen ein Feedback geben:
Zeichnet ein Koordinatensystem auf ein Plakat. Beschriftet die x-Achse mit kleinen Buchstaben von a bis d und lasst darunter Platz für wertende Aussagen zum Unterricht.

Zu den Kleinbuchstaben schreibt ihr die nachfolgenden Aussagen:
a) Was wir heute gemacht haben, habe ich ...
b) Heute konnte ich im Unterricht. ...
c) Was wir heute erarbeitet haben, fand ich ...
d) Heute hat mich der Unterricht ...

Nummeriert anschließend die y-Achse mit den Ziffern 1 bis 4. Diese Ziffern dienen euch als Notenskala.

Nehmt nun zu den folgenden Aussagen Stellung, indem ihr als Antwort im Koordinatensystem an der entsprechenden Stelle einen Punkt einzeichnet.

a) Was wir heute im Religionsunterricht gemacht haben, habe ich ...
   1. sehr gut verstanden.
   2. gut verstanden.
   3. nicht so gut verstanden.
   4. kaum verstanden.

b) Heute konnte ich im Unterricht ...
   1. sehr gut aufpassen.
   2. meistens gut aufpassen.
   3. nicht so gut aufpassen.
   4. gar nicht aufpassen.

c) Was wir heute erarbeitet haben, fand ich ...
   1. sehr interessant.
   2. einigermaßen interessant.
   3. nicht so interessant.
   4. überhaupt nicht interessant.

d) Heute hat mich der Unterricht ...
   1. besonders angesprochen.
   2. manchmal persönlich angesprochen.
   3. nicht so sehr angesprochen.
   4. überhaupt nicht persönlich berührt.

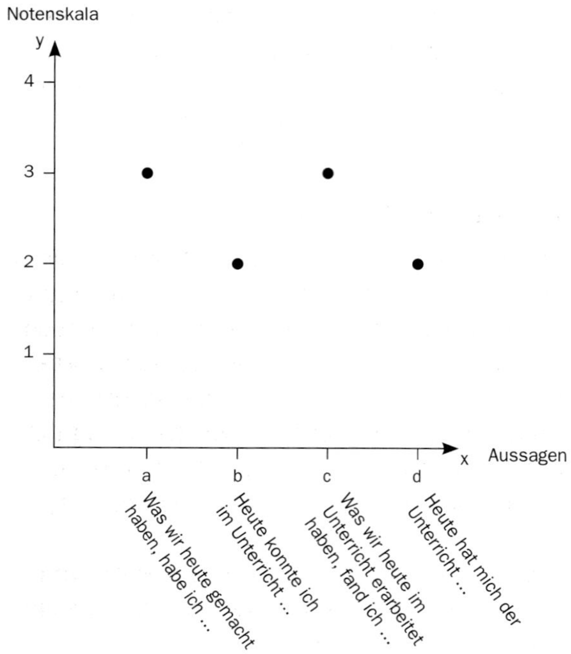

Betrachtet eure Ergebnisse und sprecht mit eurem Lehrer oder eurer Lehrerin darüber. Überlegt, was ihr noch erarbeiten oder vertiefen wollt.

6. Den eigenen Lernweg beobachten und reflektieren

Diese Methode eignet sich gut, wenn du nach einem Halbjahr deinen eigenen Lernweg reflektieren möchtest.

Du hast im Religionsunterricht viel Neues erfahren und gelernt.
Deine Lehrerin oder dein Lehrer hat mit den unterschiedlichsten Methoden den Unterricht gestaltet und dir die Inhalte der Lernsequenzen vermittelt.

Du hast dir in Einzel- und Gruppenarbeit Wissen angeeignet und Kompetenzen erworben.
Nun hast du Gelegenheit, deinen Lernweg und deinen Kompetenzerwerb noch einmal zu überdenken.
Ziel ist es, dir zu helfen, dein Lernen selbstverantwortlich zu steuern und dich dabei zu unterstützen, dein Lernen noch erfolgreicher zu gestalten.

Beantworte nun folgende Fragen in deinem Heft: Denke in Ruhe nach – deine Notizen werden nicht kontrolliert!

1. Rückblick:
- Das Wichtigste, was ich im vergangenen Halbjahr im Religionsunterricht erfahren und dazugelernt habe, war …
- Dabei hat mir besonders geholfen, dass …

2. Gegenwart:
- Das kann ich jetzt besonders gut …
- Das sind meine Stärken im Fach Religion …
- Dabei hat mir besonders geholfen, dass …

3. Ausblick
- Das Wichtigste, das ich im nächsten Halbjahr im Religionsunterricht erfahren, lernen oder üben will, ist …
- Ich möchte mich bemühen…
- Damit ich mein Ziel erreiche, wäre für mich hilfreich, wenn …

7. Methoden
Informationen sammeln

Assoziationen sammeln
Was fällt dir ein, wenn du das Wort Lebensweg/ Beten/Prophet ... hörst? Jeder von euch antwortet reihum mit einem Stichwort oder einem ganzen Satz auf die Frage. Es geht nicht darum, dass ihr schon alles über den Begriff wisst. Es geht um das Sammeln von Assoziationen, von Gedanken, die euch zu diesem Wort einfallen. Dadurch, dass jede/r von euch etwas zu diesem Wort sagt, bekommt ihr einen ersten Eindruck, was sich alles hinter dem erfragten Begriff verbirgt.
Diese Methode eignet sich für den Einstieg in ein Thema oder zur Ergebnissicherung nach der Bearbeitung eines Themas. Wahrscheinlich sind am Ende ein paar wichtige Gedanken hinzugekommen und der Begriff, um den es geht, erscheint euch in einem neuen Licht.

Fragelandschaft
Wem klar ist, was er wissen möchte, der kann gezielter nach Informationen und Antworten suchen. Die richtigen Fragen zu stellen hilft außerdem dabei, Informationen zu ordnen und zu beurteilen, ob diese tatsächlich weiterhelfen. Es gibt Wissens-, Verständnis- und Wertfragen. Wollt ihr euch ein neues Thema erarbeiten, könnt ihr zunächst verschiedene W-Fragen auf Kärtchen schreiben. Die Fragen könnten zum Beispiel mit folgenden Frageworten beginnen: Was? Wann? Wo? Warum? Wozu? Welche? Wer? Wodurch? Wogegen? Woher? Womit? Worauf? Wie? Wovon? Wohin? Worüber? Wen? Wem?
Habt ihr die Fragen formuliert, könnt ihr sie nach Themenkreisen und Zielrichtung ordnen. Bei der Informationsbeschaffung zu eurem Thema können sie euer Leitfaden sein. Mit ihrer Hilfe könnt ihr die Informationen aussortieren, die für euch unwichtig sind, und gezielt nach Fakten suchen, die ihr für euer Thema benötigt. Nicht zuletzt könnt ihr die Fragen nutzen, um am Ende zu überprüfen, was ihr über das erarbeitete Thema wisst. Auch für ein abschließendes Fragequiz könnt ihr sie einsetzen.

Internetrecherche
Es gibt eine Vielzahl von Möglichkeiten, wie ihr euch Informationen zu einem bestimmten Stichwort oder Thema beschaffen könnt. Neben Büchern (Schulbücher, Lexika, Atlanten, Wörterbücher etc.), zu denen ihr in der Schule, zu Hause oder in der örtlichen Bücherei Zugang habt, gibt es die Möglichkeit, dass ihr euch mithilfe von Radio, Fernsehen oder Internet informiert.
Gerade das Internet bietet eine Vielzahl von Recherchemöglichkeiten. Bei der Suche helfen euch Suchmaschinen wie:
- www.google.de
- www.yahoo.de oder
- www.altavista.de

und elektronische Nachschlagewerke wie
- www.wikipedia.de

Klärt zunächst, nach welchen Begriffen ihr suchen wollt. Wenn ihr Informationen zu eurem Thema gefunden habt, müsst ihr entscheiden, welche davon ihr verwenden wollt. Da im Internet jeder ungeprüft Informationen veröffentlichen kann, sind nicht alle Quellen zuverlässig. Manche geben persönliche Meinungen wieder, andere können unvollständig oder sogar falsch sein. Vergleicht daher verschiedene Informationsquellen und entscheidet erst dann, welchen Informationen ihr trauen wollt. Fasst dann eure Erkenntnisse in eigenen Worten zusammen. Solltet ihr Texte, Bilder oder Skizzen aus dem Internet kopieren, so ist es aus urheberrechtlichen Gründen wichtig, diese mit einer genauen Quellenangabe zu versehen und die kopierten Texte in Anführungszeichen zu setzen, damit sie deutlich als Zitat erkennbar sind.

Mindmap

Eine Mindmap ist eine Gedanken(land)karte. Mit ihrer Hilfe könnt ihr Zusammenhänge sichtbar machen. Wichtige Begriffe bilden den Mittelpunkt der Darstellung. Gedanken und Texte zum Thema werden dem Mittelpunkt zugeordnet, sodass eine übersichtliche Struktur erkennbar wird. Mindmaps helfen bei der Gliederung des Stoffes und beim Erkennen von Zusammenhängen. Sie sind eine gute Hilfe, um Assoziationsketten zu bilden und sich Lerninhalte leichter zu merken.

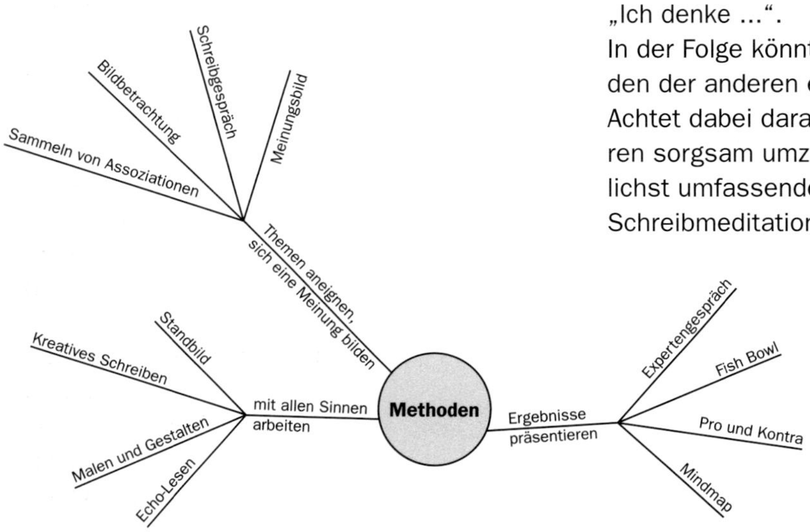

Schreibgespräch

Nicht alles muss gesagt werden. Das Schreibgespräch bietet die Möglichkeit, in einer Atmosphäre der Ruhe in einen Austausch zu treten. Ihr bildet Gruppen mit drei bis fünf Teilnehmern und legt ein großes Blatt in die Mitte. Ihr könnt das Schreibgespräch zu einem Stichwort, einem Bild oder einer interessanten Aussage führen. Nacheinander schreibt ihr eure Meinung zu dem Gegenstand des Schreibgesprächs auf das Blatt in der Mitte. Es hilft, wenn ihr eure Aussagen als Ich-Aussagen formuliert, also „Ich finde ...“, „Ich denke ...“.

In der Folge könnt ihr euren eigenen Text oder den der anderen ergänzen und kommentieren. Achtet dabei darauf, mit der Meinung der anderen sorgsam umzugehen. Ziel ist es, ein möglichst umfassendes Bild vom Gegenstand der Schreibmeditation zu bekommen.

Ganzheitliches Arbeiten

Bildbetrachtung

Bilder sprechen auf ihre eigene Weise zu uns. Um ihrer Aussage auf die Spur zu kommen, helfen uns folgende Fragen:

- Was hat der Künstler dargestellt?
- Wie stellt er sein Thema dar? Welche Mittel setzt er ein (z. B. Farben und Formen)?
- Wie wirkt das Kunstwerk auf mich?
- Welche Erkenntnisse gewinne ich aus dem Kunstwerk mit Blick auf unser Thema?
- Welche Fragen ergeben sich für mich aus der Bildbetrachtung?

Diese Fragen kann zunächst jede/r für sich klären. Ihr könnt sie aber auch in Kleingruppen bearbeiten und eure Ergebnisse anschließend der Klasse vorstellen.

Bild weitermalen

Diese Methode eignet sich besonders gut dazu, sich vorzustellen, wie die Geschichte, die auf einem Bild dargestellt wird, weitergehen könnte. Überlegt euch dabei zuerst, welche Geschichte oder welches Ereignis das Bild erzählt. Denkt dann darüber nach, wie diese Geschichte oder das Ereignis weitergehen könnte. Skizziert das Bild so auf einem leeren Blatt, dass ihr ausreichend Platz zur Verfügung habt, um eure Gedanken in Farben und Formen zum Ausdruck zu bringen.

Fantasiereise

Um inneren Bildern oder eigenen Wünschen auf die Spur zu kommen, könnt ihr eine Fantasiereise durchführen. Ein Sprecher, das könnte zum Beispiel euer Lehrer oder eure Lehrerin sein, erzählt dabei eine Geschichte, der ihr in mehreren Schritten folgt.
Bevor ihr beginnt, lasst ihr Ruhe einkehren und nehmt eine entspannte Körperhaltung ein. Dazu setzt ihr euch auf euren Platz und schließt die Augen. Unter Anleitung des Sprechers/der Sprecherin nehmt ihr euren Körper bewusst wahr und kommt dabei immer mehr zur Ruhe. Anschließend wird die fiktive Geschichte mit häufigen Pausen erzählt. Auf diese Weise habt ihr Zeit, eigene Fantasien zu der erzählten Geschichte zu entwickeln.
Zum Abschluss der Fantasiereise kehrt ihr durch tiefes Durchatmen und Strecken in die Gegenwart zurück. Interessant ist nun, welche Bilder euch bei der Fantasiereise eingefallen sind und welche Gedanken ihr hattet. Darüber könnt ihr euch im Gespräch austauschen. Eine andere Möglichkeit besteht darin, ein Bild zu malen, das eure inneren Bilder zum Ausdruck bringt, und durch die Bilder in einen Austausch mit den anderen zu treten.

Gebet verfassen

Im Gebet sprechen wir zu Gott und tragen ihm unsere Anliegen vor. Dies können Bitten, Ängste, Befürchtungen oder auch Hoffnungen sein. Gebete können Klagen, Lob oder Dank enthalten. Im Gebet kann ich meine Situation vor Gott bedenken und mir so auch über mich selbst klar werden.
Formuliere ich selbst ein Gebet, so wähle ich zunächst eine Anrede, zum Beispiel „Lieber Gott...“, „Herr“, „Vater“, „guter Gott ...“. Dann formuliere ich mein Anliegen: Was möchte ich Gott sagen? Wofür möchte ich Gott danken? Worum bitten?
Ich schließe das Gebet mit dem Wort „Amen“, was so viel bedeutet wie „so ist es“, „so steht es fest“ oder moderner ausgedrückt „das meine ich“.

Hörspiel

In einem Hörspiel wird uns eine Geschichte oder Szene nur über das Hören vermittelt.
Die Handlung wird dem Hörer durch verschiedene Sprecher, Geräusche und Musik nahegebracht.
Um selbst ein Hörspiel aufzunehmen, benötigt ihr ein Aufnahmegerät. Bevor ihr mit den Aufnahmen beginnen könnt, müsst ihr zunächst einmal die handelnden Personen festlegen und ein Drehbuch entwickeln. Dabei solltet ihr nicht nur die Texte für die Sprecher verfassen, sondern euch auch überlegen, welche Geräusche die Handlung untermalen könnten und wie ihr diese Geräusche produzieren könnt. Habt ihr den genauen Ablauf eures Hörspiels festgelegt, geht es ans Aufnehmen. Besonders spannend wird es dann, wenn ihr eure Produktion der Klasse vorführt. Ist es euch gelungen, eure Geschichte akustisch umzusetzen? Werden durch eure Inszenierung neue bzw. wichtige Aspekte hervorgehoben? Lasst euch erzählen, wie das Hörspiel auf eure Mitschüler/-innen gewirkt hat.

Malen und gestalten

Worte sind nur eine Möglichkeit, sich auszudrücken. Stimmungen und Eindrücke lassen sich auch mit Farben, Klängen und gelegten Bildern erkennbar machen. Was benötigt ihr dazu?
Wenn ihr euch für das Malen entscheidet, könnt ihr großflächige Bilder am besten mithilfe von Farbkasten und Pinseln gestalten.
Wenn ihr etwas mit Klängen darstellen wollt,

sind Orffsche Instrumente gut geeignet. Fragt am besten bei eurem Musiklehrer nach, ob ihr euch Instrumente ausleihen könnt. Aber auch in eurem Klassenzimmer finden sich sicherlich Gegenstände, denen ihr (rhythmische) Klänge entlocken könnt.
Legebilder lassen sich gut mithilfe von Naturmaterialien herstellen: Mit Tannenzapfen, Samen, Holzscheiben, kleinen Stöcken, Glassteinen, Perlen oder Tüchern kann man Stimmungen, aber auch Landschaften, Gegenstände oder Ereignisse darstellen.

Pantomime

Die Pantomime ist eine Methode, die es ermöglicht, sich nur mithilfe von Gestik oder Mimik auszudrücken. Gesprochen wird dabei nicht.
So könnt ihr dabei vorgehen: Bildet kleine Gruppen. Überlegt euch, wie ihr das Gehörte oder Gelesene mit Mimik und Gestik darstellen könnt. Hört dabei in euch hinein, welche Bewegungen oder Gesichtsausdrücke euch passend und ausdrucksstark erscheinen.
Spielt eure Pantomime euren Mitschüler/-innen vor und lasst sie raten, was ihr darstellt. Können sie eure Szenen in Worten wiedergeben? Haben sie erkannt, was euch bei eurer Darstellung besonders wichtig war? Tauscht euch darüber aus.

Rollenspiel

Im Rollenspiel geht es darum, eine oder mehrere Szenen spielerisch darzustellen. Überlegt vor Spielbeginn, welche Personen in der zu spielenden Szene vorkommen müssen und welche Absichten diese verfolgen. Wenn ihr nicht aus dem Stegreif spielen möchtet, könnt ihr zunächst ein Drehbuch schreiben und anschließend die Rollen verteilen.
Spielt dann der Klasse die Szene vor. Überlegt gemeinsam: Wie entwickelt sich die Handlung? Hätte sie auch anders verlaufen können? Was geschieht, wenn ihr den Handlungsablauf verändert?
Im Rollenspiel könnt ihr mehrere Varianten ein und derselben Szene durchspielen und so verdeutlichen, wie sich Situationen und Reaktionen verändern, wenn sich die Beteiligten anders verhalten. Während der Aufführungen beobachten eure Mitschüler/-innen das Rollenspiel und berichten anschließend, wie sie die Darstellung der Charaktere erlebt haben.

Standbild

Beim Standbild geht es darum, sichtbar und möglicherweise auch hörbar zu machen, was in Menschen vorgeht.

Variante 1:
Ein „Bildhauer", den ihr zuvor ausgewählt habt, modelliert zu einer Bibelstelle ein Bild. Sein „Werkstoff" sind Mitschüler/-innen, die er bittet, sich in einer bestimmten Art und Weise aufzustellen. So kann der Bildhauer die Mitschüler bestimmte Körperhaltungen einnehmen lassen. Er kann die einzelnen Personen zueinander gruppieren und damit ihre Beziehungen bzw. Einstellungen verdeutlichen. Die Mitschüler/-innen bleiben in der Körperhaltung, die ihnen der Bildhauer gibt, „eingefroren" stehen.

Variante 2:
Die Schüler/-innen entscheiden selbst, wie die Person, um die es geht, dargestellt wird und stellen sie mit ihrem eigenen Körper dar.

Variante 3:
Am Standbild bisher unbeteiligte Schüler treten hinter einzelne Schüler aus dem Standbild und sprechen in der Ich-Form aus, was in der dargestellten Person vor sich gehen könnte, zum Beispiel Kain: „Ich habe meinen Bruder erschlagen. Was habe ich getan? Ich habe große Schuld auf mich geladen."

Bei jeder Variante sollte im Anschluss besprochen werden,

a) wie das Standbild auf den Zuschauer gewirkt hat.
b) wie sich die Darsteller in ihrer Rolle gefühlt haben.
c) was der Bildhauer darstellen wollte und wie er zu der Meinung der Zuschauer und Darsteller steht.

Lerninhalte vertiefen und an andere weitergeben

Akrostichon

Das Akrostichon ist ein antikes Schreibspiel. Die Buchstaben eines Wortes werden dafür senkrecht untereinander geschrieben. Jedem Buchstaben werden dann in der Waagerechten neue Worte zugeordnet. Dabei gibt das vorgegebene Wort das Thema vor.
Ihr könnt diese Form der Darstellung nutzen, um zu zeigen, welche Assoziationen mit einem Begriff (oder Satz) verbunden sind. Um selbst ein Akrostichon zu erstellen, schreibt ihr das Wort, das ihr genauer charakterisieren möchtet, so auf, dass die einzelnen Buchstaben senkrecht untereinander stehen. Für die waagerechten Zeilen sucht ihr nun Wörter, die mit dem entsprechenden Anfangsbuchstaben beginnen und die etwas über euren Begriff aussagen, also zum Beispiel:

A lt
K unstvoll
R ätselhaft
O riginell
S taunen
T rickreich
I nteressant
C lever
H ilfe
O ffenbarend
N ützlich

Plakat gestalten

Mit einem Plakat könnt ihr Ergebnisse eurer Gruppenarbeit für Mitschüler/-innen übersichtlich zusammenfassen und ansprechend gestalten.

- Sammelt dazu Materialien wie Fotos, Zeitungsartikel, Broschüren, Gegenstände ...
- Beschafft euch die nötigen Arbeitsmaterialien wie Tonpapierbögen, Stifte, Scheren und Klebstoff.
- Überlegt, was ihr auf dem Plakat darstellen möchtet. Formuliert dazu eine passende Überschrift.
- Teilt die Plakatfläche so auf, dass ihr die wichtigen Informationen übersichtlich und gut lesbar darstellen könnt.
- Stellt euer Thema mithilfe selbst verfasster Texte und der von euch gesammelten Materialien dar.
- Hängt das Plakat gut sichtbar im Klassenraum auf und stellt den Inhalt der Klasse vor.

Spannungskurve

Geschichten kann man durch Worte und Bilder darstellen. Eine weitere Möglichkeit besteht darin, eine Geschichte in Form von einer Spannungskurve aufzuzeichnen. Dafür ist es wichtig, dass ihr die Geschichte genau lest und darauf achtet: Wie entwickelt sie sich? Wie ist das Erzähltempo? Wann geschieht das entscheidende Ereignis? Welche Gefühle haben die Beteiligten? Versucht nun, eure Erkenntnisse in Form von einer Linie darzustellen, die sich hebt und senkt, die ruhig und gerade oder im Zickzack verläuft. Passt den Verlauf der Linie der Entwicklung der Geschichte an.

Synonyme suchen

Wenn ihr versucht, ein Wort zu erklären, verwendet ihr automatisch Synonyme, also sinnverwandte, ähnliche Wörter oder Wörter mit der gleichen Bedeutung. Anhand von Synonymen könnt ihr überprüfen, ob ihr wisst, was genau mit einem Begriff gemeint ist. Ihr könnt die Suche nach Synonymen auch als Spiel gestalten. Dazu schreibt ihr verschiedene Wörter, deren Bedeutung ihr im Unterricht bereits besprochen habt, auf kleine Zettel. Dann zieht immer ein Schüler oder eine Schülerin einen der Zettel und erklärt den Begriff, der darauf steht – mithilfe von Synonymen und ohne den jeweiligen Begriff zu nennen. Alle anderen versuchen zu erraten, welcher Begriff erklärt wurde. Wer richtig geraten hat, darf als nächstes einen Begriff ziehen und erklären.

Wortsalat

Die meisten Sätze, die ihr lest, sind korrekt formuliert und gut verständlich. Bei einem Wortsalat ist allerdings etwas durcheinander geraten: Die Wörter eines Satzes stehen in der falschen Reihenfolge. Ihr müsst also versuchen, den Satz in die richtige Reihenfolge zu bringen, damit der Satz wieder einen Sinn ergibt.
Um zu überprüfen, ob ihr einen Lernstoff wirklich erfasst habt, könnt ihr selbst einen Wortsalat herstellen, indem ihr Sätze über das behandelte Thema umstellt und sie anschließend eurem Nachbarn als Rätsel stellt.

Zeitleiste erstellen

Habt ihr es mit vielen Jahreszahlen und Daten zu tun, kann dies ganz schön verwirrend sein. Zeichnet deshalb einen Zahlenstrahl und beschriftet ihn mit Jahreszahlen in Zehner- oder Hunderterabständen. Tragt nun die Jahreszahlen und Ereignisse, mit denen ihr euch gerade beschäftigt, an den richtigen Stellen ein. Jetzt gliedern sich die Ereignisse auch optisch und ihr könnt sie euch besser merken.

Zeitungsartikel/Zeitungsinterview/ Reportage

Wenn ihr ein fiktives Interview, einen Artikel oder eine Reportage verfasst, formuliert ihr Gedanken und Ereignisse so, wie ihr sie in einer Zeitung vorfinden würdet. Ihr braucht also eine passende und interessante Schlagzeile als Überschrift. Anschließend verfasst ihr zwei bis drei Sätze, die wie eine zweite Überschrift die wichtigsten Inhalte des Artikels zusammenfassen. Wichtig ist natürlich auch, dass diese einleitenden Sätze Interesse wecken, damit eure Leser den Artikel auch zu Ende lesen und nicht vorzeitig beiseite legen. Gelingt euch ein interessanter Artikel, so können auch lange zurückliegende biblische Ereignisse durch diese Art der Darstellung ganz neu und aktuell wirken. Wir begreifen dann besser, was an den damaligen Geschehnissen wichtig war.

Sich in Personen/Situationen hineinversetzen

Anklage-/Verteidigungsrede

Wollt ihr eine Anklage- oder Verteidigungsrede halten, ist es wichtig, zunächst viele Argumente zu sammeln. Was spricht für das Verhalten der Person, die ihr anklagen/verteidigen wollt? Was dagegen? Dabei hilft es auch, zu bedenken, welche Argumente die Gegenseite bringen könnte. Wie könnt ihr deren Argumente entkräften?
Anklage- oder Verteidigungsreden helfen euch, Menschen und ihre Handlungen einzuschätzen, denn sie decken Motivationen, Gründe und Interessen auf. Es kann sehr spannend sein, zu ein und demselben Thema eine Verteidigungs-

und eine Anklagerede zu hören. Im Widerstreit der Argumente wird deutlich, ob eine bestimmte Handlung gerechtfertigt ist oder nicht.

Brief schreiben

Ein Brief ist eine Mitteilung an andere. Bei persönlichen Briefen geht diese Mitteilung über die sachliche Darstellung von Ereignissen hinaus. Der Schreiber/die Schreiberin stellt seine/ihre eigene Sicht der Dinge dar, drückt Gefühle aus und nimmt Wertungen vor. Der Brief nimmt natürlich auch Bezug zur Situation des Adressaten: Was interessiert ihn? Was soll ihm mitgeteilt werden? Erhofft sich der Verfasser eine bestimmte Reaktion vom Adressaten des Briefes?
Anders als Kurzmitteilungen kann ein Brief mehrere Seiten lang sein und bietet viel Raum für die Mitteilungen des Briefschreibers.

Dialog verfassen

Diese Methode kann gut dazu verwendet werden, sich in bestimmte Personen, zum Beispiel aus einer Geschichte, hineinzuversetzen und ihr Handeln bzw. ihre Gedanken nachzuvollziehen. Wählt zwei Personen aus der Geschichte aus und lasst sie einen Dialog miteinander führen. Was haben sie einander zu sagen? Wo besteht zwischen ihnen Einigkeit, wo gibt es Differenzen? Welche Beweggründe haben die beiden? Schreibt diesen Dialog auf und tragt ihn mit verteilten Rollen der Klasse vor.

Sprechblasen verfassen

Wenn ihr Texte für Sprechblasen formuliert, könnt ihr schnell auf den Punkt bringen, wie sich bestimmte Personen äußern und was dabei in ihnen vorgeht. Hier sind keine langen Texte gefragt, sondern eher kurze, treffende Aussagen. Wenn ihr Sprechblasen für mehrere Personen zeichnet und mit Text füllt, könnt ihr die unterschiedlichen Reaktionen verschiedener Personen sehr gut darstellen.

Tagebucheintrag

Tagebücher dienen nicht nur dazu, bestimmte Ereignisse festzuhalten. In Tagebucheinträgen werden auch Gefühle und Gedanken niedergeschrieben und es wird über Geschehnisse reflektiert.
Wenn ihr einen fiktiven Tagebucheintrag verfasst, ist es wichtig, dass ihr euch in die Person hineinversetzt, deren Tagebucheintrag ihr schreiben wollt. Was hat sie erlebt und wie ist es ihr dabei ergangen? Was hat sie gefühlt? Welche Gedanken haben sie im Laufe der Ereignisse bewegt? Wie beurteilt sie das Geschehen? Welche Konsequenzen zieht sie daraus?
Ein Tagebucheintrag bietet Raum, diese Gedanken und Gefühle ausführlich darzustellen. Sogar über die weitere Entwicklung der Ereignisse kann darin spekuliert werden.

Sich über ein Thema austauschen

Karussellgespräch

Die Schülerinnen und Schüler setzen sich in einem Innen- und Außenkreis einander paarweise gegenüber. In der ersten Gesprächsrunde haben diejenigen das Wort, die in der Innenrunde sitzen. Sie nehmen zu einer vom Lehrer vorgegebenen Frage Stellung. Während sie sprechen, hört ihr Gegenüber aus der Außenrunde zu. Hat der erzählende Schüler seine Ausführungen beendet, fasst sein Zuhörer mit

eigenen Worten zusammen, was er bzw. sie gehört hat.
Auf ein Zeichen des Lehrers hin rücken alle im Innenkreis zwei Stühle weiter, sodass sich neue Gesprächspaare ergeben. Nun sind die Schülerinnen und Schüler aus der Außenrunde dran zu erzählen. Die Gegenseite hört zu und fasst anschließend zusammen.
Für die nächste Frage kann sich das „Karussell“ weiterdrehen, sodass ihr euch mit immer neuen Gesprächspartnern austauschen könnt. Sprecht am Ende darüber, welche Eindrücke ihr in den Paargesprächen gewonnen habt.

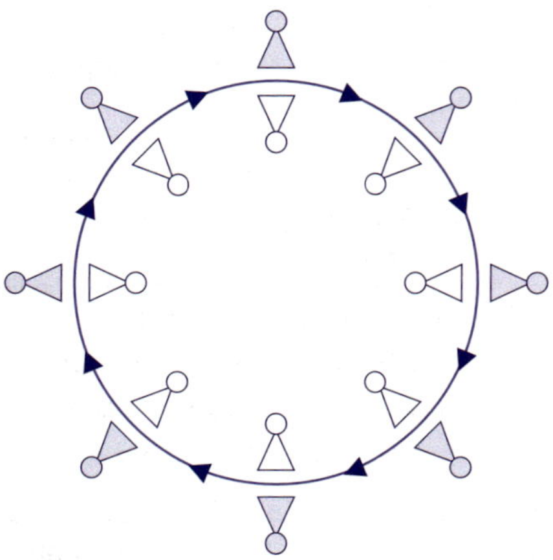

Pro- und Kontra-Streitgespräch

Es gibt viele Themen, zu denen es in unserer Gesellschaft und vielleicht auch in eurer Klasse unterschiedliche Meinungen gibt. Um verschiedene Argumente und Begründungen zu Wort kommen zu lassen, könnt ihr zwei Gruppen bilden. Eine Gruppe vertritt die „Pro“-Seite, das heißt, sie spricht für die Sache/das Thema. Die andere Gruppe vertritt die „Kontra“-Seite, das heißt, sie argumentiert dagegen.
Zur Vorbereitung eurer Diskussion könnt ihr innerhalb der Pro- und Kontra-Gruppen Gründe sammeln, die für euren Standpunkt sprechen. Im Streitgespräch mit der anderen Gruppe geht es dann darum, die eigene Position sachlich darzustellen und überzeugend zu begründen.

Meinungsbild

Um auf eine Ja-/Nein-Frage zu antworten, kann man nicht nur Worte verwenden. Ihr könnt auch Stellung beziehen, indem ihr euch im Raum aufstellt.
Zu Beginn wird festgelegt, welche Seite des Raumes „Ja“, also Zustimmung bedeutet. Die gegenüberliegende Seite bedeutet „Nein“ und damit Ablehnung. In der Mitte zwischen beiden Seiten liegt das „Unentschieden“.
Jetzt verteilt ihr euch im Raum und nehmt eure Plätze ein. Wenn ihr zustimmt, platziert ihr euch auf der „Ja“-Seite. Die „Nein“-Sager sind entsprechend auf der gegenüberliegenden Seite, die „Unentschiedenen“ in der Mitte. So wird das Meinungsbild in der Klasse schnell offensichtlich.

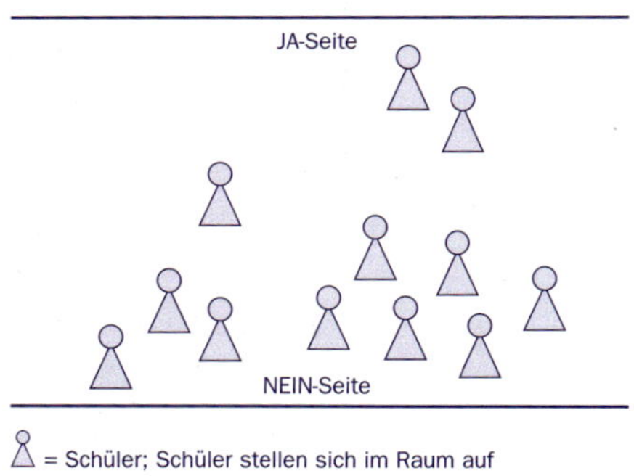

Die Gesprächsleitung kann zu Beginn der Pro- und Kontra-Diskussion jeder Seite Gelegenheit geben, ihre Position in wenigen Minuten darzustellen. Sie sorgt außerdem dafür, dass jede Seite zu Wort kommt und der Austausch der Argumente in geordnetem und fairem Rahmen abläuft.

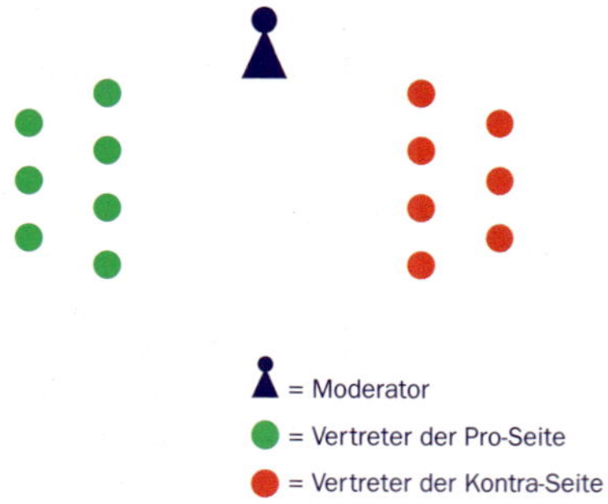

8. Glossar

Amos	Prophet aus dem Südreich Juda; wirkte im Jahr 750 v. Chr. im Nordreich Israel.
Baal	Fruchtbarkeitsgott der Kanaanäer; sein Kult wird vom Propheten Elija bekämpft.
Bar Mizwa	Hebräisch „Sohn des Gebots"; Bezeichnung für einen Jungen, der mit dem 13. Lebensjahr die religiöse Volljährigkeit erreicht hat. Er ist nun ein vollwertiges Mitglied der Gemeinde mit allen Rechten und Pflichten.
Bat Mizwa	Hebräisch „Tochter des Gebots"; Bezeichnung für ein Mädchen, das mit dem 12. Lebensjahr die religiöse Volljährigkeit erreicht hat.
Befreiungstheologie	Eine Bewegung, die von katholischen Theologen aus Protest gegen Armut und Unterdrückung in der Dritten Welt entwickelt wurde. Ihr Ziel ist die praktische und lebensnahe Verbesserung der sozialen Lebensbedingungen benachteiligter Menschen, begründet aus den Forderungen der Nächstenliebe der Bibel, insbesondere der Bergpredigt des Neuen Testaments.
Bergpredigt	Rede Jesu, vom Evangelisten Matthäus in Mt 5–7 zusammengefasst; umfasst wesentliche Punkte der Botschaft Jesu, u. a. die Seligpreisungen, das Vaterunser und die Goldene Regel.
Beschneidung	Als Jude geborene Jungen werden am achten Tag nach der Geburt beschnitten und so in den Bund Gottes mit Abraham aufgenommen. Bei der Beschneidung wird ein Teil der Vorhaut entfernt.
Beten	Sprechen mit Gott in vorgegebenen Texten (z. B. Vaterunser) oder in selbst formulierten Worten. Im Gebet können Gedanken, Gefühle, Bitten und Dank ausgedrückt werden. Gebete können alleine oder gemeinsam gesprochen werden und mit bestimmten Gesten und Körperhaltungen verbunden werden.
Bund	Zusage Gottes, sich an die Menschen zu binden. Im Verlauf der biblischen Geschichte hat Gott mehrfach einen Bund mit den Menschen geschlossen, z. B. mit Noah, Abraham, Mose und dem Volk Israel im Alten Testament. Dieser Bund wird im Neuen Testament durch Jesus Christus als Mittler erneuert. Er löst den alten Bund Gottes mit seinem Volk nicht ab, sondern ist eine Erweiterung dessen: Auch die Christen haben nun Anteil daran.
Caritas	Katholische Hilfseinrichtung; größter deutscher Wohlfahrtsverband mit unterschiedlichen Aufgaben; national und international tätig.
Chanukka	Fest zur Erinnerung an die Wiedereinweihung des Tempels. Der Jerusalemer Tempel war während der Herrschaft des Griechen Antiochius entweiht worden, da die Griechen ihn für ihren Götterkult genutzt hatten. Durch den Aufstand der Makkabäer wurde diese Herrschaft beendet und der jüdische Tempeldienst wieder eingeführt.
Chanukka-Leuchter	Achtarmiger Leuchter, an dem während des Chanukka-Festes jeden Tag ein Licht mehr angezündet wird.
Christus	Griechisch „Gesalbter"; gleichbedeutend mit hebräisch „Messias"; Ehrentitel für den erwarteten Erlöser; in der Urkirche der bevorzugte Titel für Jesus.

Dekalog	Griechisch; bedeutet übersetzt „die zehn Worte“. Gemeint sind damit die Zehn Gebote, die Mose von Gott empfing.
Domkapitel	Wie ein Regierungschef Minister beruft, die ihm bei seinen Aufgaben helfen, so ernennt auch der Bischof Priester und eventuell weitere Mitarbeiterinnen und Mitarbeiter, damit sie ihn bei der Leitung seiner Diözese unterstützen. Zusammen bilden sie das Domkapitel. Es trifft sich zu regelmäßigen Besprechungen, wobei jedes Mitglied des Domkapitels besondere Zuständigkeiten hat, z. B. die Sorge für das pastorale Personal, die Entwicklung in den Gemeinden, Orden, Caritas usw.
Elija	Prophet; lebte um 850 v. Chr. im Nordreich Israel. Die biblischen Texte erzählen davon, dass Elija Wunder wirkte und den Gott Baal bekämpfte. Vom Ende seines Lebens wird die Legende von seiner Himmelfahrt erzählt. Im Judentum wird erwartet, dass zuerst Elija erscheint, bevor der Messias kommt.
Enzyklika	Päpstliches Rundschreiben an alle Gläubigen, meist in Latein.
Eucharistie	Aus dem Griechischen; bedeutet übersetzt „Danksagung“. Die katholische Eucharistiefeier wird auch hl. Messe genannt. In jeder Eucharistie, die auch an das letzte Abendmahl Jesu mit den Aposteln erinnert, werden bei der Wandlung von Brot und Wein in Leib und Blut Christi Tod und Auferstehung Jesu Christi vergegenwärtigt und die ganze mitfeiernde Gemeinde in den mystischen Leib Christi hinein verwandelt.
Exegese	Auslegung der Heiligen Schrift mit wissenschaftlichen Methoden. Dabei werden z. B. verschiedene Übersetzungen eines biblischen Textes verglichen, seine Strukturen analysiert, Fragen nach seinen Quellen gestellt und seine Entstehungsbedingungen erforscht.
Exodus	Aus dem Griechischen; bedeutet übersetzt „Auszug“. Damit kann gemeint sein: a) der Auszug des Volkes Israel aus Ägypten b) das zweite Buch des Alten Testaments, genannt „Exodus“, das von diesem Auszug berichtet
Feldrede	Vom Evangelisten Lukas zusammengestellte Sammlung von auf freiem Feld gehaltenen Reden Jesu (Lk 6,20-49), in denen Jesus ausführlich auf das Verhalten der Menschen untereinander eingeht.
Firmung	In der Firmung wird der Heilige Geist auf den zu Firmenden herabgerufen und damit die Taufe vollendet. Da die Firmung Jugendlichen oder Erwachsenen gespendet wird und sie mit einer eigenen Glaubensentscheidung einhergehen sollte, nennt man sie auch Sakrament der Mündigkeit.
Gebote	Weisungen, an denen die Menschen nach Gottes Willen ihr Leben ausrichten sollen; Gemeint sind insbesondere die Zehn Gebote im Alten Testament, die Gott Mose übergeben hat (Ex 20,1–17; Dtn 5,6–21) und das Hauptgebot der Liebe im Neuen Testament, das Jesus lehrte (Mk 12,29–31; Mt 22,37–39; Lk 10,25–28).

Gewissen	Die Fähigkeit des Menschen, seine Einstellungen und sein Tun ethisch zu beurteilen. Das Gewissen ist damit die Grundlage dafür, als verantwortungsbewusster Mensch zu handeln. Christen hören im Gewissen die „Stimme“ Gottes, indem es sie an die von Gott gegebenen Gebote wie z. B. das Gebot der Nächstenliebe erinnert.
Gleichnis	Von Jesus häufig verwendete Erzählform; erzählt vordergründig von alltäglichen Dingen, will jedoch verdeutlichen, wie das Reich Gottes anbricht.
Goldene Regel	„Alles was ihr also von anderen erwartet, das tut auch ihnen.“ (Mt 7,12) Eine in vielen Religionen und Kulturen vorhandene Weisung, die das Zusammenleben der Menschen regelt.
Heiliger Geist	Neben dem Vater und dem Sohn Jesus Christus die dritte Person der göttlichen Dreieinigkeit; er ist der Beistand, den Jesus seinen Jüngern bei seinem Fortgehen hinterlassen wollte. Es gibt sieben Gaben des Heiligen Geistes: Weisheit, Einsicht, Rat, Erkenntnis, Stärke, Frömmigkeit, Gottesfurcht.
Holocaust	Systematisch durchgeführte Ermordung von sechs Millionen Juden durch die Nationalsozialisten von 1933–1945.
Horeb	Berg, auf dem Elija Gott begegnet ist; wird häufig mit dem Berg Sinai gleichgesetzt.
Jeremia	Prophet im Südreich Juda; erlebte den Untergang des Reiches 587 v. Chr.
Jesaja	Prophet aus Jerusalem, wirkte vor 700 v. Chr.
Jerusalem	Von David zur Hauptstadt seines Reiches gewählt, später Hauptstadt des Südreichs Juda; Sitz des Tempels.
Jom Kippur	Fest der Versöhnung Gottes mit den Menschen und der Menschen untereinander.
Kaschrut	Sammlung jüdischer Reinheitsgebote für Speisen.
Kippa	Kleine runde Kopfbedeckung für jüdische Männer.
Kommunikation	Von lateinisch „communicare“; bedeutet übersetzt „teilen, mitteilen, teilnehmen lassen, gemeinsam machen, vereinigen“. Menschen treten miteinander in Beziehung und verständigen sich durch Worte oder auch Gesten. Kommunikation als Sozialhandlung kann der Problemlösung dienen: Durch Kommunikation werden Hindernisse überwunden, die sich alleine oftmals nicht bewältigen lassen.
Konflikte	Von einem Konflikt spricht man, wenn Zielsetzungen oder Wertvorstellungen von Personen, gesellschaftlichen Gruppen, Organisationen oder Staaten miteinander unvereinbar sind.

Koscher	Nach jüdischen Vorschriften gesetzlich rein; bezieht sich u.a. auf Speisen, Geschirr, Kleidung.
Kult	Die Verehrung Gottes in festgelegten Formen und Riten an religiös wichtigen Orten (Tempel, Kirche usw.) und zu religiös wichtigen Zeiten wie z.B. am Schabbat (Judentum) oder Sonntag (Christentum).
Labyrinth	Symbol für den Lebensweg; ein verschlungener Weg, der im Gegensatz zum Irrgarten ohne Sackgassen und Irrwege zum Ziel führt.
Manna	Auch als „Himmelsbrot" bezeichnet. Die biblischen Texte erzählen davon, dass sich die Israeliten bei ihrer 40 Jahre langen Wanderung durch die Wüste von dieser Speise ernährten, die vom Himmel fiel. Das Manna ist damit ein Bild dafür, dass Gott verlässlich für sein Volk sorgt.
Mazze	Ungesäuertes Brot für das Pessach-Fest.
Mediation	Aus dem Lateinischen, bedeutet übersetzt „Vermittlung". Mediation ist ein freiwilliges Verfahren zur erfolgreichen Beilegung oder Vermeidung eines Konflikts. Die Konfliktparteien wollen mit Unterstützung einer dritten neutralen Person (dem sogenannten Mediator) zu einer gemeinsamen Vereinbarung gelangen, die ihren Bedürfnissen und Interessen entspricht. Der Mediator trifft dabei keine eigenen Entscheidungen bezüglich des Konflikts, sondern ist lediglich für das Verfahren verantwortlich.
Menora	Siebenarmiger Leuchter nach dem Vorbild des Leuchters im Tempel von Jerusalem, der niemals erlöschen sollte.
Messias	Hebräisch „Gesalbter"; im Alten Testament Bezeichnung für gesalbte Könige, Hohepriester und Propheten; Titel für den erwarteten Erlöser.
Mesusa	Metallkapsel mit kleiner Schriftrolle; am Türrahmen des jüdischen Hauses angebracht.
Nabi	Hebräisch für „Rufer" und „Gerufener", gleichbedeutend mit griechisch „Prophet"; spricht und handelt im Auftrag Gottes.
Orden der Minderbrüder des hl. Franziskus	Lateinisch Ordo Fratrum Minorum, Abkürzung OFM. Bettelorden, der 1209 von Franz von Assisi gegründet wurde. Das Hauptarbeitsgebiet der Franziskaner ist neben der Seelsorge die Pflege der Wissenschaft. Sie lehnen jegliche Form von Besitz ab. Ordensleute verpflichten sich in Gelübden zu einem Leben in Armut, Ehelosigkeit und Gehorsam.
Pessach	Achttägiges Fest zur Erinnerung an den Auszug aus Ägypten.
Pharisäer	Religiöse, besonders fromme Gruppe zur Zeit Jesu. Ihr Name bedeutet „die genau Unterscheidenden". Die Pharisäer legten die Gesetze des Mose besonders genau aus und befolgten sie streng. Mit ihnen führte Jesus viele Diskussionen.
Prophet	Griechisch für „Rufer" und „Gerufener", gleichbedeutend mit hebräisch „Nabi"; spricht und handelt im Auftrag Gottes.
Purim	Fest zum Gedenken an die Errettung der Juden in Babylon.

Rabbiner	Jüdischer Gesetzes- und Religionslehrer, Geistlicher, Prediger.
Rabbi	Hebräisch „Meister/Lehrer“; Gelehrter, der die Tora verbindlich auslegt; Anrede der Jünger für Jesus.
Reich Gottes	Zentrales Thema der Verkündigung Jesu Christi. Das Reich Gottes hat schon begonnen, ist aber noch nicht vollendet. Erfahrbar wird es durch die Verkündigung Jesu, durch seine Tischgemeinschaft mit Sündern, durch Heilungen und Zuwendung, die Jesus beispielhaft vorlebt.
Reichskonkordat	Völkerrechtlicher Vertrag zwischen dem hl. Stuhl und dem Deutschen Reich, der am 20. Juli 1933 abgeschlossen wurde. Die wichtigsten Bestimmungen darin waren die Freiheit der Religionsausübung, der Schutz der Geistlichen, der kirchlichen Institutionen, der Orden, der theologischen Fakultäten und der Ausbildung des Priesternachwuchses. Auch der Religionsunterricht wurde als ordentliches Lehrfach an allen Schulen garantiert und die Möglichkeit zur Beibehaltung und Gründung von Bekenntnisschulen eingeräumt. Andererseits wurde die Organisations- und Vereinstätigkeit auf kulturelle, religiöse und karitative Zwecke beschränkt. Bereits 1933 war die Nichtachtung des Reichskonkordats durch den Staat offensichtlich. Wichtige Grundlagen wurden verletzt. Selbst Proteste des Vatikans konnten die sich verschärfende Verfolgung der katholischen Kirche nicht einschränken.
Rosch Haschana	Jüdisches Neujahrsfest
Sakrament	Sichtbares Zeichen der Nähe Gottes. Die Kirche kennt sieben Sakramente mit jeweils eigenen Zeichen und Symbolen: Taufe, Versöhnung, Eucharistie, Firmung, Ehe, Weihe und Krankensalbung.
Samaria	Hauptstadt des Nordreiches Israel
Sch'ma Jisrael	Das wichtigste Glaubensbekenntnis der Juden. Es beginnt mit den hebräischen Worten „Sch'ma Jisrael“, die soviel bedeuten wie „Höre Israel“. Der Text wird zweimal täglich gebetet: einmal morgens nach dem Aufstehen und einmal abends vor dem Schlafengehen.
Schabbat	Wöchentlicher Ruhetag der Juden; beginnt am Freitagabend und endet am Samstagabend.
Schofar	Widderhorn; Blasinstrument bei Gottesdiensten in der Synagoge.
Schriftprophet	Als Schriftpropheten werden die „großen“ Propheten Jesaja, Jeremia, Baruch, Ezechiel und Daniel sowie die zwölf „kleinen“ Propheten bezeichnet. Nach ihnen sind im Alten Testament Schriften benannt, die von ihnen verfasst bzw. ihnen zugeschrieben wurden.
Schuld	Schuld lädt auf sich, wer gegen das eigene Gewissen oder sittliche Normen verstößt. Voraussetzung dafür ist, dass sich der Schuldige freiwillig für sein Verhalten entschieden hat.
Seder	Mit dem traditionellen Seder-Mahl beginnt das jüdische Pessach-Fest.

Sinai	Berg, an dem Mose mit Gott gesprochen und die Tafeln mit den Zehn Geboten erhalten hat.
Soziales Engagement	Einsatz für das Gemeinwohl; bedeutet Verantwortung zu übernehmen, sich in besonderer Weise für andere einzusetzen und nicht nur die persönlichen Interessen zu verfolgen.
Spiritualität	Von lateinisch „spiritus“ (= Geist/Hauch); mehrdeutiger Begriff. Hier meint Spiritualität die eigene Frömmigkeit als Ausdruck des persönlichen Glaubens. Dazu gehört das Gebetsleben, die Sicht auf die Welt aufgrund des persönlichen Glaubens und die Lebensgestaltung als Ausdruck der eigenen inneren Haltung.
Sünde	Wer gegen eines der Gebote Gottes verstößt, begeht eine Sünde. Vergebung erhält der, der sein Fehlverhalten einsieht und bereut. Liegt eine „schwere“ Sünde vor – d. h. derjenige, der sie begeht, weiß genau, dass er damit gegen Gottes Willen handelt und sich damit von ihm abwendet, und tut dies aus freier Entscheidung – kann er im Empfang des Sakraments der Versöhnung erneut Gottes zuvorkommende Zuwendung erfahren und sich selbst ihm wieder zuwenden. Bei „lässlichen“ Sünden, bei denen eine dieser Voraussetzungen nicht gegeben ist, ist Vergebung z. B. durch das Lesen des Wortes Gottes, im Bußakt zu Beginn der Eucharistiefeier oder durch das Schuldbekenntnis während eines Bußgottesdienstes möglich.
Sukkot	Laubhüttenfest; erinnert an die Wüstenwanderung des Volkes Israel.
Synagoge	Bethaus, Gottesdienst- und Versammlungsraum der Juden.
Tallit	Gebetsmantel bzw. Gebetsschal, der von religiös volljährigen, männlichen Juden beim Morgengebet getragen wird.
Tefillin	Gebetsriemen mit Lederkapseln, die männliche Juden zum Gebet an Stirn, Hand und linkem Oberarm anlegen.
Tora	Weisung, Gesetz; die ersten fünf Bücher der Bibel; in einem weiteren Sinne: alle heiligen Schriften der Juden.
Toraschrein	Schrank an der Ostwand der Synagoge zur Aufbewahrung der Tora und der Schriftrollen.
Vision	Der Begriff bedeutet „Erscheinung“. Es handelt sich dabei um ein Bild, das für andere Betrachter nicht vorhanden ist. Oft erscheinen demjenigen, der die Vision erlebt, zukünftige Ereignisse oder Zustände.
Wunder	Zeichen für die allgegenwärtige heilende Nähe Gottes; auffallende Taten, durch die Jesus zeigt, was und wie das Reich Gottes ist.

Text- und Liednachweis

23 Zitat mit Änderungen: Persch, Martin: Lichtenberg, Bernhard, in Biographisch-Bibliographisches Kirchenlexikon, Band V (1993), Spalten 20–30, Verlag Traugott Bautz, http://www.bbkl.de/l/lichtenberg.shtml, 29.06.2011, 10:00 Uhr; **24** Zitat mit Änderungen: Deutsches Albert Schweitzer Zentrum, http://www.albert-schweitzer-zentrum.de/, 28.06.2011, 11:00 Uhr; **25** Zitat mit Änderungen: Schäfer, Joachim http://www.heiligenlexikon.de/BiographienO/Oscar_Romero.html, 27.06.2011, 10:00 Uhr; **30** Gaarder, Jostein: Sofies Welt. Übersetzt von W. Halbleinen. München: dtv 1999.; **52** Fynn: Hallo Mister Gott, hier spricht Anna. Übersetzt von Helga Heller-Neumann. 2. Aufl. Frankfurt/Main: Fischer Verlag 2005.; **62** Grün Anselm: Entschleunigen. In: Anselm Grün: Mit Herz und allen Sinnen. Freiburg: Herder 2005.; **64** Roth, Paul: Manchmal ist mein Gebet ..., © Paul Roth. Grün, Anselm: Manche fragen gleich.... In: Anselm Grün: Wenn ich in Gott hineinhorche. Mainz: M. Grünewald Verlag 1997.; **66** Collin, Christian: Beten?; **70** Rahner, Karl: Ich glaube an den Heiligen Geist. In Weber, Günther: Gottes Geist in dieser Welt, Wien 1976.; **77** Aus der Liturgie für den Seder-Abend, http://bnei-noach.de/indexef4f.html?option=com_content&view=article&id=61&Itemid=24, 14.06.2011, 13:00 Uhr; **81** Willenberg, Karl-Heinz © SCM Hänssler, D–71087 Holzgerlingen; **94** Aus dem Wort der deutschen Bischöfe an alle Christen aus Anlass des 50. Jahretages der Befreiung des Vernichtungslagers Auschwitz am 27. Januar 1995. Nostra Aetate, 4, http://www.vatican.va/archive/hist_councils/ii_vatican_council/documents/vat-ii_decl_19651028_nostra-aetate_ge.html, 21.06.2011, 17:00 Uhr; **95** Gebet von Papst Johannes Paul II. an der Klagemauer in Jerusalem, März 2000.; **109** Florenz, Hans (Übersetzer): Wenn wir das Leben teilen. In: Erdtöne, Himmelklang. Ostfildern: Schwabenverlag, S. 234 aus: si nous partageons, M: Wackenheim, Michel Ambroise © Edition Musicales, Studio SM, Paris.; Gutl, Martin: Endlich einer. In: Martin Gutl, Josef Dirnbeck: Loblied an der Klagemauer. Graz: Styria 1990.; **115** Auszug aus dem Sonnengesang des Franz von Assisi.; **117** Rotzetter, Anton: Vernünftig will ich sein. In: Gott, der mich atmen lässt. Herder 1085, S. 169.; **119** nach einem Gebet in: Beck, Eleonore/Miller, Gabrielle (Hg.): Frauen und Gott. Verlag Butzon & Bercker Kevelaer 1992, S. 123.; **126f.** Pfau, Ruth: Wenn du die große Liebe triffst. Das Geheimnis meines Lebens. Freiburg: Herder, 10. Aufl. 1991.; **133** Pfiffikus, Der Service mit Herz gGmbH, Ostertagstraße 25, 71229 Leonberg, www.pfiffikus-service.de; **136** Frege, Andreas (Text): Gewissen. © by Musik-Edition Discoton GmbH/Edition DTH, Musik-Edition Discoton GmbH (BMG Music Publishing Germany).; **141** Schockenhoff, Eberhard, Wie gewiss ist das Gewissen? Eine ethische Orientierung. – Freiburg u. a.: Verlag Herder. 2003, S. 6.; **144** Wecker, Konstantin: Die Weiße Rose © Edition Wecker des Fanfare Musikverlags; **157f.** von Schroeter, Susanne: Ninas Geheimnis. © Autorin.; **161** Laubach, Th., Chr. Lehmann (Text): Wo Menschen sich vergessen. © Düsseldorf: tvd-verlag. URL: www.tvd-verlag.de, aus: Da berühren sich Himmel und Erde.

Bildquellenverzeichnis

Cover ars liturgica Buch- & Kunstverlag Maria Laach, Maria Laach; **5** KNA-Bild GmbH (Wolfgang Radtke), Bonn; **5** KNA-Bild GmbH (Harald Oppitz), Bonn; **5** Fotolia LLC (pixelstore), New York; **5** shutterstock (OlesiaRu&IvanRu), New York, NY; **6** akg, Berlin © VG Bild-Kunst, Bonn 2011 [Karl Hofer: Der Rufer]; **8** AKG (Erich Lessing), Berlin; **9** Ulrich Leive, leive-bibel.de, Osnabrück; **10** AKG, Berlin; **10** AKG (Rabatti – Domingie), Berlin; **11** AKG, Berlin; **12** © Sieger Köder, Elija am Horeb; **15** Ullstein Bild GmbH (Granger Collection), Berlin; **16** Getty Images (AFP PHOTO/JOSEPH EID), München; **18** BPK (Hermann Buresch), Berlin; **19** Thinkstock (istockphoto), München; **20** Städtische Galerie im Lenbachhaus, München; **21** Städtische Galerie im Lenbachhaus München und Gabriele Münter- und Johannes Eichner-Stiftung München; **22** Wikimedia Foundation Inc. (PD), St. Petersburg FL; **23** Ullstein Bild GmbH (Hasucha), Berlin; **24** Corbis (Alain Keler/Sygma), Düsseldorf; **25** AKG, Berlin; **26** Corbis (Nicolas Guerin), Düsseldorf; **26** KNA-Bild GmbH (Harald Oppitz), Bonn; **27** KNA-Bild GmbH (Harald Oppitz), Bonn; **29** Dreamstime LLC (BCritchley), Brentwood, TN; **30** DTV GmbH & Co. KG (Quint Buchholz), München; **31** iStockphoto (Phil Dickson), Calgary, Alberta; **34** shutterstock (Vladimir Nikulin), New York, NY; **36** Wikimedia Foundation Inc. (Joachim Köhler – CC-BY-SA-3), St. Petersburg FL; **37** Wikimedia Foundation Inc. (Joachim Köhler – CC-BY-SA-3), St. Petersburg FL; **38** shutterstock (Piotr Marcinski), New York, NY; **39** Klett-Archiv (Weccard), Stuttgart; **40** Fotolia LLC (Per Tillmann), New York; **41** Fotolia LLC (stakaz), New York; **41** Fotolia LLC (Kwest), New York; **43** Klett-Archiv (Richard Pahl), Stuttgart; **44** Klett-Archiv (Richard Pahl), Stuttgart; **46** Logo, Stuttgart; **47** MEV Verlag GmbH, Augsburg; **49** Thinkstock (istockphoto), München; **49** Thinkstock (Creatas), München; **49** shutterstock (Supri Suharjoto), New York, NY; **49** shutterstock (Suzanne Tucker), New York, NY; **50** Fotolia LLC (Martin

Schumann), New York; **54** KNA-Bild GmbH (Harald Oppitz), Bonn; **57** Pfingsten, Beate Heinen, 1999, © ars liturgica Buch- & Kunstverlag MARIA LAACH, Nr. 4643; **60** Gresser, Ulrich, Bad Wurzach; **60** Gustavo Alabiso (www.alabiso.de), Karlsruhe; **62** shutterstock (Michael D Brown), New York, NY; **63** Corbis (Sylvain Sonnet), Düsseldorf; **64** shutterstock (jstan), New York, NY; **65** Fotolia LLC (mast3r), New York; **66** Getty Images (Paula Bronstein), München; **66** KNA-Bild GmbH (Bernd Weißbrod), Bonn; **66** 123rf, Nidderau; **67** AKG (Erich Lessing), Berlin © Sussession Picasso/VG Bild-Kunst, Bonn 2011 [Pablo Picasso: Die weinende Frau]; **68** Graf, Hubert Leonhard, Karlsruhe; **69** akg, Berlin © Nolde Stiftung Seebüll, Neukirchen [Emil Nolde: Der große Gärtner]; **71** KNA-Bild GmbH (Wolfgang Radtke), Bonn; **71** iStockphoto (Steven Allan), Calgary, Alberta; **72** Hahn,Dr. Joachim, Plochingen; **73** Fotolia LLC (DjiggiBodgi.com), New York; **73** Hahn,Dr. Joachim, Plochingen; **74** AKG (British Library), Berlin; **76** Getty Images (B. Anthony Stewart/National Geographic), München; **77** Wikimedia Foundation Inc. (PD), St. Petersburg FL; **77** Wikimedia Foundation Inc. (Yoninah), St. Petersburg FL; **78** Corbis (Ricki Rosen), Düsseldorf; **78** "DORONIA – Einkaufen wie in Israel", PF 10 11 33, 70010 Stuttgart Online-Shop: http://www.doronia.de, E-Mail: doronia@doronia.de Tel.: 0711-6070995; **79** "DORONIA – Einkaufen wie in Israel", PF 10 11 33, 70010 Stuttgart Online-Shop: http://www.doronia.de, E-Mail: doronia@doronia.de Tel.: 0711-6070995"; **79** Picture-Alliance (Godong), Frankfurt; **80** shutterstock (Anyka), New York, NY; **82** Getty Images (DAVID FURST/AFP), München; **82** Fotolia LLC (Tomy), New York; **83** Corbis (Robert Mulder/Godong), Düsseldorf; **83** shutterstock (Mikhail Levit), New York, NY; **84** Thinkstock (Comstock), München; **85** Hahn,Dr. Joachim, Plochingen; **86** Thinkstock (liquidlibrary), München; **86** Fotolia LLC (Howard Sandler), New York; **86** Ullstein Bild GmbH (Reuters), Berlin; **87** Corbis (Godong/Robert Harding World Imagery), Düsseldorf; **87** Picture-Alliance (dpa/Hanan Isachar), Frankfurt; **87** Limberg Marco, Berlin; **90** shutterstock (piotrwzk), New York, NY; **91** Getty Images (Universal History Archive), München; **91** Wikimedia Foundation Inc. (Ingsoc_CC-BY-SA-3), St. Petersburg FL; **92** Ullstein Bild GmbH (SZ Photo), Berlin; **93** Ullstein Bild GmbH (Stiftung 20.Juli 1944), Berlin; **94** KNA-Bild GmbH, Bonn; **95** Fotolia LLC (STIMA), New York; **95** Fotolia LLC (DBtale), New York; **96** ullstein bild GmbH (Granger Collcetion), Berlin © VG Bild-Kunst, Bonn 2011 [Marc Chagall: Die weiße Kreuzigung, 1938]; **99** The Cleveland Museum of Art (The Cleveland Museum of Art © VG Bild-Kunst, Bonn 2011 [Georges Rouault, Verspottung Christi]), Cleveland, Ohio 44106; **100** Süddeutsche Zeitung Photo (Rue des Archives/Collection CSFF), München; **101** AKG, Berlin; **102** AKG, Berlin; **104** Tim Dowley: Bibelatlas kompakt © 2004 SCM R.Brockhaus im SCM-Verlag GmbH & Co. KG, Witten; **105** Fotolia LLC (JerushA), New York; **105** shutterstock (Nir Levy), New York, NY; **106** shutterstock (SergiyN), New York, NY; **107** CCC, www.c5.net (Hanel), Pfaffenhofen a.d. Ilm; **108** Stadtarchiv/-bibliothek, Trier; **110** shutterstock (hilmi), New York, NY; **110** shutterstock (viki2win), New York, NY; **110** shutterstock (Dmitry R), New York, NY; **110** shutterstock (sandra zuerlein), New York, NY; **112** shutterstock (Photoroller), New York, NY; **113** shutterstock (Tyler Olson), New York, NY; **113** shutterstock (AND Inc.), New York, NY; **114** shutterstock (Stacey Arsenault), New York, NY; **115** Ullstein Bild GmbH (Archiv Gerstenberg), Berlin; **117** Blindenheilung, Beate Heinen, 1999; © ars liturgica Buch- und Kunstverlag MARIA LAACH, Nr. 4835; **118** Nr. 65, 1978, Holzschnitt von Sr. M. Sigmunda May OSF, © Kloster Sießen (M. Berta Weber) © VG Bild-Kunst, Bonn 2010; **119** KNA-Bild GmbH (Katharina Ebel), Bonn; **119** KNA-Bild GmbH (Harald Oppitz), Bonn; **120** AKG, Berlin; **122** Thinkstock (Hermera), München; **122** Thinkstock (istockphoto), München; **122** Kunze, Gretel, Markdorf; **126** DAHW.de, Würzburg; **127** Picture-Alliance (Jörg Henning Meyer), Frankfurt; **129** Klett-Archiv (Beatrice Dörner), Stuttgart; **130** shutterstock (Monkey Business Images), New York, NY; **131** shutterstock (Gilles Lougassi), New York, NY; **133** Logo, Stuttgart; **135** KNA-Bild GmbH, Bonn; **139** shutterstock (Jef Thompson), New York, NY; **141** KNA-Bild GmbH (Katharina Ebel), Bonn; **142** akg, Berlin © VG Bild-Kunst, Bonn 2011 [Georges Rouault, Verspottung Christi]; **143** Picture-Alliance (dpa), Frankfurt; **144** Fotolia LLC (Nicole Effinger), New York; **145** Yahoo! Deutschland GmbH (Jordan Klein), München; **146** AKG, Berlin; **146** KNA-Bild GmbH (Benedikt Plesker), Bonn; **147** shutterstock (haveseen), New York, NY; **147** Fotolia LLC (Klaus-Peter Adler), New York; **147** Medienbüro Selezione, SGB-Archiv; **148** Fotolia LLC (Alexander Raths), New York; **150** Imago (Star-Media), Berlin; **151** © Sieger Köder, Schöpfung; **153** Wikimedia Foundation Inc. (PD), St. Petersburg FL; **155** Picture-Alliance (EPA/ETTORE FERRARI), Frankfurt; **157** Avenue Images GmbH (Stockbyte), Hamburg; **157** Thinkstock (Digital Vision/Thomas Northcut), München; **158** Thinkstock (Stockbyte/Doyle), München; **159** Picture-Alliance (dpa), Frankfurt; **160** Fotolia LLC (Wendy Kaveney), New York; **161** Fotolia LLC (James Thew), New York; **162** Wikimedia Foundation Inc. (PD), St. Petersburg FL

Sollte es in einem Einzelfall nicht gelungen sein, den korrekten Rechteinhaber ausfindig zu machen, so werden berechtigte Ansprüche selbstverständlich im Rahmen der üblichen Regelungen abgegolten.